主　　编　曹士兵　中国应用法学研究所所长
副 主 编　关　毅　国家法官学院科研部主任
　　　　　刘　畅　国家法官学院科研部副主任
主编助理　边疆戈　国家法官学院科研部编辑
　　　　　苏　烽　国家法官学院科研部编辑

《中国法院年度案例》编辑人员（按姓氏笔画）
边疆戈　朱建伟　刘　畅　关　毅　苏　烽
杨小利　罗胜华　赵丽敏　袁登明　唐世银
曹士兵　曹海荣　梁　欣　程　瑛　谭　红

本书编审人员　刘　畅

中国法院

2019年度案例

国家法官学院案例开发研究中心◎编

土地纠纷

（含林地纠纷）

中国法制出版社
CHINA LEGAL PUBLISHING HOUSE

《中国法院年度案例》通讯编辑名单

序

法律的生命在于实施，而法律实施的核心在于法律的统一适用。《中国法院年度案例》丛书出版的价值追求，即公开精品案例，研究案例所体现的裁判方法和理念，提炼裁判规则，为司法统一贡献力量。

《中国法院年度案例》丛书，是国家法官学院于2012年开始编辑出版的一套大型案例丛书，之后每年年初定期出版，由国家法官学院案例开发研究中心具体承担编辑工作。此前，该中心坚持20余年连续不辍编辑出版了《中国审判案例要览》丛书近90卷，分中文版和英文版在海内外发行，颇有口碑，享有赞誉。现在编辑出版的《中国法院年度案例》丛书，旨在探索编辑案例的新方法、新模式，以弥补当前各种案例书的不足。该丛书2012～2018年已连续出版7套，一直受到读者的广泛好评，并迅速售罄。为更加全面地反映我国司法审判的发展进程，顺应审判实践发展的需要，响应读者需求，2014年度新增3个分册：金融纠纷、行政纠纷、刑事案例，2015年度将刑事案例调整为刑法总则案例、刑法分则案例2册，2016年度新增知识产权纠纷分册，2017年度新增执行案例分册，2018年将刑事案例扩充为4个分册。现国家法官学院案例开发研究中心及时编撰推出《中国法院2019年度案例》系列丛书，共23册。

总的说来，当前市面上的案例丛书百花齐放，既有判决书网，可以查询各地、各类的裁判文书，又有各种专门领域的案例汇编书籍，以及各种案例指导、案例参考等读物，十分活跃，也各具特色。而《中国法院年度案例》丛书则试图把案例书籍变得“好读有用”，故在编辑中坚持以下方法：一是高度提炼案例内容，控制案例篇幅，每个案例基本在3000字以内；二是突出争议焦点，剔除无效信息，尽可能在有限的篇幅内为读者提供有效、有益的信息；三是注重对案件裁判文书的再加工，大多数案例由案件的主审法官撰写“法官后语”，高度提炼、总结案例的指导价值。

同时，《中国法院年度案例》丛书还有以下特色：一是信息量大。国家法官学院案例开发研究中心每年从全国各地法院收集到的上一年度审结的典型案例超过10000件，使该丛书有广泛的选编基础，可提供给读者新近发生的全国各地的代表性案例。二是方便检索。为节约读者选取案例的时间，丛书分卷细化，每卷下还将案例主要根据案由分类编排，每个案例用一句话概括裁判规则、裁判思路或焦点问题作为主标题，让读者一目了然，迅速找到需求目标。

中国法制出版社始终全力支持《中国法院年度案例》的出版，给了作者和编辑们巨大的鼓励。2018年新推出数据库增值服务，2019年继续提供数据库增值服务并充实完善数据内容。购买本书，扫描前勒口二维码，即可在本年度免费查阅使用上一年度案例数据库。我们在此谨表谢忱，并希望通过共同努力，逐步完善，做得更好，真正探索出一条编辑案例书籍、挖掘案例价值的新路，更好地服务于学习、研究法律的读者，服务于社会，服务于国家的法治建设。

本丛书既可作为法官、检察官、律师等司法实务工作人员的办案参考和司法人员培训推荐教程，也是社会大众学法用法的极佳指导，亦是教学科研机构案例研究的精品素材。当然，案例作者和编辑在编写过程中也不能一步到位实现最初的编写愿望，可能会存在各种不足，甚至错误，欢迎读者批评指正，我们愿听取建议，并不断改进。

曹士兵

目　录

Contents

一、土地承包经营权确认纠纷

二、承包地征收补偿费用分配纠纷

三、土地承包经营权转包纠纷

四、土地承包经营权转让纠纷

五、土地承包经营权互换纠纷

六、土地承包经营权出租纠纷

七、土地承包经营权继承纠纷

八、其他土地承包经营纠纷

九、宅基地使用权纠纷

十、林地纠纷

一、土地承包经营权确认纠纷

1

家庭承包方式中属于“本集体经济组织农户”的家庭成员享有土地承包经营权

——王某娜诉王某航、王某娥土地承包经营权案

【案件基本信息】

1. 裁判书字号

北京市延庆区人民法院（2017）京0119民初9819号民事判决书

2. 案由：土地承包经营权纠纷

3. 当事人

原告：王某娜

被告：王某航、王某娥

【基本案情】

王某娜系李某玲（于1985年7月15日婚迁四海镇岔石口村，以下简称岔石口村）和吴某财（于1987年去世）之女，出生于1986年10月2日。1987年，李某玲和王某结婚，1988年生育女儿王某超（于1996年5月16日去世）。1998年1月1日，王某作为家庭成员（李某玲、王某娜）的代表，承包了位于岔石口村的土地共计5.7亩。2012年，李某玲去世。2013年，王某与王某娥结婚，2014年生育儿子王某航，王某娥的户口一直未迁入岔石口村。2017年6月24日，王某去世。同年11月14日，王某娜诉至法院，要求确认对王某签订的土地承包合同项下的5.7亩土地享有全部承

包经营权。王某航、王某娥认为按照增人不增地、减人不减地的原则，5.7亩土地含王某娜、王某航、王某娥三人的份额，因此不同意王某娜关于对全部承包的土地享有承包经营权的诉讼请求。

【案件焦点】

家庭承包方式中的农户代表去世后，哪些家庭成员仍享有土地承包经营权，其份额如何确定。

【法院裁判要旨】

北京市延庆区人民法院经审理认为：按照法律规定，农村集体经济组织成员有权依法承包由本集体经济组织发包的农村土地。家庭承包方式的承包方是以家庭为单位承包本集体经济组织土地的农户，农户中的一人或几人死亡，承包地仍由其他家庭成员继续承包经营，农户中全部成员死亡的，该土地承包经营权消灭。本案中，王某作为家庭成员的代表承包了岔石口村土地5.7亩，各家庭成员按份额对合同项下的土地享有相应的承包经营权。李某玲和王某去世后，承包期内的土地承包经营权由现有的家庭成员继续享有，王某航系王某之子，系王某的家庭成员，且也取得了诉争土地所在农村集体经济组织即岔石口村的农户身份，故王某航对王某签订的土地承包合同项下的土地享有相应的承包经营权。王某娥虽然于2013年与王某结婚，但其户口未迁入岔石口村，其不具备岔石口村的农户身份，并非王某所代表的签订土地承包合同的农户的家庭成员。故本案王某签订土地承包合同所代表的家庭成员有王某娜和王某航，二人分别对王某签订的土地承包合同项下的5.7亩土地享有二分之一的承包经营权。

北京市延庆区人民法院依据《中华人民共和国农村土地承包法》[①] 第五条的规定，判决如下：

一、王某娜对王某作为家庭成员的代表签订的土地承包合同项下的、位于岔石口村5.7亩土地享有二分之一的承包经营权；

二、驳回王某娜的其他诉讼请求。

---

① 《中华人民共和国农村土地承包法》已于2018年修正，2019年1月1日实施。本书所称农村土地承包法皆为2009年修正版。请读者予以注意。

【法官后语】

本案争议的焦点是王某航作为王某的儿子、王某娥作为王某的妻子，二人是否享有以王某作为家庭成员（李某玲、王某娜）的代表所承包的5.7亩土地的承包经营权。从时间节点的角度看，1998年时，5.7亩土地所涉的家庭成员为李某玲、王某娜、王某，该三人均为岔石口村的农户。随着李某玲、王某的去世和王某之子的出生，2017年时，5.7亩土地承包经营权所涉的家庭成员为王某娜、王某航、王某娥，该三人中王某娜、王某航均系岔石口村的农户，而王某娥户籍地为四海镇永安堡村，不具有岔石口村的农户身份。

根据《农村土地承包法》第五条、第十五条的规定，农村集体经济组织成员有权依法承包由本集体经济组织发包的农村土地，家庭承包的承包方是本集体经济组织的农户。根据《最高人民法院关于审理涉及农村土地承包纠纷案件适用法律问题的解释》第三条第二款的规定，承包方是指以家庭承包方式承包本集体经济组织农村土地的农户，以及以其他方式承包农村土地的单位或者个人。从上述规定可以确定，因王某娥不属于岔石口村的农户身份，故王某娥虽为王某之妻，但依法不享有涉案5.7亩土地的承包经营权。而王某航作为王某之子，自出生即取得了岔石口村农户的身份，故其依法享有土地承包经营权。

关于王某娜土地承包经营权的份额确定问题，根据“增人不增地、减人不减地”的政策规定，现作如下分析：2012年王某娜生母李某玲去世后，土地承包经营权归王某和王某娜二人共同共有，即“减人不减地”。2013年，王某与王某娥再婚，因王某娥的户口未迁入岔石口村，故涉案土地承包经营权仍为王某和王某娜二人共同共有。2014年，随着王某与王某娥的儿子王某航的出生，且王某航户籍落入岔石口村，涉案土地变为王某、王某娜、王某航三人共同共有，即“增人不增地”。2017年，王某去世，随着农户成员减少，涉案土地变成王某娜、王某航二人共同共有，即“减人不减地”。因王某娜与王某航之间并无血缘关系，其亲属关系的纽带亦因王某的去世而中断，二者之间继续共同共有土地承包经营权的基础已经丧失，故法院依法对其二人所享有的土地承包经营权份额进行了确认，以明确双方的权属界线。

编写人：北京市延庆区人民法院　刘芳　石菲

2

丧偶妇女土地承包经营权的法律保护

——郭某某、胡某诉刘某明、建湖县高作镇涔庄村村民委员会土地承包经营权案

【案件基本信息】

1. 裁判书字号

江苏省建湖县人民法院（2017）苏0925民初906号民事判决书

2. 案由：土地承包经营权纠纷

3. 当事人

原告：郭某某、胡某

被告：刘某明、建湖县高作镇涔庄村村民委员会（以下简称涔庄村委会）

【基本案情】

胡某与郭某海（已故）系夫妻关系，1988年生育一子郭某某。1998年农村土地二轮承包时，郭某海取得了涔庄村7.30亩土地承包经营权，其中含涉案1.72亩土地，并以郭某海为户主取得了由建湖县人民政府颁发的农村土地承包经营权证书。2002年左右，郭某某、胡某将涉案土地1.72亩交由刘某明代种。2014年，涉案土地由涔庄村委会统一流转给他人种植，流转金为每年每亩800元。郭某某、胡某对涔庄村委会就涉案土地的流转行为予以认可。郭某某、胡某多次向涔庄村委会主张涉案土地流转费未果，故起诉至法院，要求涔庄村委会支付其涉案1.72亩土地自2017年始的流转金。

【案件焦点】

1. 如何确认郭某某、胡某的诉讼主体地位；2. 如何保护丧偶妇女及其家庭成员的合法权益。

【法院裁判要旨】

江苏省建湖县人民法院经审理认为：国家保护集体土地所有者的合法权益，保护承包方的土地承包经营权，任何组织和个人不得侵犯。土地承包经营权人对其承包经营的土地享有占有、使用和收益的权利。1998 年农村土地二轮承包时，郭某海取得涉案土地的土地承包经营权，并由建湖县人民政府确认。其取得涉案土地承包经营权时，郭某某、胡某系其家庭成员，是承包经营权的共享权利人。郭某海死亡后，郭某某、胡某作为权利人提起诉讼符合法律规定。涔庄村委会将涉案土地 1.72 亩及本村其他土地统一流转给他人种植收取的流转土地承包金，依法应当支付给相关土地承包经营权权利人。

江苏省建湖县人民法院依照《中华人民共和国农村土地承包法》第九条、第十六条第一款、第三十六条和《中华人民共和国民事诉讼法》第一百四十四条，作出如下判决：

涔庄村委会从 2017 年起向郭某某、胡某支付涉案 1.72 亩土地流转期间的流转金。

【法官后语】

土地是农民赖以生存发展的根基，土地问题是解决当前“三农”问题的核心。土地制度的建立、完善和实施直接关系国家农业产业的发展和农村社会、经济秩序的稳定。农村妇女由于传统习惯和文化素质的影响对土地的依赖性更强，所以对其土地承包经营权的保护更为重要。我国农村土地分配中的性别平等虽然在法律制度上已经确立，但还存在很多漏洞，而且受传统文化的影响较深，实践中忽视农村妇女合法土地承包经营权的问题依然很突出，特别是农村妇女在结婚、离婚、丧偶后其土地承包经营权受侵害的现象十分普遍，其实质是剥夺、限制了农村妇女的基本生活保障权，违背了国家的政策，损害了法律的严肃性，不对农村妇女土地承包经营权加以源头上的保护，极有可能影响到农村稳定、社会和谐。

就本案而言，依据《农村土地承包法》第十六条“家庭承包的承包方是本集体经济组织的农户”的规定，土地承包经营权的承包方是农户，而非农户内的成员。“农户”最初的含义是指农村中以血缘和婚姻关系为基础组成的农村最为基层的社会单位；对此条文中“农户”应该理解为它既是一个生活单位，也是一个生产单位。作为生产单位时，一般依靠家庭成员的劳动进行农业生产与经营活动。具体而言，对农村土地实行家庭承包的，农户就成为农村集体经济中一个独立的经营层次，是农村从事生产经营活动的基本单位。无论是第一轮土地承包时计入分地名册的家庭成员还是后来新增的家庭成员，只要具有本集体经济组织成员的资格，都平等地享有承包经营权。出嫁女、入赘男只要在新居住地生产、生活，一般可视为取得新居住地的集体经济组织成员资格，也就成为家庭承包土地的新的共同权利人，同时也就丧失了原居住地的集体经济组织成员资格和原有的土地承包经营权。本案中，胡某在丧偶后并未再嫁，因此依然享有土地承包经营权，其合法权益应当予以保护。

本案涉及的另一个问题就是，在土地承包经营法律关系中，人和土地之间的关系。在家庭联产承包责任制下，土地权利从集体下放到了农户，严格来说，现阶段农村的人地关系是人户关系，土地与户籍对应，每个农户的经营模式也变得独立，农村的生产力得到解放。现阶段在农村之所以出现大量土地承包经营权流转纠纷，很大程度上在于农村的基层组织还存在着“公权力”过度扩张的残余，并不能真正尊重“农户”这一生产单位的独立性，然而，随着改革的深入，农户的独立性得到加强，其成员的经营思维也相应转变，法律素养、维权意识也大为增强。在新时代，更应该进一步坚持并发展完善家庭联产承包责任制，打破生产关系的“瓶颈”，促进农村生产力的进一步解放，相关的矛盾纠纷也会迎刃而解。

编写人：江苏省建湖县人民法院　李昊勋

3

农转非及外嫁女能否继续保留农村土地承包经营权

——黎某某等诉兴业县石南镇甲村第甲组村民小组农村土地承包经营合同案

【案件基本信息】

1. 裁判书字号

广西壮族自治区兴业县人民法院（2017）桂0924民初1070号民事判决书

2. 案由

农村土地承包经营合同纠纷

3. 当事人

原告：黎某某、卢某甲、卢某乙、卢某丙

被告：兴业县石南镇甲村第甲组村民小组（以下简称甲村民小组）

【基本案情】

黎某某、卢某甲、卢某乙、卢某丙为同一户籍，户主为黎某某。1989 年 12 月前，系甲村民小组成员。1989 年 12 月 27 日，黎某某、卢某甲、卢某乙以干部家属身份将户口从甲村民小组迁至现住址广西壮族自治区玉林市玉州区，户口性质农转非，1989 年，卢某丙出嫁至兴业县石南镇乙村，同时将户口迁至乙村周某某户，但卢某丙在乙村未分得该村责任田。甲村民小组于 20 世纪 80 年代初落实第一轮农村土地承包责任制，黎某某户承包甲村民小组 2.224 亩水田。1990 年，依据国家土地延包政策，甲村民小组落实第二轮农村土地承包责任制的土地延包，黎某某户与甲村民小组签订了土地延包合同。2015 年，甲村民小组将上述土地收回发包给他人经营，黎某某户知道后曾多次到相关部门反映要求解决，2015 年 3 月 30 日，石南镇农业服务中心作出《关于石南甲村第甲小组黎某某土地承包经营纠纷的答复》，明确要求甲村民小组退还责任田给黎某某户，但甲村民小组一直以黎某某户人员已经全户迁出为由拒不退还责任田给黎某某户经营。

【案件焦点】

1. 黎某某、卢某甲、卢某乙农转非后，是否应继续保留农村土地承包经营权；2. 卢某丙外嫁后，是否应继续保留农村土地承包经营权。

【法院裁判要旨】

广西壮族自治区兴业县人民法院经审理认为，我国现行法律规定农村土地属集体所有，实行的是以家庭为单位的承包制，承包期内，农户家庭成员中有考入国家公务员或“农转非”的，不属于法律规定可以收回承包地的情形，发包方不得收回承包地。承包期内，妇女结婚，在新居住地未取得承包地的，发包方不得收回其原承包地。本案中黎某某户在甲村民小组落实第一轮农村土地承包责任制时承包了该组2.224亩水田，1990年，依据国家土地延包政策，黎某某户与甲村民小组签订了土地延包合同，该合同的签订系黎某某户、甲村民小组双方的真实意思表示，也未违反有关法律规定，故对黎某某户要求确认其与甲村民小组签订的2.224亩土地延包合同合法有效的诉讼请求，予以支持；虽然1989年12月27日黎某某、卢某甲、卢某乙以干部家属身份将户口迁入设区市，户口由农转非，但卢某丙因超龄未能转出，便出嫁并将户口迁入邻近的乙村，且在迁入乙村后并未分得该村责任田，黎某某户的卢某丙仍然可以在承包期限内继续承包该户原承包的2.224亩责任田，在此情况下，甲村民小组于2015年收回该户原承包的土地，重新作出安排，这一做法违反法律规定，不受法律保护，现黎某某户要求甲村民小组交回其承包的责任田2.224亩给黎某某户经营，于法有据，依法应予以支持；对甲村民小组辩称，1989年，黎某某户除卢某丙外已经全部将其承包的土地交回甲村民小组重新发包，黎某某户对此予以否认，甲村民小组也未能提供相应的证据予以证实，依法不予以采信。

广西壮族自治区兴业县人民法院依照《中华人民共和国民法总则》第五十五条、第一百一十九条，《中华人民共和国农村土地承包法》第九条、第十五条、第二十六条、第三十条的规定，判决如下：

一、黎某某、卢某甲、卢某乙、卢某丙与甲村民小组签订的2.224亩水田延包合同合法有效；

二、甲村民小组应交回黎某某户原承包的2.224亩水田给黎某某、卢某甲、卢某乙、卢某丙经营。

【法官后语】

土地是人类赖以生存之本，是农民群众安身立命之源，是中国“三农”问题的核心。改革开放以来，我国城市化进程不断加快，人们不断从农村迁入城市生活，因“农转非”和农村妇女外嫁引发的农村土地承包经营权纠纷不断增多。在审判实践中，“农转非”人员和“外嫁女”的承包土地该由谁来经营成为纠纷双方争执的焦点问题。大部分村民认为，“农转非”人员和“外嫁女”既然已经将户口迁出本村，他们就不应在本村继续保留农村土地承包经营权。“农转非”人员和“外嫁女”则认为，其户口虽然已经迁出本村，但原有的土地承包经营权是其立命之本、安身之处，应继续合法有效。

我国法律规定，我国农村土地实行的是以户为单位的家庭承包责任制，非因法定事由、法定程序，不得收回农户承包土地。首先，承包期限内不得随意收回承包地。《农村土地承包法》第二十六条第一款原则性规定“承包期内，发包方不得收回承包地”。其次，随着小城镇的发展，部分农民进入城镇从事第二、三产业，但他们在小城镇的工作可能并不稳定，加之我国小城镇的社会保障制度尚不健全，进入小城镇的农民一旦失业，若在农村没有承包地，就会失去生活来源。因此，《农村土地承包法》第二十六条第二款规定“承包方全家迁入小城镇落户的，应当按照承包方的意愿，保留其土地承包经营权或者允许其依法进行土地承包经营权流转”。同理，“外嫁女”若是在新居住地未取得承包地的，亦需要保留原承包地作为其基本生活保障。最后，假若承包方全家迁入设区的市，并且全部转为非农户口，就可以享受城市居民的生活保障，如果他们继续享有土地承包权，又享受城市居民的生活保障，对原经济组织内部的成员是不公平的。因此，《农村土地承包法》第二十七条第三款规定，承包期内，承包方全家迁入设区的市，转为非农业户口的，应当将承包的耕地和草地交回给发包方。承包方不交回的，发包方可以收回承包的耕地和草地。

本案中，黎某某、卢某甲、卢某乙以干部家属身份迁入设区市，户口性质“农转非”，但黎某某户仍有卢某丙保留农村户口；卢某丙后因出嫁将户籍迁入邻村乙村，其户口性质仍然为农业户口，且在迁入乙村后并未分得该村责任田，因此，卢某丙有权在承包期限内继续承包黎某某户原承包的2.224亩责任田。在黎某某、卢某甲、卢某乙、卢某丙未放弃原承包的责任田的情况下，甲村民小组收回黎某某户原承包的土地，重新作出安排，违反法律规定。故黎某某户要求甲村民小组交回其承包的责任田的主张，于法有据。综上，“农转非”人员及“外嫁女”可以继续合法承包其原承包的农村土地，非因法定事由和法定程序，发包方不得收回其原承包的土地并重新作出安排。

编写人：广西壮族自治区兴业县人民法院　陆海锋

4

出嫁女的土地承包经营权能否被收回

——古某英诉内江市市中区白马镇千子村七社土地承包经营权案

【案件基本信息】

1. 裁判书字号

四川省内江市市中区人民法院（2017）川1002民初1387号民事判决书

2. 案由：土地承包经营权纠纷

3. 当事人

原告：古某英

被告：内江市市中区白马镇千子村七社（以下简称千子村七社）

【基本案情】

古某英原系千子村七社村民，所在家庭户承包了千子村七社的土地，承包期限为2000年1月1日至2029年12月31日。古某英在2000年4月27日与龙某勇结婚，后将户籍迁至龙某勇的户籍所在地白马镇白塔村四社，且至今未取得该社承包地。为修建内遂路，千子村七社土地被征用，通过社员大会讨论决定，户口迁出人员（包括古某英）的土地均归为集体所有，统一分配。2016年11月25日，千子村七社向每位社员发放过境高速公路征地补偿费6732元，但未向古某英发放该笔款项。千子村七社称，古某英的户口在很多年前就已经迁出，经本社全体社员讨论决定，户口迁出人员的承包地都应收回，划给本社新增人员，且户口迁出人员都不参与征地补偿费分配。古某英向乡镇政府及区县各部门反映，要求解决未果，遂起诉至法院，请求：千子村七社支付土地征用租用收益18986元；返还原承包的土地被征用后剩余部分土地；赔偿因非法侵占和剥夺土地承包权对其造成的各项损失。

【案件焦点】

古某英在千子村七社的土地承包经营权被收回是否有效，基于土地承包权的相关权益是否丧失。

【法院裁判要旨】

内江市市中区人民法院审理认为：关于古某英请求的千子村七社赔偿古某英土地被征用租用的收益 18986 元。古某英在千子村七社承包的土地尚在承包期内，古某英依法享有千子村七社土地的承包经营权，古某英对千子村七社的征地补偿费依法享有与其他社员同等的分配权利。千子村七社于 2016 年 11 月 25 日向其他每位社员发放过境高速公路征地补偿费 6732 元，但未向古某英发放该笔款项，侵犯了古某英的该项权利。故古某英要求千子村七社支付征地补偿费 6732 元的诉讼请求，合法有据，予以支持。

关于古某英请求的千子村七社返还其原承包的土地被征用后剩余部分土地。因古某英未提供证据证明其原承包的土地被征用的具体面积，也未提供证据证明千子村七社应返还其承包地的具体面积，故对古某英的该项诉讼请求，不予支持。

关于古某英请求的千子村七社赔偿因非法侵占和剥夺古某英土地承包权对古某英造成的各项损失：青苗费、肥料及其相关材料费 1600 元；土地收益 7800 元；车旅费 2155 元；误工费 7500 元。因古某英未提供证据证明上述损失的实际发生，对该项诉讼请求不予支持。

根据《中华人民共和国民法通则》第五条，《中华人民共和国农村土地承包法》第十六条、第二十六条第一款、第三十条，《中华人民共和国村民委员会组织法》第二十四条、第二十七条，《最高人民法院关于审理涉及农村土地承包纠纷案件适用法律问题的解释》第二十四条，《最高人民法院关于适用〈中华人民共和国民事诉讼法〉的解释》第九十条规定，判决：

一、千子村七社在本判决生效之日起十日内支付古某英征地补偿费 6732 元；

二、驳回古某英的其他诉讼请求。

【法官后语】

本案主要涉及对出嫁女土地承包经营权的保障和村民自治发生冲突如何解决的问题。《农村土地承包法》第三十条规定："承包期内，妇女结婚，在新居住地未取得承包地的，发包方不得收回其原承包地；妇女离婚或者丧偶，仍在原居住地生活或者不在原居住地生活但在新居住地未取得承包地的，发包方不得收回其原承包地。”本案中，古某英出嫁后户口已经迁出千子村七社，但在新居住地未取得承包地，千子村七社经全体社员讨论决定收回古某英的承包地，且不允许其参与征地补偿款的分配，显然违反了法律规定，侵犯了古某英的土地承包经营权及相应财产权利，与《村民委员会组织法》第二十七条第二款“村民自治章程、村规民约以及村民会议或者村民代表会议的决定不得与宪法、法律、法规和国家的政策相抵触，不得有侵犯村民的人身权利、民主权利和合法财产权利的内容”之规定相悖。故法院对千子村七社村民会议的该项决定不予支持，古某英依法享有千子村七社土地的承包经营权，对千子村七社的征地补偿费依法享有与其他社员同等的分配权利。

本案判决作出后，审判人员依法向千子村七社村社干部和群众解释、宣传妇女权益保障和农村农民的相关法律、法规，避免以后出现类似纠纷。法院通过该判决保障了农村出嫁女的合法权益，维护了农村基层组织的社会稳定，同时以案讲法，促进当地基层组织更加合法、有序地开展工作，促进当地基层群众彻底摈弃“重男轻女”的错误思想，更好地维护自己和他人的合法权益。

编写人：四川省内江市中级人民法院　曹志程
四川省内江市市中区人民法院　曾浪花

5

外嫁女有无资格要求耕种家庭户的承包地

——吴某平等诉吴某民土地承包经营权案

【案件基本信息】

1. 裁判书字号

河北省大名县人民法院（2018）冀0425民初341号民事判决书

2. 案由：土地承包经营权纠纷

3. 当事人

原告：吴某平、吴某焕、吴金某

被告：吴某民

【基本案情】

1998年11月27日，吴某杰以家庭户承包大名县西未庄乡赵庄村土地6.55亩，其家庭户共5人，分别为吴某杰、王某云（吴某杰之母）、吴某平（吴某杰之姐）、吴某焕（吴某杰之姐）、吴金某（吴某杰之妹）。承包期30年，自1998年8月1日至2028年8月1日。2002年王某云去世，2017年3月19日吴某杰去世，吴某杰未婚、无子女。吴某平、吴某焕、吴金某均已出嫁，三人出嫁后在新居住地均未分得土地。吴某杰与吴某民系堂兄弟，2009年起，吴某杰家庭户承包地中的大块地由吴某民耕种，双方未签订土地承包经营权流转合同。吴某平、吴某焕、吴金某于2018年2月1日向法院起诉，要求吴某民返还承包地5亩。吴某民称2009年吴某杰将承包地中的大块地以每亩每年300元的价格转包给吴某民，双方未签订土地承包经营权流转合同。吴某杰欠其9600元，如果吴某平、吴某焕、吴金某还款，就向其返还承包地。

吴某杰与大名县西未庄乡赵庄村村民委员会签订的土地承包经营合同书中，仅写明承包地亩数为6.55亩，未列明各地块具体亩数。吴某平、吴某焕、吴金某称承包地中的大块地为5亩，吴某民称不足5亩，西未庄乡赵庄村村民委员会出具的证明显示吴某杰家庭户承包地中大块地约5亩。吴某平、吴某焕、吴金某、吴某民、西未庄乡赵庄村村民委员会均认可吴某杰家庭户承包地中的大块地的四至为西至赵某安，东至赵某书、赵某波，南至白水潭，北至路。

【案件焦点】

1. 吴某平、吴某焕、吴金某作为外嫁女有无资格要求吴某民返还承包地；2. 涉案大块地亩数如何确定。

【法院裁判要旨】

河北省大名县人民法院认为，吴某杰与西未庄乡赵庄村村民委员会签订土地承包经营合同书，以家庭户承包了6.55亩土地，吴某平、吴某焕、吴金某系吴某杰家庭户成员，应当享有土地承包权益。吴某平、吴某焕、吴金某要求吴某民返还承包地5亩，吴某民亦认可吴某平、吴某焕、吴金某承包地中的大块地目前由自己耕种，吴某民应当返还该土地，不得妨害吴某平、吴某焕、吴金某行使承包权。因吴某民已在大块地中种植小麦，吴某平、吴某焕、吴金某同意让其收割小麦之后返还耕地。

吴某平、吴某焕、吴金某称大块地面积为5亩，吴某民辩称不足5亩。西未庄乡赵庄村村民委员会证明吴某杰家庭户承包地中大块地约5亩，吴某民辩称的土地四至与西未庄乡赵庄村村民委员会证明的四至一致。故吴某平、吴某焕、吴金某诉称的5亩地指的是承包地中的大块地，其与吴某民对大块地的四至均无异议，足以确定大块地的唯一性、确定性。

吴某民辩称，吴某杰欠其9600元，大块地是从吴某杰处转包，但未提交任何证据。其又辩称，每年每亩承包费300元，每年共1500元交给吴某杰，既然吴某杰欠其9600元，其不用支付租金，可以直接抵顶欠款，很显然吴某民的该辩称理由不合常理。即使吴某杰欠吴某民9600元，属于民间借贷关系，与本案非同一法律关系，本案不作处理。故吴某民的该辩称于法无据，不予采信。

综上，依照《中华人民共和国农村土地承包法》第六条、第九条、第三十条、第五十三条规定，判决如下：

吴某民在本季小麦收割后三日内将位于大名县西未庄乡赵庄村西至赵某安，东至赵某书、赵某波，南至白水潭，北至路之间的耕地返还给吴某平、吴某焕、吴金某耕种。

【法官后语】

以家庭户承包的农村集体土地，家庭户中的人员会随婚姻、出生、死亡而变化。多数农村地区认为“嫁出去的女儿泼出去的水”，外嫁女不仅不享有继承权，对其家庭户承包的土地也没有耕种资格。更有甚者，即便外嫁女未将户籍迁出，其仍无法享有本集体经济组织成员承包土地、征地补偿等相关权益。这种风俗严重侵害了妇女的合法权益。特别是农村独生女家庭，女儿一旦出嫁，其家族人员就会抢占出嫁女的耕地甚至宅基地。

《妇女权益保障法》规定，妇女在农村土地承包经营、集体经济组织收益分配、土地征收或者征用补偿费使用以及宅基地使用等方面，享有与男子平等的权利。任何组织和个人不得以妇女未婚、结婚、离婚、丧偶等为由，侵害妇女在农村集体经济组织中的各项权益。为维护妇女的合法权益不受侵害，法庭在审理相关类案时一般都从亲情、法律两方面做当事人的调解工作，以促成其达成调解协议，通过将妇女享有的土地承包经营权转租或入股分红以保护妇女的土地权益，收到了良好的社会效果。对达不成协议的，法庭会到争议土地所属的集体组织所在地开庭，通过宣讲法律，教育广大农民，震慑侵害妇女合法权益的行为，以加强对妇女合法权益的保护。

本案是一起典型的外嫁女要求行使承包经营权的案例。当事人是否享有土地承包经营权取决于承包时是否是家庭户成员，之后是否存在丧失农村土地承包资格的情形，无关乎性别、婚姻。妇女即便出嫁，只要未在新居住地取得承包地，其仍享有原承包地权益。审理中需要核实的关键问题是已婚妇女是否已取得新的承包土地。吴某平、吴某焕、吴金某所在家庭户的户主虽已去世，但因该三人在婚后均未取得新的承包地，故其原家庭户的承包地应当由其继续承包经营。

编写人：河北省大名县人民法院　王宪普　郭运芳

6

非因法定事由不得剥夺户口迁出村民的原土地承包经营权

——赵某云、卢某华诉兴隆县青松岭镇北三岔口村村民委员会、卢某林土地承包经营权案

【案件基本信息】

1. 裁判书字号

河北省承德市中级人民法院（2017）冀08民终2406号民事判决书

2. 案由：土地承包经营权纠纷

3. 当事人

原告（被上诉人）：赵某云、卢某华

被告（上诉人）：卢某林

被告：兴隆县青松岭镇北三岔口村村民委员会（以下简称北三岔口村委会）

【基本案情】

赵某云、卢某华系母女关系，在第一轮土地联产承包时，在原兴隆县茅山镇东峪村居住生活，赵某云与东峪村村民王某系夫妻关系，在1983年实施农村家庭联产承包责任制时，以王某为户主承包了三口人土地果树，其中包括王某和赵某云、卢某华。1993年王某因病去世，赵某云带着三个未成年子女（包括卢某华）改嫁到兴隆镇黄酒馆村生活，王某名下承包的土地、果树无人经营，应缴的税费无人承担，经王某所在村、组与卢某林口头协商，将土地交给卢某林经营管理，卢某林负担部分税费。1999年，东峪村在进行土地延包过程中，将诉争的土地、果树仍登记在王某名下（延包合同上王某的签名不知何人所签）。1999年，卢某华结婚并将户口迁至兴隆镇中央村，在该村居住生活。赵某云、卢某华在现居住地均未取得承包土地、果树。2001年4月3日，东峪村委会与卢某林签订承包土地果树协议，约定将王某户的土地、果树承包给卢某林，期限至2028年12月。卢某林经营诉争土地、果树至今，其经营过程中在北沟和北岔土地上栽植了核桃树和柿子树。2003年东峪村委会撤并入现北三岔口村委会。赵某云、卢某华要求卢某林、北三岔口村委会返还土地、果树未果，遂提起诉讼。

【案件焦点】

1. 农村家庭承包土地的承包方是农户的含义；2. 出嫁或者改嫁并将户口迁出的原承包户成员的承包经营权如何保护。

【法院裁判要旨】

河北省兴隆县人民法院经审理认为，赵某云、卢某华所诉土地、果树，在两轮承包中均登记在王某名下，赵某云、卢某华在王某的农户内取得了相应承包权，虽然赵某云、卢某华已经迁出所在村组，但在新居住地未取得承包土地、果树；虽然在二轮延包时，王某已经死亡，但根据延包合同书和卢某林与原东峪村委会的合同，应视为原王某农户取得承包经营权，故对赵某云、卢某华要求确认享有诉争土地、果树的承包经营权的请求，予以支持。赵某云、卢某华在迁出原东峪村后，未对承包的土地果树进行经营管理和安置，属于弃耕行为，卢某林、北三岔口村委会主张是赵某云、卢某华主动交回土地、果树的证据不足，不予认定。赵某云、卢某华要求确认卢某林与原东峪村委会之间的承包合同无效，返还承包地、果树的请求，符合法律规定，予以支持。卢某林在土地上的合理投入，可另行主张权利。

河北省兴隆县人民法院依照《中华人民共和国农村土地承包法》第十五条、第三十条，《最高人民法院关于审理涉及农村土地承包纠纷案件适用法律问题的解释》第六条的规定，作出如下判决：

一、确认卢某林与原东峪村委会之间于 2001 年 4 月 3 日就原王某户土地、果树签订的承包土地果树协议无效；

二、确认赵某云、卢某华对诉争的原王某户土地、果树享有承包经营权；

三、北三岔口村委会、卢某林于判决生效后三十日内将原王某户土地、果树（以承包合同登记为准）返还给赵某云、卢某华。

卢某林对判决不服提出上诉，河北省承德市中级人民法院经审理认为，赵某云、卢某华作为北三岔口村村民，在两次承包中均享有家庭土地承包经营权。虽然王某在第二次承包时已经去世，但并不影响其家庭成员对原承包地的继续承包经营。且发包方也始终没有提供已与卢某林解除承包合同的相关证据。赵某云、卢某华在户口迁出后既未农转非也未重新获得承包地。故原判支持赵某云、卢某华返还承包地经营权的诉讼请求合理。卢某林要求撤销一审判决的上诉理由不予支持。

河北省承德市中级人民法院认为，一审判决认定事实清楚，适用法律正确，应予维持。依照《中华人民共和国民事诉讼法》第一百七十条第一款第（一）项之规定，作出如下判决：

驳回上诉，维持原判。

【法官后语】

自从我国实施减免农业税费以及退耕还林优惠政策以来，因出嫁、转非、投亲等原因发生户口迁移，对原承包土地弃耕，或者未签订二轮延包合同，未实际经营原承包土地的人员，在发生土地征占、开发、确权时，经常提出诉求，主张相应经营权。特别是在近两年开展不动产确权登记过程中，由于人们对于土地价值的认识逐步提高，要求确权的案件时有发生。又由于在二轮延包过程中，法律规定不健全，执行人员把握标准不一，没有完全按照当时政策实施，造成部分地区出现一定不规范现象。

依据《农村土地承包法》第十五条“家庭承包的承包方是本集体经济组织的农户”的规定，土地承包经营权的承包方是农户，而非农户内的成员。在签订二轮承包合同中，一些地方按照原始承包合同的记载情况进行续签，部分农户的原户主已经死亡，或者成员户籍发生变化，在合同中没有得到体现。对于此类问题，应当根据其历史渊源客观对待。我国从20世纪80年代初开始实施的土地家庭联产承包责任制，始终是以户作为单位，而不是以个人进行承包，对此2002年通过的《农村土地承包法》以法律的形式予以确定。对于在延包时，原户主已经死亡，不论是由于工作的疏忽，还是为了操作的便利，仍以原户主进行了延包，只要户内还有家庭成员存在（不论是原成员还是新增成员），即使原成员户口已经迁出，都不能以延包时户主已经死亡而否认延包合同的效力。只要农户内还有家庭成员，就应当允许其继续承包经营土地。

从土地承包期内收回土地问题看，土地承包法规定了自愿交回、可以收回和不得收回的条款，从发包方可以依职权主动收回的法律规定看，只有《农村土地承包法》第二十六条第三款有明文规定：“承包期内，承包方全家迁入设区的市，转为非农业户口的，应当将承包的耕地和草地交回给发包方。承包方拒不交回的，发包方可以收回承包的耕地和草地”。从规定看，条件是清楚、明确并且严格的，如果发包方以其他理由主张收回，需要合同约定或者承包方同意。同时，从法律对妇女的倾斜保护来看，对妇女承包地的收回专门作出了规定，原因在于现实生活中，对待男女的不同态度——如果男子外迁，往往不会发生收回土地的问题，所以男女不平等的现实还将长期存在，对作为出嫁女基本生存保障的土地权益，还要依法予以保障，即使存在弃耕或者权利的一度放弃，非因法定事由，也不得剥夺其原土地承包经营权。

编写人：河北省兴隆县人民法院　马建民

7

多次流转的土地承包关系中实际经营者的认定

——邱某珠等诉柯某富等承包地征收补偿费用分配案

【案件基本信息】

1. 裁判书字号

福建省厦门市中级人民法院（2017）闽02民终717号民事判决书

2. 案由：承包地征收补偿费用分配纠纷

3. 当事人

原告（被上诉人）：邱某珠、胡某玲、胡某瑜、叶某英

被告（上诉人）：柯某富

被告：柯某理、厦门市海沧区东孚街道后柯村民委员会（以下简称后柯村委会）

【基本案情】

邱某珠系胡某家（已故）配偶，胡某玲、胡某瑜系胡某家婚生女，叶某英系胡某家母亲。1991年3月30日，胡某家借用柯某理名义向后柯村委会承包了8.19亩土地，同日，柯某理与后柯村委会签订《土地承包合同》，该合同主要内容为后柯村委会将该村一部分土地发包给柯某理，面积8.19亩，承包期自1991年3月30日至2000年12月31日。该合同还约定了承包金的金额及支付方式以及其他权利义务。合同生效后，胡某家将该地块开挖建成鱼塘（即讼争鱼塘）从事养殖。合同到期后，经后柯村委会同意，该鱼塘以柯某理的名义继续承包。胡某家死亡之后，该鱼塘由邱某珠经营至今。2015年，后柯村委会集体所有的土地因“马銮湾整治和生态修复项目”被依法征收，征收范围涵盖讼争鱼塘。2015年9月，后柯村委会通过决议，决定“承包金上缴每亩400元，滞纳金20%，交地奖励金发放每亩4000元，按承包者实际承包亩数为准”处理含讼争鱼塘在内的鱼池征收补偿问题。

根据上述决定，讼争鱼塘按照青苗及地上附着物补偿款每亩30000元及按期交地奖励金4000元标准发放，合计青苗及地上附着物补偿款245700元，按时交地奖励金32760元，因自2004年起承包人未向村委会缴纳承包金，按照每亩每年400元标准扣减10年承包金32760元，并按照20%扣减滞纳金6552元，剩余补偿总金额为239148元，该款项已由后柯村委会于2015年9月25日发放给柯某富。

另查明，1. 柯某富提供《东孚镇统一收款收据》一张，该收据记载“交款人：柯某富，2001年4月15日，摘要为承包村旧海滩鱼池交2001年至2004年共3年11号池，单位亩，数量8.19亩，单价150元，合计3685.5元”。2. 柯某富提供《鱼塘延包合同》，认为《土地承包合同》合同到期后，经后柯村委会同意，讼争鱼塘以柯某富的名义继续承包。3. 证人胡某元证实养殖所需电力系胡某家、邱某珠从其电表中引出并由其代缴电费的事实。4. 法院现场勘查确认在本案诉讼期间讼争鱼塘实际养殖户是邱某珠。5. 证人吴某福证实其长期为胡某家、邱某珠提供养殖饲料。

【案件焦点】

1. 讼争鱼塘的实际经营者；2. 青苗及地上附着物补偿款的归属。

【法院裁判要旨】

福建省厦门市海沧区人民法院经审理认为：本案争议焦点是讼争鱼塘的实际经营者是邱某珠还是柯某富。邱某珠为证明其是讼争鱼塘的实际经营者，提供了鱼塘照片、电费缴交凭证、征地测绘图纸等书面证据，还申请本院现场勘查及调取（2015）海民初字第4184号案件的庭审笔录、申请证人胡某元出庭作证，拟证实其是鱼塘实际经营人。柯某富为证明其是讼争鱼塘的实际经营者，提供了收款收据、后柯村委会的证明及《鱼塘延包合同》。综合讼争双方的证据，本院评判如下：邱某珠提供的相关证据，其周边养殖户所作证言，证实胡某家、邱某珠自1991年起就将讼争的承包土地开挖成鱼塘并一直养殖，征地部门在征地之前的摸底调查亦确认邱某珠是实际养殖户，本院现场勘查亦确认诉讼时实际养殖户是邱某珠，结合证人吴某福证实其长期为胡某家、邱某珠提供养殖饲料以及证人胡某元证实胡某家、邱某珠养殖所需电力系从其电表中引出的事实，能够形成较为完整的证据链，对于讼争鱼塘的占有、使用及养殖过程具有证明优势，本院由此对邱某珠主张的其是讼争鱼塘实际经营人的事实予以确认。柯某富虽然提供收款收据证实其缴交了2001

年至2004年的鱼塘承包金，并且与柯某理签订了鱼塘延包合同，但不能说明养殖的实际经过，也不能充分举证说明与养殖相关的用电、饲料、虾苗及水产品出售的有关情况，且鱼塘延包合同中后柯村委会加盖公章的时间为2015年10月2日，而非柯某富、柯某理签字落款时间2001年2月12日，基于柯某富、柯某理系亲兄弟，且从日常生活法则判断，如果柯某富、柯某理的鱼塘转让合同有效且实际履行，则柯某富不可能不接收讼争鱼塘，也不可能放任该鱼塘由胡某家、邱某珠一直占有经营，现有证据表明讼争鱼塘一直处于胡某家、邱某珠的控制、占有之下，故对柯某富主张的鱼塘承包经营权由柯某理转让至柯某富之事实不予采信。虽然以柯某富的名义缴交了2001年至2004年的鱼塘承包金，但不能凭此单一证据就认定柯某富是讼争鱼塘的实际经营人。综上，综合认定讼争鱼塘的实际经营人为邱某珠，对于邱某珠主张其以柯某理的名义与后柯村委会签订了土地承包合同，实际上是双方之间的转承包关系之主张予以确认。本案系承包地征收补偿费用分配纠纷，后柯村委会是集体土地的所有权人，柯某理与后柯村委会签订了土地承包合同，该合同于2001年到期后，土地未被收回，且后柯村委会决定合同继续履行并且在土地被征收时决定按照补交承包金的方式发放征地补偿款，足以认定柯某理与后柯村委会之间的承包合同效力延续至该土地被征收之日。柯某富以其名义交付了2001年至2004年的承包金，且后柯村委会已经同意该合同的权利义务由柯某富继受，故在柯某富与后柯村委会之间形成土地承包关系。柯某理退出与后柯村委会的承包关系，但没有告知邱某珠等人，也没有将讼争鱼塘收回，柯某富明知该鱼塘的实际经营人是邱某珠等人，在与后柯村委会建立土地承包关系时亦未向邱某珠等人提出解除合同或收回讼争鱼塘的主张，故应认定邱某珠等人与柯某理的转承包关系在邱某珠等人与柯某富之间继续有效并实际履行。讼争鱼塘青苗和地上物补偿款扣除承包金、滞纳金后，实际取得的为239148元，该款包含每亩4000元按时交地奖励金32760元，该款项不属于法院民事诉讼处理范围，故剔除按时交地奖励金后，讼争鱼塘实际取得的青苗及地上附着物补偿款为206388元。根据法律规定，该款应当由实际经营人取得，邱某珠系土地被征收时的实际承包人，因此讼争款项依法应归邱某珠等人所有。然，柯某富系第一手承包人，虽未实际经营，但其对邱某珠的土地承包起了一定的作用，对邱某珠依法取得征地补偿款具有一定的贡献，故邱某珠等人和柯某富之间应当依照公平原则按7:3的比例予以分割，讼争款项的30%归柯某富所有。关于邱某珠主张柯某理对讼争款项承担连带清偿责任的诉讼请求，因柯某理现并非第一手承包人，且未实际领取承包款，邱某珠请求柯某理承担连带责任没有事实依据，不予支持。关于邱某珠主张后柯村委会对本案讼争款项承担连带清偿责任的诉讼请求，因邱某珠与柯某富的转承包关系系其内部法律关系，对外仍然应当以原承包人柯某富的名义参与活动，后柯村委会依照土地承包合同将征地补偿款发放给柯某富并无不当，邱某珠请求后柯村委会承担连带清偿责任没有事实和法律依据，不予支持。

福建省厦门市海沧区人民法院依照《中华人民共和国民法通则》第四条、《中华人民共和国土地管理法实施条例》第二十六条第一款、《最高人民法院关于审理涉及农村土地承包纠纷案件适用法律问题的解释》第二十二条、《中华人民共和国民事诉讼法》第六十四条规定，判决如下：

一、柯某富应于本判决生效之日起十日内支付给邱某珠、胡某玲、胡某瑜、叶某英青苗和地上物补偿款144471.60元；

二、驳回邱某珠、胡某玲、胡某瑜、叶某英的其他诉讼请求。

柯某富不服一审判决提出上诉。福建省厦门市中级人民法院经审理认为，本案争议焦点为如何认定讼争鱼塘的实际经营者。首先，邱某珠等人在一审中提供的鱼塘照片、电费缴交凭证、征地测绘图纸、一审法院现场勘查、（2015）海民初字第4184号案件的庭审笔录、证人证言等能形成完整的证据链，可以证明邱某珠等人系讼争鱼塘的实际经营者。其次，关于柯某富提出的征地测绘图纸未经过公示是否有效的问题。征地测绘图纸系征地部门在现场实际测绘过程中，由邱某珠进行指认形成，虽然未经公示，但可以证明邱某珠对讼争鱼塘现场管理并且熟悉讼争鱼塘的事实。最后，关于柯某富在一审中提供的鱼塘承包金的收款收据、鱼塘延包合同、后柯村委会出具的《证明》等，这些证据在时间上无法相互印证，且基于柯某富与柯某理系兄弟关系，柯某富持有承包金的缴交收据，不能证明其实际投入经营的事实。讼争款项属于承包地征收补偿款，按照规定地上附着物及青苗补偿费归地上附着物及青苗的所有者所有。在一、二审审理中，柯某富均无法对投入养殖的具体情况进行说明。因此柯某富主张讼争鱼塘由其养殖经营，依据不足。柯某富的上诉请求，缺乏事实和法律依据，不予支持。一审判决在分配讼争补偿款上已考虑到柯某富作为一手承包人的因素，给予其30%的款项。因邱某珠等人未提起上诉，本院对于一审判决关于讼争的补偿款的分配以及后柯村委会的责任认定不予审查评判。综上，一审判决认定事实清楚，适用法律正确，应予维持。

福建省厦门市中级人民法院依照《中华人民共和国民事诉讼法》第一百七十条第一款第（一）项规定，判决如下：

驳回上诉，维持原判。

【法官后语】

在农村经济活动中，农村土地承包经营权往往经过多次流转，向村集体承包的承包人经过多次流转将承包地转包给其他承包者，由于农村土地承包经营权流转形式多样，流转手续并不完备，实际对承包地进行投入开发经营的承包者的确认容易引起争议，遇政府开发征用，各方承包者往往因承包地项下的征地补偿款的归属发生争议，对于多次流转的承包地的征地补偿款的归属应当如何认定，具有特殊性及典型意义。

1. 承包地征地补偿款的分配问题

目前承包地被征用后的征地补偿款的项目包含青苗费、地上附着物补偿款、安置补助费、土地补偿款、按时交地奖励金。根据《土地管理法实施条例》第二十六条第一款规定，土地补偿费归农村集体经济组织所有；地上附着物及青苗补偿费归地上附着物及青苗的所有者所有。而根据《最高人民法院关于审理涉及农村土地承包纠纷案件适用法律问题的解释》第二十二条规定，承包地被依法征收，承包方请求发包方给付已经收到的地上附着物和青苗的补偿费的，应予支持。承包方已将土地承包经营权以转包、出租等方式流转给第三人的，除当事人另有约定外，青苗补偿费归实际投入人所有，地上附着物补偿费归附着物所有人所有。因此，属于承包者争议的征地补偿款项目即为青苗、地上附着物补偿款。

2. 多次转包中土地承包关系的认定

本案中，后柯村委会是集体土地的所有权人，能够认定柯某理与后柯村委会之间的承包合同效力延续至该土地被征收之日。其间，后柯村委会同意该合同的权利义务由柯某富继受，故在柯某富与后柯村委会之间形成土地承包关系。柯某理退出与后柯村委会的承包关系，但没有告知邱某珠等人，也没有将讼争鱼塘收回，柯某富明知该鱼塘的实际经营人是邱某珠等人，但在与后柯村委会建立土地承包关系时亦未向邱某珠等人提出解除合同或收回讼争鱼塘的主张，故应认定邱某珠等人与柯某理的转承包关系在邱某珠等人与柯某富之间继续有效并实际履行。

3. 承包地实际承包者的认定

在本案中，柯某富及邱某珠均主张其是实际承包者，应当享有承包地被征用后的全部征地补偿款。根据谁投入谁受益的原则，青苗及地上附着物补偿款是对实际投入者的补偿，存在多次流转的土地承包关系中，实际投入者的认定往往存在争议，可能存在第一手承包人实际投入经营后再将承包地转包给其他承包者，也可能存在第一手承包人承包后未进行实际经营即将该承包地转包给其他承包者。因此，对于实际承包者，往往需要通过查明事实，分析各事实要素是否能够形成较为完整的证据链予以认定。邱某珠对于其投入经营的经过能够尽到举证义务，通过现场勘验照片、电费缴交凭证、证人证言等形成完整的证据链，因此其主张是实际经营者更为可信，应予以认定。根据法律规定，青苗及地上附着物补偿款应当由实际经营人取得，本案考虑到柯某富系第一手承包人，虽未实际经营，但其对胡某家、邱某珠的土地承包起了一定的作用，对邱某珠依法取得征地补偿款具有一定的贡献，依照公平原则，其应取得一定的补偿款，故对讼争款项按7:3的比例予以分割，其中30%归柯某富所有。

在实践中，实际承包者提供的证据很有可能无法形成较为完整的证据链支持其主张，或是多方承包者争议较大，对于实际投入者分歧较大，对此应根据各方举证及法院查明事实，认定各承包者对承包地经营的贡献，按各方对于承包地经营投入的比例分配相应征地补偿款，既符合客观实际，同时兼顾法理、情理，易于妥善解决矛盾纠纷。

编写人：福建省厦门市海沧区人民法院　薛自力　谢依婷

8

如何认定农村土地承包经营权的权属取得

——茌平县贾寨镇王药包村民委员会诉王某臣农村土地承包合同案

【案件基本信息】

1. 裁判书字号

山东省聊城市中级人民法院（2017）鲁15民终第1677号民事判决书

2. 案由：农村土地承包合同纠纷

3. 当事人

原告（被上诉人）：茌平县贾寨镇王药包村民委员会（以下简称王药包村委会）

被告（上诉人）：王某臣

【基本案情】

王某臣系王药包村村民，大约在1995年，王药包村为响应政府政策，动员本村村民发展大棚，从村集体土地中划出120余亩地，向全村村民公开发包，并出台免交三年承包费的一系列优惠政策。王某臣承包了大约2.45亩大棚地。1999年，国家进行土地二轮承包确权时，上述大棚地登记在王某臣的土地承包经营权证上，王某臣提交了1999年签订的土地承包合同和土地承包经营权证。2015年土地重新确权时，王某臣与王药包村委会重新签订的土地承包合同及政府新颁发的土地承包经营权证，均没有记载上述大棚地。王某臣自1996年使用涉案大棚地至今，没有向王药包村委会缴纳过承包费用。王药包村委会认为，王某臣承包大棚地的三年优惠期已经届满，应当缴纳承包费用，但多次催要无果，且王某臣一直占用该地，故诉至法院，要求将大棚地返还。王某臣辩称，免交三年承包费的优惠期届满后，其于1999年依法取得了上述土地的承包经营权证，该土地不需要再向村委会缴纳承包费用。

【案件焦点】

王某臣是否享有涉案土地的土地承包经营权。

【法院裁判要旨】

山东省茌平县人民法院经审理认为：本案的争议焦点在于王某臣是否就涉案土地依法取得了土地承包经营权。第一，关于涉案土地，王药包村委会和王某臣之间存在口头的约定，王药包村委会免去王某臣三年的承包费，优惠期满后，王某臣应缴纳承包费，可以认定王药包村委会和王某臣当时存在口头的承包合同。但在优惠期满后，王某臣一直耕种土地，却未缴纳当时合同约定的承包费用，显然违反了当时约定的义务，也造成口头承包合同的无法履行，所以也不能享有口头合同约定的权利。王药包村委会和王某臣在优惠期满后并未达成一致口头协议，也未签订任何书面的承包合同，原口头承包合同应视为期满自动解除，王某臣丧失了取得土地承包经营权的前提。第二，王某臣辩称，之所以没有缴纳承包费，是因为1999年签订了土地承包合同并颁发了土地承包经营权证，王某臣无须缴纳承包费。经查明，王药包村委会并没有将涉案土地发包给王某臣，涉案土地并非以家庭承包方式承包，不是人均责任田，因历史种种原因，将涉案土地登记在土地承包合同和土地承包经营权证上，登记均为手写，且双方于2015年重新签订合同并由县政府重新颁发了新的土地承包经营权证，对1999年的登记错误进行了纠正，均未记载涉案土地，故王某臣的辩解不成立。需要说明的是，涉案土地非村集体人均分地，属其他方式承包，并不是家庭承包方式，其载入土地承包经营权证属登记错误。综上所述，涉案土地由王某臣耕种，没有事实与法律依据，故王药包村委会要求王某臣返还土地的诉讼请求，依法予以支持。王某臣系无权占有，应当将地上附着物予以清除。

王某臣不服一审判决，提起上诉。聊城市中级人民法院经审理认为：本案的争议焦点在于王某臣是否就涉案土地依法享有土地承包经营权。一般意义上的村民享有承包经营权的土地系指村委会按照公平合理原则，根据每个家庭的人口数量，按人均地亩数，与村民以家庭为单位签订土地承包合同方式取得承包经营权的土地。承包合同签订后，再由县级以上人民政府颁发土地承包经营权证，并登记造册，确认农户的承包经营权。农户享有土地承包经营权的土地承包法律关系的基本特征是，一是村委会不收取承包费，二是本集体经济组织成员依法平等地享有和行使承包土地的权利。而涉案土地并非村内人均耕地，系由村民均摊提供用于部分农户承包种植大棚蔬菜的土地，此系王某臣与王药包村委会均认可的事实。此种土地与村委会按照公平合理原则人均发包的土地在性质上有区别，发包时村委会一般会与村民协商收取一定的承包费，这种承发包关系与2009年《中华人民共和国土地承包法》第四十四条、第四十五条规定的其他方式的承包关系相类似，应属于其他方式的承发包关系。关于涉案土地，王药包村委会与王某臣之间存在口头的约定，先是免去三年的承包费，优惠期满后，王某臣应缴纳承包费，但在优惠期满后，王某臣一直耕种土地，却一直未缴纳承包费。虽然，1999年的土地经营权证将涉案土地以大棚地的名称载入了承包地块，但是该登记并不能改变涉案土地承包的性质，王药包村委会在此后也曾开会、通知要求包括王某臣在内的相关大棚地承包户缴纳承包费，王某臣等人予以拒绝，此行为既损害了村集体的经济利益，同时对村内其他大多数村民也是明显不公的，也说明王某臣与王药包村委会在优惠期届满后一直未就涉案土地承包形成一致意见。2015年王某臣与村委会重新签订了土地承包合同并由茌平县人民政府重新颁发了新的土地承包经营权证，均未记载涉案土地。双方土地承包关系应以2015年的土地承包合同和土地承包经营权证确认的为准。王某臣就涉案土地一直未与王药包村委会以其他方式确定承发包关系，故一审认定王某臣未取得涉案土地的承包经营权并无不当。

依照《中华人民共和国民事诉讼法》第一百七十条第一款第（一）项规定，判决如下：

驳回上诉，维持原判。

【法官后语】

本案涉及农村土地承包经营权的权属认定问题。基于农村土地的所有权性质，土地承包经营权是一种用益物权，我国法律有限地认可土地承包经营权的非基于民事行为取得（主要指继承），其取得的方式主要为民事行为，包括创设取得和转移取得。创设取得指承包方与发包方之间订立土地承包合同，承包方依据承包合同取得权利；转移取得指承包方将已经取得的土地承包经营权合法流转，受让人通过转包、出租、互换、转让等方式取得权利。

涉案土地属于王药包村委会集体所有，争议焦点在于王某臣是否依法享有该土地的承包经营权。村民以家庭承包户为单位与发包方通过签订土地承包合同方式取得承包经营权的土地，一般意义上指发包方按照公平合理原则，根据每个家庭的人口数量，按人均地亩数确定的土地。而涉案土地并非村内人均耕地，系由村民均摊出来用于部分农户承包种植大棚的土地，承包户按约应缴纳承包费用，与《土地承包法》第四十四条、第四十五条规定的其他方式的承包关系最相类似。涉案土地并没有记载在2015年的土地承包合同和土地承包经营权证上，土地使用收益人（王某臣）拒不缴纳承包费用，应当认定王某臣没有依法依约取得涉案土地的承包经营权。

本案对于规范农村土地的承包秩序，贯彻落实农村集体经济经营体制有一定的指导意义。自改革开放以来，我国在农村实行家庭联产承包责任制，将农村土地所有权和承包经营权分社，所有权归集体，承包经营权归农户，极大地调动了农民的积极性，农村改革取得重大成果。家庭联产承包责任制的特征就是包产到户、分田到户，安徽凤阳小岗村开创先河。国家目前也在积极地探索农村土地的“三权分置”政策，深化农村改革，完善农村基本经营制度，研究土地所有权、承包权、经营权三者之间的关系。

编写人：山东省茌平县人民法院　邢成

9

土地承包经营权确认及承包他人土地的责任承担

——吴某松诉周某忠农村土地承包经营权案

【案件基本信息】

1. 裁判书字号

江苏省常州市金坛区人民法院（2017）苏0482民初4996号民事判决书

2. 案由：农村土地承包经营权纠纷

3. 诉讼双方

原告：吴某松

被告：周某忠

【基本案情】

1998年9月10日，原汤庄镇南汤村小桥头组农户承包土地调整落实表将本案讼争的、位于现金坛区尧塘街道汤庄桥小桥头组八分头0.65亩土地登记在吴某松名下；同月30日，金坛市人民政府颁发了户名为周某忠、编号为98240201×××农村集体土地承包经营权证，该证显示涉案土地变更在周某忠名下，变更时间为1999年4月14日，发包方签章一栏显示周某洪、周某忠；1999年左右，周某忠将上述土地连同其他村民共计约12亩的土地开挖成蟹塘，从事螃蟹养殖至今。双方未约定流转期限及流转金等，周某忠在养殖期间也未向吴某松支付过任何费用。2016年4月，在二轮承包土地规范确权过程中，吴某松领取了讼争土地的承包经营权证书，承包期限自1998年10月30日至2028年10月30日。吴某松领取农村土地承包经营权证书后，数次向周某忠主张返还讼争土地，双方未能达成共识。吴某松诉至法院。

另查明，吴某松已收取讼争土地2015年、2016年土地转包金。

【案件焦点】

如何确认讼争土地承包经营权归属，如何解决后续土地返还问题。

【法院裁判要旨】

常州市金坛区人民法院认为，农村土地承包关系的长期稳定受国家保护，任何组织和个人不得侵害。关于案涉土地承包经营权归属，应当依据当地全面实行二轮承包时签订的合同或颁发的证书认定。吴某松提供的2016年农村土地承包经营权证与农户承包土地调整落实表相符合，与当地全面实行二轮承包分配土地也一致，而周某忠提供的1998年编号为98240201×××农村集体土地承包经营权证存在不规范情形，故对吴某松主张的讼争土地承包经营权予以认可。由于吴某松、周某忠未约定流转期限及流转金等事项，且讼争土地的承包经营权由吴某松享有，故双方之间关于讼争土地承包经营权流转性质属土地转包关系。关于吴某松要求周某忠支付1999年至2014年土地使用费6700元的诉讼请求，无事实和法律依据，不予采纳。因讼争土地已被周某忠连同其他村民的承包土地连片开挖成鱼塘并养殖十多年，四至已难以确定；且吴某松的承包土地所占比例较小，从客观情况和经济效益等方面考虑，不适合返还土地。故吴某松要求周某忠返还土地并恢复原状的诉讼请求，不予支持。根据《最高人民法院关于审理涉及农村土地承包纠纷案件适用法律问题的解释》第十六条规定，因承包方不收取流转价款或者向对方支付费用的约定产生纠纷，当事人协商变更无法达成一致，且继续履行又显失公平的，人民法院可以根据发生变更的客观情况，按照公平原则处理。吴某松、周某忠对土地流转价格协商不成，继续让吴某松将土地无偿给周某忠使用也违背公平原则，故可参考周边地区同类土地流转价格和讼争土地实测面积由周某忠向吴某松支付相应的费用。依照《中华人民共和国民法通则》第一百三十四条第一款第（四）项，《中华人民共和国农村土地承包法》第三十四条、第三十七条、第五十三条，《最高人民法院关于审理涉及农村土地承包纠纷案件适用法律问题的解释》第十六条，《中华人民共和国民事诉讼法》第一百四十二条规定，判决如下：

一、周某忠在与吴某松土地转包关系存续期间按每年每亩600元的标准向吴某松支付0.65亩土地转包金合计390元（自2017年1月1日起计算，该款于每年12月30日前给付完毕）。

二、驳回吴某松的其他诉讼请求。

【法官后语】

2006年1月1日起我国废止《农业税条例》，全面取消征收农业税。在此之前，农村土地承包经营户由于种植土地成本较高、土地收益较少等原因，不愿意种植土地，导致土地实际流转、经营状况十分混乱，严重破坏了家庭承包经营制度。本案中，针对涉案0.65亩土地当事人双方均主张自己享有承包经营权。故本案争议焦点有二：1. 土地承包经营权如何确认；2. 承包土地以何种形式返还。试析如下：

1. 土地承包经营权如何确认

《农村土地承包法》规定农民集体所有的土地依法属于村农民集体所有的，由村集体经济组织或者村民委员会发包；国家所有依法由农民集体使用的农村土地，由使用该土地的农村集体经济组织、村民委员会或者村民小组发包。同时还规定，土地承包应当遵循以下程序：（一）本集体经济组织成员的村民会议选举产生承包工作小组；（二）承包工作小组依照法律、法规的规定拟订并公布承包方案；（三）依法召开本集体经济组织成员的村民会议，讨论通过承包方案；（四）公开组织实施承包方案；

(五) 签订承包合同。本案中,原周某忠均主张涉案土地系自己承包,并提交了两份土地承包经营权证。周某忠提交 1998 年编号为 98240201 × × × 农村集体土地承包经营权证中记载涉案土地变更在周某忠名下,变更时间为 1999 年 4 月 14 日,发包方签章一栏显示周某洪、周某忠。但是,经核实该变更未经过合法程序,存在私自添加等不规范行为,同时与涉案土地所在集体经济组织保存的土地归户表不符。2016 年原周某忠所在村集体经济组织进行土地规范化确权,涉案土地再次确权至吴某松名下。据此,应认定涉案土地系吴某松承包经营。在审理此案中,出现两份土地承包经营权证,法院在审理过程中没有简单加以确认,而是通过分别审查两份土地承包经营权证产生的合法合规性,结合村集体经济组织保存的原始档案,最终确认土地归属。

2. 土地返还的形式

吴某松要求周某忠实际返还占用土地,但是涉案 0.65 亩土地连同其他村民的承包土地一起被周某忠开挖蟹塘,时间长达十几年之久,已不具备明显的四至。故如果要求周某忠实际返还土地,明显缺乏可实施的客观条件,同时会引起其他纠纷;如果不予支持则没有保护吴某松的合法权益。在充分考虑双方利益的基础上,结合情势变更、公平原则,选择以财产责任方式代替实际返还土地的责任方式,由周某忠给予吴某松一定经济补偿,既维护了吴某松的合法权益,也维护了周某忠的经济利益和相关土地承包经营关系的稳定,而且可以客观履行。

编写人:江苏省常州市金坛区人民法院　贺献忠

10

未分户要求分割土地承包经营权不应支持

——段某勇诉段某瑞等土地承包经营权案

【案件基本信息】

1. 裁判书字号

河南省安阳市中级人民法院(2018)豫 05 民终 54 号民事判决书

2. 案由：土地承包经营权纠纷

3. 当事人

原告（上诉人）：段某勇

被告（被上诉人）：段某瑞、安阳县水冶镇西石村村民委员会

第三人：王某英

【基本案情】

段某勇系段某瑞和王某英的儿子。1998年8月29日，段某瑞作为户主（该户其他成员为：王某英、段某峰、段某勇、段某燕）与安阳县蒋村乡西石村村民委员会（现变更为安阳县水冶镇西石村村民委员会，以下简称西石村委会）签订农村土地承包合同一份，承包土地7.9亩，其中段家坟耕地3亩、南十亩东耕地2.5亩、万昌地2.4亩，承包期限自1998年8月29日至2028年8月29日。1999年4月2日，段某峰妻子王某珍户口迁入西石村。1999年9月15日，段某勇因升学户口从西石村迁入安阳大学，同年，西石村委会将段某勇土地调整给王某珍。2016年7月24日，段某瑞与段某勇签订农村承包地分户协议一份，主要内容为：承包户段某瑞因长年多病，承包地不能耕种，其子段某勇已单独立户并在公安部门办理了分户手续。现就段某瑞农户承包土地7.9亩，其中1.3166亩进行分户，经全家协商一致，王某来、李某福见证，特立此协议。后双方由于矛盾，该协议未实际履行。经法院调查，段某瑞户其他成员段某峰、王某英、段某燕均未在该协议上签字，称对上述协议不清楚，不同意分给段某勇土地。另查明，2004年，段某勇被安阳县公安局招录为干警，工作至今，其户籍地为安阳市北关区解放路3号院××号。

【案件焦点】

1. 段某勇与段某瑞签订的分户协议的效力；2. 段某勇是否享有土地承包经营权。

【法院裁判要旨】

河南省安阳县人民法院经审理认为：农村集体经济组织成员有权依法承包本集体经济组织土地。段某勇诉请要求确认2016年7月24日分户协议效力，因分户涉及户内其他成员的利益，必须经户内其他成员同意才能产生法律效力。该分户协议

仅有段某勇、段某瑞签字，户内其他成员王某英、段某峰、段某燕均明确反对该分户协议，因此，对于该分户协议的效力，不予确认。本案中，1999 年 9 月 15 日，段某勇因升学将户口从西石村迁入安阳大学（转为非农业户口），次月，西石村委会调整了段某勇的承包地。段某勇毕业后，其户籍并未回迁，已经于 2004 年被安阳县公安局招录为干警，长期在市区生活，已经脱离农村集体，不再依赖农村土地生存。故段某勇要求依法确认其 1.58 亩土地承包经营权并登记的诉讼请求，不予支持。

河南省安阳县人民法院依照《中华人民共和国农村土地承包法》第五条、第二十六条，《中华人民共和国民事诉讼法》第六十四条、第一百四十二条规定，作出如下判决：

驳回段某勇的诉讼请求。

段某勇不服一审判决，提起上诉。河南省安阳市中级人民法院经审理认为：涉案协议仅有段某勇、段某瑞签字，户内其他成员王某英、段某峰、段某燕均未在该协议上签字，上述人员反对该分户协议，事后也未得到上述人员的追认，原审判决对段某勇的请求未予支持符合法律规定；我国农村土地承包采取集体经济组织内部的家庭承包方式，在分户协议未确认的情况下，段某勇请求 1.58 亩经营权归其并登记在其名下的请求，与国家政策、法律相悖，不予支持。

河南省安阳市中级人民法院依照《中华人民共和国民事诉讼法》第一百七十条第一款第（一）项规定，作出如下判决：

驳回上诉，维持原判。

【法官后语】

随着农村土地改革的持续深入，农村土地承包经营权确权工作正在稳步推进。我国农村土地（耕地）承包实行三十年不变的政策，为进一步稳定农村土地承包关系，十九大报告提出，第二轮土地承包到期后再延长三十年，这为持续深化农村土地改革提供了制度支持。但是，自二轮土地延包至今已二十余年，农户内成员因自然死亡、子女结婚、升学等因素，客观上要求对农户承包的土地进行分割。由此，农户成员内部因承包地分割引发的纠纷日益增多。

《宪法》第八条第一款规定：“农村集体经济组织实行家庭承包经营为基础、

统分结合的双层经营体制……”《农村土地承包法》第三条第二款规定：“农村土地承包采取农村集体经济组织内部的家庭承包方式……”《最高人民法院关于审理涉及农村土地承包纠纷案件适用法律问题的解释》第三条第二款规定：“前款所称承包方是指以家庭承包方式承包本集体经济组织农村土地的农户，以及以其他方式承包农村土地的单位或者个人。”可见，家庭承包土地的权利主体为农户，而非个人。农户是家庭成员基于身份关系形成的财产权利主体的外化，区别于一般财产的共有制度，体现的是人身与财产权利的高度集合，农户内成员土地承包权利只有在户内才能实现。法理上讲，农户成员土地承包权利的分离也必须借助于户的分离来实现。因此，审理该类案件的核心就在于判断个人是否已经分户以及分户后个人是否符合承包土地的身份条件。农户分户判断标准不仅仅是户籍的分离，更重要的是农户成员之间达成的分户合意。一般而言，当户籍分离和户内成员达成分户协议后，当事人直接向土地管理部门申请分割承包地即可。但当户内成员未能达成一致意见时，当事人能否向法院申请救济存在不同认识：有观点认为，分户属于村民自治范畴，人民法院不应予以调整；有观点认为，有权利就应该有救济途径，当农户成员达不成分户合意时，应赋予当事人诉讼的权利。显然，从承包地权利属性看，赋予当事人诉讼权利更符合法理要求。但是，法院审理时应严格审查范围。首先，法院只有在当事人符合分户条件且农户成员就分户达不成一致意见时才予以受理，关于未取得承包地的纠纷应严格排除于法院受案范围，告知当事人向有关部门申请解决。其次，法院审理仅限于农户成员内部权利的分配，在当事人不能达成一致意见时，一般应按照户内人数平均分割土地份额。最后，法院仅审理分户纠纷，就户内成员权利分配作出界定，关于确权登记属于政府管理事项，应由当事人依据判决内容向有关部门另行申请解决。审理该类案件还应注意集体成员身份的因素，承包地的取得以当事人具备集体成员身份为前提。同样，分户纠纷中，对于已经落户城镇，且获得其他生存保障的当事人，应先确定是否具备集体成员资格。本案中，虽然段某勇、段某瑞达成了分户协议，但由于该分户协议未经其他户成员确认，事后也没有追认，因此，分户协议未产生法律效力，法院最终驳回了段某勇的诉讼请求。

编写人：河南省安阳县人民法院　郭建岭

11

村委会“一地二包”情形下农户权益的保护

——孙某诉孙某某、张某某土地承包经营权案

【案件基本信息】

1. 裁判书字号

河北省唐山市开平区人民法院（2017）冀0205民初32号民事判决书

2. 案由：土地承包经营权纠纷

3. 当事人

原告：孙某

被告：孙某某、张某某

【基本案情】

1994年9月30日，孙某与某某村委会签订农业承包合同，约定，孙某承包该村北沟0.8亩土地，期限30年，自1994年9月24日至2024年9月24日。1998年9月28日，某人民政府制发土地承包经营权证书，确认了上述0.8亩土地的承包经营权。2001年4月，孙某同意孙某某在其承包的北沟土地兴建养殖场。2001年11月28日，某某村委会与孙某某签订协议书，约定，为增加农民收入，村委会同意孙某某在涉案土地建养殖场。孙某某以孙某与村委会签订的土地承包合同为据，每年向村委会缴纳承包粮50公斤玉米，孙某土地承包合同期满后由孙某某使用。2010年4月20日，孙某某与张某某签订转让协议，将养殖场以138000元转让给张某某。孙某认为孙某某的行为侵害了孙某的土地承包经营权，故诉至法院，请求判令孙某对位于某某村北沟1.2亩土地享有承包经营权；孙某某、张某某返还孙某位于某某村北沟1.2亩承包土地并拆除地上附着物恢复原状。

【案件焦点】

存在两份生效的土地承包协议的情况下如何确定土地承包经营权。

【法院裁判要旨】

河北省唐山市开平区人民法院经审理认为，某某村委会与孙某签订了农业承包合同，并向孙某颁发了土地承包经营权证书，孙某取得位于某某村北沟的 0.8 亩土地的承包经营权。孙某某虽与某某村委会签订了土地承包协议，但未依法登记，孙某某未取得争议土地的承包经营权。孙某某将养殖场转让给张某某，未征得孙某同意，其转让行为无效，理应返还位于某某村北沟 0.8 亩承包土地并拆除地上附着物恢复原状。

河北省唐山市开平区人民法院依照《中华人民共和国农村土地承包法》第二十二条、第二十三条、第四十八条、第四十九条，《最高人民法院关于审理涉及农村土地承包纠纷案件适用法律问题的解释》第二十条第（一）项规定，作出如下判决：

一、孙某对位于某某村北沟 0.8 亩土地享有承包经营权。

二、张某某于本判决生效后三十日内返还孙某位于某某村北沟 0.8 亩土地，拆除地上附着物，恢复土地原状。

【法官后语】

我国实行农村土地承包至今已经有三十多年，国家为了鼓励和引导农村充分利用土地，在农村土地承包问题的立法和政策制定上提供了诸多便利，既允许农村集体以多种便捷渠道发包本集体经济组织农村土地，也允许本集体经济组织成员及非本集体经济组织成员承包本集体经济组织农村土地。由于国家在立法上对农村土地承包方式没有做过多的限制，“一地数包”现象频频出现，在此情况之下发生的土地流转纠纷案件与日俱增。

“一地数包”，主要指的是发包方就同一土地签订两个以上承包合同，承包方均主张取得土地承包经营权的情形。针对“一地数包”问题，《最高人民法院关于审理涉及农村土地承包纠纷案件适用法律问题的解释》第二十条规定：“发包方就同一土地签订两个以上承包合同，承包方均主张取得土地承包经营权的，按照下列情形，分别处理：（一）已经依法登记的承包方，取得土地承包经营权；（二）均未依法登记的，生效在先合同的承包方取得土地承包经营权；（三）依前两项规定无法确定的，已经根据承包合同合法占有使用承包地的人取得土地承包经营权，但争议发生后一方强行先占承包地的行为和事实，不得作为确定土地承包经营权的依据。”可见，法律对“一地两包”引发的争议案，确定了三项处理原则：合同登记原则；合同生效在先原则；合法先占原则。该三项原则的适用有先后顺序，要依次适用。首先，从物权公示、公信原则出发，优先考虑物权登记的法律效力，保护已登记的土地承包经营权。其次，在未办理登记时，应考虑合同生效的时间顺序，生效在先合同的承包方取得土地承包经营权。根据《农村土地承包法》第二十二条规定，采取家庭承包的方式承包农村土地，承包方自承包合同生效时即取得土地承包经营权，即土地承包经营权作为一种物权，其变动仅需合同双方达成合意即生效，而不需要另行办理物权登记。最后，将先占作为兜底性规定，即在承包合同既未依法登记也无法判断承包合同何者生效在先的情况下，率先善意占有承包土地的承包方优先取得土地承包经营权。此项规定的意义在于，从承包方善意先占土地即可表明承包方有积极行使合同权利，全面履行合同义务的诚意，依此促成该承包合同符合合同法鼓励交易的基本原则。

《农村土地承包法》规定了农村土地承包经营权流转的方式有转包、出租、互换、转让等。其中转让是指土地承包经营权人将其拥有的未到期的土地经营权，经发包方许可后，以一定的方式和条件转移给他人的一种行为，土地承包经营权转让需与发包方变更原土地承包合同。土地承包经营权的受让主体可以是本集体经济组织的成员，也可以是本集体经济组织以外的单位和个人。转包是农民集体经济组织内部农户之间的土地承包经营权的流转。转包人对土地经营权的产权不变，受转包人享有土地承包经营权的使用权，获取承包土地的收益，并向转包人支付转包费，转包无须发包方许可，但转包合同需向发包方备案。本案中，孙某同意孙某某在其承包的土地兴建养殖场，某某村委会与孙某、孙某某分别签订了两份合法有效的土地承包合同，但并未变更孙某的土地承包经营权证，争议土地的承包经营权的产权仍然属于孙某，孙某某仅享有土地承包经营权的使用权，获取承包土地的收益，其未经孙某同意将土地承包经营权转让给他人，孙某有权要求返还土地，恢复原状。

编写人：河北省唐山市开平区人民法院　卞燕

12

农村土地分配引发的纠纷不属法院民事受案范畴

——段某友诉榆树市大岭镇建设村村民委员会土地承包经营权案

【案件基本信息】

1. 裁定文书号

吉林省长春市中级人民法院（2017）吉01民终6531号民事裁定书

2. 案由：土地承包经营权纠纷

3. 当事人

起诉人（上诉人）：段某友

【基本案情】

段某友户在第一轮土地承包时共计五口人（包括本人、母亲、妻子、长女、长子）分得承包地1.5垧。1992年段某友离婚，1995年其将户口迁至小城镇。第二轮土地延包过程中，因其户口迁出村委会将其承包土地收回，致使其第二轮土地承包时未取得土地承包经营权。其母亲姜某方去世后，村委会将姜某方第二轮分到的土地收回。段某友认为《农村土地承包经营法》明确规定，转入小城镇落户的，不准许将土地抽回。而第二轮土地承包是在第一轮土地承包的基础上的延包，不是解除合同重新发包土地，村委会不应收回其承包地，更不应该以姜某方去世为由收回姜某方的承包土地。故向法院起诉，提出诉求：1. 请求恢复段某友土地承包经营权；2. 请求榆树市大岭镇建设村村委会返还段某友在第一轮土地承包时承包的2.95亩，赔偿损失40000元；3. 请求判令榆树市大岭镇建设村村民委员会对姜某方的承包地的经营权恢复给段某友，榆树市大岭镇建设村村民委员会非法收取姜某方的卖地款8850元退还给段某友，给付合法利息。

【案件焦点】

1. 第二轮土地承包在第一轮土地承包基础上的“延包”是继续承包还是重新发包；2. 土地承包经营权的取得是政策调整还是法律规范。

【法院裁判要旨】

吉林省榆树市人民法院经审理认为，关于段某友起诉恢复其土地承包经营权的请求，根据《最高人民法院关于审理涉及农村土地承包纠纷案件适用法律问题的解释》第一条第二款规定：“集体经济组织成员因未实际取得土地承包经营权提起民事诉讼的，人民法院应当告知其向有关行政主管部门申请解决。”段某友虽然在第一轮土地承包时分得了土地，但是在第二轮土地承包时未取得土地承包经营权，故提出村委会恢复其土地承包经营权的请求，不属于法院民事受案范围。关于段某友起诉村委会不应该以其母亲去世为由而将承包地收回的请求，因其未取得承包地，不是与其母亲同户经营的主体，因此其作为起诉人主体不适格。

吉林省榆树市人民法院依据《中华人民共和国民事诉讼法》第一百一十九条规定，作出如下裁决：

对段某友的起诉，本院不予受理。

段某友不服，提出上诉，吉林省长春市中级人民法院审理认为，根据《最高人民法院关于审理涉及农村土地承包纠纷案件适用法律问题的解释》第一条第二款“集体经济组织成员因未实际取得土地承包经营权提起民事诉讼的，人民法院应当告知其向有关行政主管部门申请解决”的规定，段某友在第二轮土地承包时未取得土地承包经营权，根据上述法律及司法解释的规定，段某友诉请涉及农村公共事务管理问题，其可向有关行政主管部门申请协调处理，不是人民法院民事诉讼受案范围。原审裁定对本案不予受理符合法律规定，段某友的上诉主张于法无据，其上诉请求不予支持。

吉林省长春市中级人民法院依据《中华人民共和国民事诉讼法》第一百七十条第一款第（一）项规定，作出如下裁决：

驳回上诉，维持原裁定。

【法官后语】

土地承包经营权的取得以承包合同的成立为前提。农民集体所有的土地由本集体经济组织的成员承包经营的，由发包人与承包人订立承包合同，约定双方的权利和义务。土地承包经营权的创设取得，主要是指承包人与发包人通过订立承包经营合同而取得承包经营权。本案中段某友在第一轮土地发包时取得承包地，但第二轮土地发包时未签订承包合同。第二轮土地发包虽然在字面上体现的是第一轮土地承包的延包，但不是第一轮土地承包合同的延续，而是签订新一轮的土地承包合同。在政策层面上可以理解为第二轮承包是第一轮承包的延续，但在法律层面上，第二轮承包又重新订立了承包合同，该合同是承包人取得新的承包经营权的法律依据。段某友没有签订第二轮土地承包合同，应视为没有取得土地承包经营权。

未取得土地承包经营权引发的纠纷，受政策调整，不是人民法院民事诉讼受案范围。《农村土地承包法》规定集体经济组织成员享有“平等的承包土地的权利”，在未取得该权利之前，集体经济组织与其成员之间的争议还不具有民事纠纷的可诉性。集体经济组织成员因未取得土地承包经营权而要求取得该权利的，应当向集体经济组织和指导该集体经济组织的相关行政机关提出申请和诉求，而不能直接提起民事诉讼。《最高人民法院关于审理涉及农村土地承包纠纷案件适用法律问题的解释》对此已作出明确规定：“集体经济组织成员因未实际取得土地承包经营权提起民事诉讼的，人民法院应当告知其向有关行政主管部门申请解决。”按照上述法律规定，人民法院只受理当事人承包土地经营中因使用、收益、流转、收回以及承包合同履行等发生的纠纷，依法维护农村土地承包当事人的合法权益。当事人之间因农村土地分配产生的纠纷，则不属于人民法院的受案范围。

编写人：吉林省榆树市人民法院　赵　春

13

不动产物权权属争议涉及登记的可以通过民事诉讼解决

——程某梅、程某红诉程利某土地承包经营权案

【案件基本信息】

1. 裁判书字号

安徽省黄山市黄山区人民法院（2017）皖1003民初238号民事判决书

2. 案由：土地承包经营权纠纷

3. 当事人

原告：程某梅、程某红

被告：程利某

【基本案情】

程某梅、程某红与程利某系姐弟关系，其母蒋某香于2012年去世，继父程某元于2016年去世。1983年农村土地承包到户时程某元户按家庭成员5人分配土地，程某梅于1986年外嫁至汤口社区第二居民组，程某红于1989年外嫁至汤口社区第五居民组。土地二轮承包时，汤口社区分配给居民的土地未作调整，程某梅、程某红在所嫁入居民组未分配土地。根据《汤口镇农村土地承包经营权确权登记颁证农户档案》中茶园承包经营权摸底调查表记录，程利某为茶园承包经营权承包方代表（户主），家庭成员蒋某香（已故）、程某元、程某红（外嫁）、程某梅（外嫁）。2015年6月20日，程利某向黄山区人民政府申请农村土地承包经营权注册登记，黄山区人民政府于2016年向其颁发林（农）地承包权（2016）地113473号林权证，记载承包方代表姓名为程利某，承包方家庭成员为程利某与程某元，7块林地总面积10.24亩。

【案件焦点】

程某红、程某梅是否享有涉案土地承包经营权相应的份额。

【法院裁判要旨】

安徽省黄山市黄山区人民法院经审理认为：《中华人民共和国物权法》第三十三条规定，“因物权的归属、内容发生争议的，利害关系人可以请求确认权利”。程某红、程某梅要求依法确认登记在程利某名下的所有土地中其各享有三分之一，该诉求系用益物权确认纠纷。程某红、程某梅作为土地一、二轮承包时的家庭成员，依法享有土地承包经营权。当作为家庭承包的“农户”中的某一个或部分成员死亡时，便会产生生存的户内成员权利份额的自然扩张。因蒋某香、程某元已死亡，在蒋某香、程某元生前对其土地承包经营权无处分意思表示的情况下，程某红、程某梅、程利某各自份额由原来的五分之一自然地扩张为三分之一。2015年，程利某在申请土地承包经营权注册登记时未填报程某红、程某梅，侵犯了二人应当享有的土地承包经营权。程利某提出争议土地已经被有权部门进行登记，程某红、程某梅应当向登记部门提出异议或者行政诉讼，而不是直接提起民事诉讼的抗辩理由，因物权归属或基础关系所生纠纷，是平等民事主体之间的财产争议，理应通过民事诉讼对相应法律行为及其他法律事实进行判断。《中华人民共和国物权法》第十六条规定，不动产登记簿是物权归属和内容的根据，旨在赋予不动产登记以推定力。但作为一种法律拟制事实，登记表彰的权利状态并不总能反映真实不动产物权关系，所谓的推定力并不具有绝对的效力。该法第十七条规定，“除有证据证明不动产登记簿确有错误外，以不动产登记簿为准”，也意在明确不动产登记可以通过证据推翻，这为人民法院在民事诉讼中把不动产登记作为证据进行审查提供了法律依据。当事人对不动产登记簿记载的权利状态提出异议，应提出证据对其主张加以证明。如果当事人提出了能够充分证明真实权利状态与不动产登记簿的记载不一致的证据，人民法院可以依法采信该证据，进而对真正物权状态作出司法判断。当然，通过民事诉讼解决当事人之间的不动产物权权属争议，并非对不动产登记行为合法性的审查。《最高人民法院关于适用〈中华人民共和国物权法〉若干问题的解释（一）》第一条规定：“因不动产物权的归属，以及作为不动产物权登记基础的买卖、赠与、抵押等产生争议，当事人提起民事诉讼的，应当依法受理。当事人已经在行政诉讼中申请一并解决上述民事争议，且人民法院一并审理的除外。”第二条规定：“当事人有证据证明不动产登记簿的记载与真实权利状态不符、其为该不动产物权的真实权利人，请求确认其享有物权的，应予支持。”因此，程利某的抗辩理由不能成立。

依照《中华人民共和国民法通则》第一百三十五条，《中华人民共和国农村土地承包法》第六条，《中华人民共和国物权法》第三十三条，《最高人民法院关于适用〈中华人民共和国物权法〉若干问题的解释（一）》第一条、第二条规定，判决如下：

一、确认程某红、程某梅各享有林（农）地承包权（2016）地113473号林权证下土地承包经营权三分之一的份额；

二、驳回程某红、程某梅其他诉讼请求。

【法官后语】

有观点认为，除非法律另有规定，不动产物权之取得丧失变更只能看登记，未经登记就不能取得及享有物权，如果争议涉及登记就应当通过行政诉讼解决。该观点不仅为一些行政机关所坚持，司法实践中也受众颇广，这在一定程度上导致互相推诿以及行政裁判与民事裁判相冲突的情形，对司法权威和公信力造成损害。同时，还造成当事人诉讼的盲目性，一案多诉时有发生，既增加了当事人的讼累，也浪费了司法资源。厘清民事诉讼与行政诉讼的审查范围与对象，对妥善化解涉不动产登记及权属纠纷、保护当事人的合法权益具有重要现实意义。

1. 不动产物权权属争议涉及登记的可以通过民事诉讼解决

不动产登记在性质上具有复合性，对相关争议的司法解决途径，不能在民事诉讼与行政诉讼中作简单的单项选择。从物权法的规定看，我国采纳的是以债权形式主义为主的物权变动模式，在基于法律行为发生的物权变动中，登记是不动产物权变动生效的要件。但要件不同于原因，不动产物权变动的原因或基础只能是买卖、赠与、抵押等当事人的单方或双方法律行为，这是私法自治的体现，而登记首先标志着转移不动产物权的权利义务关系画上句号，然后就是将发生的物权变动向社会公示。因此，登记是确认不动产物权变动并将其公之于众的手段，不动产物权不是登记的产物。认为不动产物权由登记所赋予的观点，显然与登记的本质相悖。不动产物权变动原则上虽需经依法登记始生物权效力，但因物权归属或基础关系所生纠纷，是平等民事主体间之财产争议，理应通过民事诉讼对相应法律行为及其他法律事实进行判断。《行政诉讼法》第六十一条规定，在涉及登记的行政诉讼中，如果当事人提出申请，人民法院可以一并审理解决相关民事争议。该规定是行政诉讼法基于诉讼便利的原则，给予当事人选择在行政诉讼程序中一并解决民事争议的程序权利，并未改变有关不动产物权归属及基础关系的争议属于民事诉讼受案范围这一主管原则。《最高人民法院关于适用〈中华人民共和国物权法〉若干问题的解释(一)》第一条规定，“因不动产物权的归属，以及作为不动产物权登记基础的买卖、赠与、抵押等产生争议，当事人提起民事诉讼的，应当依法受理。当事人已经在行政诉讼中申请一并解决上述民事争议，且人民法院一并审理的除外”。当然，通过民事诉讼解决当事人之间的不动产物权权属争议，并非对不动产登记行为合法性的审查。

2. 真实权利状态与不动产登记簿的记载不一致时如何处理

《物权法》第十六条第一款规定，不动产登记簿是物权归属和内容的根据，旨在赋予不动产登记以推定力。但作为一种法律拟制事实，登记表彰的权利状态并不总能反映真实不动产物权关系，所谓的推定力并不具有绝对的效力。该法第十七条规定“除有证据证明不动产登记簿确有错误外，以不动产登记簿为准”，也意在明确不动产登记可以通过证据推翻，这为人民法院在民事诉讼中把不动产登记作为证据进行审查提供了法律依据。当事人对不动产登记簿记载的权利状态提出异议，则应提出证据对其主张加以证明。如果当事人提出了能够充分证明真实权利状态与不动产登记簿的记载不一致的证据，人民法院可以依法采信该证据，进而对真正物权状态作出司法判断，这就是《最高人民法院关于适用〈中华人民共和国物权法〉若干问题的解释（一）》第二条规定的基本内涵。本案中，程某红、程某梅作为一、二轮土地承包时的家庭成员，依法享有土地承包经营权，后程利某在申请土地承包经营权注册登记时未填报程某红、程某梅，侵犯了二人应当享有的土地承包经营权。因此，程某红、程某梅的诉求，理应得到法律的支持。

编写人：安徽省黄山市黄山区人民法院　陈志敏

14

受裁判效力波及的人员再次就同一争议事实提起诉讼，违背一事不再理原则

——罗某等诉陈某良土地承包经营权案

【案件基本信息】

1. 裁判书字号

湖南省湘潭市中级人民法院（2018）湘03民终711号民事裁定书

2. 案由：土地承包经营权纠纷

3. 当事人

起诉人（上诉人）：罗某、黄某一、黄某二

【基本案情】

罗某之夫黄某云于2009年5月外出至新疆打工，其责任田暂由其兄长黄某华代耕。2010年12月15日，黄某华与陈某良签订一份土地对换协议书，约定：将黄某云承包的2.88亩责任田对换给陈某良。黄某云认为该协议未经其同意，其直到2015年11月田土确权，经组长陈某平通知黄某云的母亲，黄某云才知道此事。黄某云于2015年12月底回家找过陈某良、黄某华提出要回责任田，但陈某良拒绝。2016年3月10日，经村上调解未果。2016年12月28日，黄某云起诉陈某良、黄某华要求确认土地对换协议无效。湘乡市人民法院于2017年3月13日作出（2016）湘0381民初2453号民事判决书，确认《土地对换协议》有效，驳回了黄某云的诉讼请求。因黄某云不服前述判决提起上诉，湘潭市中级人民法院于2017年7月3日作出（2017）湘03民终662号民事判决书，驳回黄某云的上诉，维持了（2016）湘0381民初2453号民事判决书。黄某云仍然不服前述一、二审判决，认为农村土地承包以家庭为单位并按每个家庭成员的承包份额承包到户，以一、二审遗漏了诉讼主体，没有追加其妻儿为共同原告，程序不当为由向湖南省高级人民法院申诉，湖南省高级人民法院于2018年2月2日作出（2017）湘民申3732号民事裁定书，认为黄某云是《农村土地承包合同书》的承包方代表，据一、二审法院查明的事实，黄某云与黄某华系兄弟关系，2010年12月15日黄某华与陈某良就黄某云与陈某良两家责任田签订了对换协议，该协议有时任湘乡市山枣镇枫树村6组组长陈某平、时任湘乡市山枣镇枫树村支书兼主任谢某松签字见证，并加盖了村委会公章，协议后，陈某良支付了2000元土地补偿款。根据在卷的证据能相互印证该协议的签订是黄某云的真实意思表示，且至再审起诉，黄某云及其家庭成员也未对对换协议提出异议，故驳回了黄某云的再审申请。

2018年4月3日，湘乡市人民法院收到黄某云的妻子及儿女罗某、黄某一、黄某二三人共同起诉的起诉状，罗某称其于2008年5月外出打工，已有9年没有回家，也没有与家人联系，三人直到2017年7月3日才知道自己的责任田被陈某良侵占。故三人起诉至法院请求陈某良停止侵害，返还原物。

【案件焦点】

原告不相同，起诉的法律关系不同，是否可以再就同一诉争的标的物起诉。

【法院裁判要旨】

湖南省湘乡市人民法院认为，罗某、黄某一、黄某二共同诉请的责任田的承包（经营权权属）因与陈某良形成纠纷，黄某云曾于2016年12月28日就本案诉争责任田所涉2010年12月15日《土地对换协议》向本院起诉，要求确认其兄黄某华代其与陈某良签订的协议无效，并收回本案讼争责任田的承包经营权，本院于2017年3月13日作出（2016）湘0381民初2453号民事判决书，确认《土地对换协议》有效，驳回黄某云的诉讼请求。黄某云不服前述判决提起上诉，湘潭市中级人民法院于2017年7月3日作出（2017）湘03民终662号民事判决书，驳回黄某云的上诉，维持本院（2016）湘0381民初2453号民事判决书。黄某云不服前述一、二审判决，向湖南省高级人民法院申诉，湖南省高级人民法院于2018年2月2日作出（2017）湘民申3732号民事裁定书，驳回黄某云的再审申请。综前所述，本案讼争责任田承包经营权权属争议问题业已经本院一审、湘潭市中级人民法院二审、湖南省高级人民法院复查确认陈某良承包经营讼争责任田的合法性，现黄某云家庭的其他成员即罗某、黄某一、黄某二就同一争议事实即讼争责任田的承包经营权归属问题再次起诉，违背了“一事不再理”的原则，故对罗某、黄某一、黄某二的起诉应当不予受理，依照《中华人民共和国民事诉讼法》第一百一十九条、第一百二十三条、第一百二十四条第（五）项规定，裁定如下：

对罗某、黄某一、黄某二的起诉，不予受理。

罗某、黄某一、黄某二不服一审裁定，提出上诉。

湖南省湘潭市中级人民法院以与一审相同的理由认为，罗某、黄某一、黄某二就同一争议事实即讼争责任田的承包经营权归属问题再次起诉，违背了“一事不再理”的原则，属于重复诉讼，其上诉理由不能成立，一审裁定认定事实清楚、适用法律正确，依照《中华人民共和国民事诉讼法》第一百七十条第一款第（一）项、第一百七十一条规定，裁定如下：

驳回上诉，维持原裁定。

【法官后语】

《民事诉讼法》第一百二十四条第（五）项规定："人民法院对下列起诉，分别情形，予以处理：……（五）对判决、裁定、调解书已经发生法律效力的案件，当事人又起诉的，告知原告申请再审，但人民法院准许撤诉的裁定除外……"第一百五十五条规定："最高人民法院的判决、裁定，以及依法不准上诉或者超过上诉期没有上诉的判决、裁定，是发生法律效力的判决、裁定。"以上是关于一事不再理的原则规定。《最高人民法院关于适用〈中华人民共和国民事诉讼法〉的解释》第二百四十七条规定："当事人就已经提起诉讼的事项在诉讼过程中或者裁判生效后再次起诉，同时符合下列条件的，构成重复起诉：（一）后诉与前诉的当事人相同；（二）后诉与前诉的诉讼标的相同；（三）后诉与前诉的诉讼请求相同，或者后诉的诉讼请求实质上否定前诉裁判结果。当事人重复起诉的，裁定不予受理；已经受理的，裁定驳回起诉，但法律、司法解释另有规定的除外。"《最高人民法院关于适用〈中华人民共和国民事诉讼法〉的解释》是对"一事"界定标准的具体列举性规定，采用的是"当事人＋诉讼标的＋诉讼请求"的判断标准，要求必须同时具备三个条件才构成"一事"。

本案中，黄某云为《农村土地承包合同书》的承包方代表，以其为代表的讼争责任田的承包经营权权属经法院审理和复查，确认了陈某良承包的合法性，并产生了既判力。后诉的当事人作为家庭承包方的成员，实际上也是前诉判决确定的权利义务的实际承受者，可视为与前诉当事人相同；再者，虽前诉当事人进行的是确认之诉，后诉是给付之诉，形式上表现为不同的法律关系，但本质上后诉的争议焦点与前诉是相同的，都是诉争承包经营权的归属问题，而前诉已对诉争土地承包经营权权属予以认定，后诉诉讼请求与前诉生效判决结果显然相矛盾，因此本案后诉违反了"一事不再理"原则，应予驳回起诉。

诉讼是一种通过司法审判解决纠纷的方式，司法资源的稀缺与诉讼效率的低下，弊端是显而易见的。当事人重复起诉，会造成法院对当事人争议的重复审理。因此，既要避免重复审理的弊端，又要保护当事人的合法诉权，正确适用"一事"的判断标准，就成为司法实践中尤为关键的一环，这关系到司法的公平与效率。判断基于同一纠纷而提起的两次起诉是否属于重复起诉，应当结合当事人的具体诉讼请求及其依据，以及行使处分权的具体情况进行综合分析，探寻该纠纷的实际争议焦点，防止滥用诉权。

编写人：湖南省湘乡市人民法院　欧阳旸

二、承包地征收补偿费用分配纠纷

15

集体经济组织成员资格的认定

——张某彬诉邢台县将军墓镇草峪村村民委员会承包地征收补偿费用分配案

【案件基本信息】

1. 裁判书字号

河北省邢台县人民法院（2016）冀0521民初1464号民事判决书

2. 案由：承包地征收补偿费用分配纠纷

3. 当事人

原告：张某彬

被告：邢台县将军墓镇草峪村村民委员会

【基本案情】

张某彬系邢台县将军墓镇草峪村村民。2012年张某彬结婚，入赘到邢台县将军墓镇峡底村，但户口一直未迁出且未在峡底村享受福利待遇和分配土地。2015年国家征用邢台县将军墓镇草峪村土地整修邢和铁路，并给予邢台县将军墓镇草峪村相应的征地补偿款。2016年1月14日，邢台县将军墓镇草峪村村民委员会召开村民代表会议，并形成了征地补偿款分配方案，主要内容为：给予该村村民每人征地补偿款9000元，但出嫁的闺女和招赘的女婿不参与分配。后邢台县将军墓镇草峪村村民委员会依据该方案给符合条件的每个村民发放了征地补偿款，但未给付张某彬征地补偿款。

张某彬遂提起诉讼，请求依法判令邢台县将军墓镇草峪村村民委员会给付张某彬占地补偿费9000元。

【案件焦点】

张某彬是否具有集体经济组织成员资格。

【法院裁判要旨】

河北省邢台县人民法院经审理认为，具有集体经济组织成员资格的人员享有分配土地补偿费的权利，在确定征地补偿安置方案时，具有集体经济组织成员资格的人员，即应分得相应的土地征收补偿款。征地补偿是对失地农民的永久性补偿，其目的在于维系失地农民原有的生活水平。张某彬能否参与邢台县将军墓镇草峪村的征地补偿款分配，关键在于张某彬是否为该集体组织成员。集体组织成员资格的判断，在尊重村（居）民自治的前提下，应结合户籍因素和生活保障基础作综合考量。生活保障基础，是指村（居）民与集体组织形成较为固定的生产、生活关系，包括长期在集体组织所在地生产、生活或虽暂时不在集体组织所在地生产、生活，但其生活保障仍须依附于该集体组织等情形。张某彬虽入赘到外村，但一直在本村生活，且户口和合作医疗等社保资料在本村办理，在本村承包土地，生活基础以及保障都在本村且并没有其他劳动收入来源，也未在外村享受福利待遇，张某彬的生活保障基础在本村，与邢台县将军墓镇草峪村形成了较为固定的生产、生活状态。故张某彬具有本村集体经济组织成员资格，应当分得相应的土地征收补偿款。

判决：

邢台县将军墓镇草峪村村民委员会于本判决书生效之日起十日内给付张某彬土地征收补偿款9000元。

【法官后语】

本案涉及在农村土地征收补偿费用分配纠纷中，农村集体经济成员资格的界定问题。

农村土地征收补偿收益分配纠纷的解决，关键在于确定农村集体经济组织的成员资格。由于中国的社会结构正处于剧烈转型之中，国家的对农政策也在不断调整，为了维护法律的稳定性与可预期性，立法机关应坚持灵活性与可操作性相结合、实体规定与程序规定相结合的原则，对农村集体经济组织成员资格的认定作出规定。可惜，我国法律法规至今没有一个统一的确认农村集体组织成员资格的标准，使得农村集体组织成员与村民等相关概念容易混淆，造成相关权益分配之争频发。因此，通过相关法律法规将集体组织成员资格标准固定化、法定化，才能有利于从本质上理顺关系，统一思想，彻底解决纠纷。

如何认定农村集体经济组织成员的资格，学界提出了如下几种观点。第一，户籍说。此种观点认为户籍管理制度属于国家行之有效的行政管理制度。它与村民资格有着最为密切的联系。户口的迁入和迁出是一种有章可循、有据可查的行政行为，超脱于集体成员的利益，用以确认农村集体经济组织成员资格具有最大可能的公正性和合理性。第二，生活保障说。持这种观点的学者认为，“土地是农村集体成员的基本生存保障”。对农村土地采取集体所有的形式，“就是为了保障每一个农村居民平等地获得生存保障”，或者说，保障每一个农村居民平等地获得生存保障是集体所有制土地的基本功能，所以，某个自然人能否成为集体组织的成员，取决于“他是否依赖集体土地为其基本的生存保障”。第三，权利义务说。有学者认为，科学分析、综合判断集体经济组织成员资格的取得，关键是看某自然人是否与该集体经济组织或其成员形成特定的权利义务关系，是否在农村集体经济组织的土地上生产和生活。①

上述观点都有一定道理，但各有不足之处。户籍说符合中国农村发展的历史情况，且目前有较为完善的户籍管理制度作为支撑，可操作性较强。但户籍说没有考虑到中国社会的未来走向，没有考虑中国正在致力于促进城乡一体化，建立统一的城乡社会保障制度，人口自由迁徙正大规模出现这种趋势，其前瞻性不够。生活保障说以土地是农民的基本生活保障资料为理论基础，具有强烈的现实主义倾向，符合现行农村土地制度的基本价值取向和土地制度改革的基本理念，但该观点忽视了土地对部分村民的生活保障作用，以致大量农田荒芜这一事实。同时，基本生活保障不易评估和量化，因而不易操作。权利义务说体现了权利义务对等原则，但该学说排除了未成年人的集体经济组织成员资格，同时因农业税、乡统筹费被取消（有

---

① 《最高人民法院办公厅关于印发〈全国民事审判会议纪要〉的通知》（法办〔2011〕442号）；杨成元、刘扬：《农村集体经济组织成员资格确认的标准》，载中国法院网，https：//www.chinacourt.org/article/detail/2014/06/id/1311069.shtml，2017年1月6日访问。

的省甚至全面取消了农民固定负担的“村提留金”)，农民对村集体经济组织担负的义务逐渐减少，因而也缺乏可操作性。

总体来说，由于当前中国的社会结构包括农村的社会结构处于不断的变动之中，农村集体经济组织成员资格的认定比较复杂。单一的户籍标准或单一的居住地标准已不适合作为集体成员资格的认定标准，都难以同时兼具公平和效率，我们亟须寻找一种合理的解释。基于此，笔者建议借鉴部分省市的立法经验，以户籍为基础，以必要生活来源、权利义务对等因素为补充。

编写人：河北省邢台县人民法院　李志飞

16

超生人员与参军服役人员集体经济组织成员资格的认定

——梁某颖、梁某明诉扶绥县新宁镇城厢村南街一队承包地征收补偿费用分配案

【案件基本信息】

1. 裁判书字号

广西壮族自治区崇左市中级人民法院（2017）桂14民终339号民事判决书

2. 案由：承包地征收补偿费用分配纠纷

3. 当事人

原告（上诉人）：梁某颖、梁某明

被告（上诉人）：扶绥县新宁镇城厢村南街一队（以下简称南街一队）

【基本案情】

梁某明、梁某颖出生后，户口随其母亲梁某艳落户于南街一队。1982年实行第一轮土地家庭承包责任制时，梁某明、梁某颖作为梁某艳户的家庭成员，参与承包本集体土地。2001年7月起，梁某明参军服役至今。在土地承包期间，南街一队以梁某明参军、梁某颖是超生人员为由，收回梁某艳户2口人的家庭承包土地面积。

2003年6月30日，为补充完善1995年第二轮土地承包合同，梁某艳作为家庭户代表与南街一队签订了土地承包合同。合同明确梁某艳户在“文屋可”承包耕地2.65亩。2016年，扶绥县城镇化和棚户区秀湖、扶麻片区（铁北区一期）项目征收南街一队的集体土地，并对118.9455亩按每亩68000元（包含土地补偿费、安置补助费和生活补助费）的标准作出补偿。2016年6月15日，南街一队召开村民会议，会议通过以下决议：一、在征用土地的时候，凡是在文屋可、刘屋岑、天桥有承包地的，每亩分得征地款68000元；二、2003年在文屋可、刘屋岑、天桥有承包地的并且还健在的人口，每人分得42000元。2016年7月10日，南街一队作出《文屋可、刘屋岑、天桥各户面积折款分配表》《2016年文屋可、刘屋岑、天桥征地面积分配表》《分集体地人员得款》，对征地补偿费、安置补助费和生活补助费进行分配。其中，《文屋可、刘屋岑、天桥各户面积折款分配表》是对被征收的属于家庭承包土地面积的补偿款进行分配，按每亩68000元计算；《分集体地人员得款》是对被征收的属于本集体所有的开荒地以及迁出本集体经济组织人员交还的原家庭承包地的补偿款进行分配，南街一队以在文屋可、刘屋岑、天桥有承包地的并且还健在的人口为前提，每人分42000元。南街一队对梁某艳户按4口人的面积进行计算，总面积是2.66亩，“减屋地面积”0.54亩及“扣南口多得面积”0.05亩后，实际面积是2.07亩，折款140760元；分集体地人员得款，梁某艳户按3口人计算，每人42000元，得款126000元，未包含梁某颖、梁某明。

梁某颖、梁某明认为南街一队的行为侵犯了其合法权益，故起诉至法院，请求判令南街一队依法分配梁某颖、梁某明土地征收补偿费、安置费等154380元。

【案件焦点】

违反计划生育政策出生的人员（即超生人员）和参军服役人员是否享有集体经济组织成员资格；该两类人员是否享有承包地征收补偿费用及其他集体收益的分配权。

【法院裁判要旨】

广西壮族自治区扶绥县人民法院经审理认为：父母一方具有本集体经济组织成员资格且依法登记为本集体经济组织所在地常住户口的出生人员，自其出生时起具有本集体经济组织成员资格。梁某颖、梁某明的母亲梁某艳具有南街一队集体经济组织成员资格，梁某颖、梁某明出生时依法登记入梁某艳户籍户下，具有南街一队集体经济组织成员资格。梁某颖虽为超生人员，但并无法律规定该类人员当然丧失集体经济组织成员资格，而梁某明正在服兵役，并无证据证明其复员或转业后不再需要以集体土地作为基本生活保障，因此，梁某颖、梁某明并未丧失本集体经济组织成员资格。

2016年7月10日，南街一队作出《文屋可、刘屋岑、天桥各户面积折款分配表》《2016年文屋可、刘屋岑、天桥征地面积分配表》《分集体地人员得款》，对土地征用补偿费、安置补助费、生活补助费进行分配。1982年实行第一轮土地家庭承包责任制时，梁某颖、梁某明作为梁某艳户的家庭成员，参与集体土地承包，但在承包期内，南街一队以梁某明当兵服役、梁某颖属于超生人员为由，收回梁某艳户2口人的家庭承包面积，梁某颖、梁某明并不认可南街一队收回土地，但是，2003年梁某艳户与南街一队签订的《承包合同书》明确梁某艳户在“文屋可”承包耕地2.65亩，相当于南街一队分配时计算的4口人的面积。根据《最高人民法院关于审理涉及农村土地承包纠纷案件适用法律问题的解释》第二十四条“农村集体经济组织或者村民委员会、村民小组，可以依照法律规定的民主议定程序，决定在本集体经济组织内部分配已经收到的土地补偿费。征地补偿安置方案确定时已经具有本集体经济组织成员资格的人，请求支付相应份额的，应予支持”的规定，梁某艳户在征收土地时，在被征地范围内的家庭承包土地面积（合同显示2.65亩，分配时按4口人计算是2.66亩）折款已得到相应份额。家庭承包的承包方是本集体经济组织的农户，并不是个人，对梁某颖、梁某明要求再支付2口人的面积折款部分，不予支持。关于分集体地得款，是对被征用的属于本集体所有的开荒地以及迁出本集体经济组织人员交还的原家庭承包地的部分补偿款按人进行分配。1982年第一轮家庭承包责任制时，梁某颖、梁某明即作为梁某艳户的家庭成员，尽管梁某艳户在征地之前被收回了2口人的家庭承包面积，但梁某颖、梁某明并不因此丧失集体成员资格，且梁某颖、梁某明户2003年在征地范围内仍有家庭承包土地面积。梁某颖、梁某明作为集体成员主张每人分集体地得款42000元，共84000元，符合法律规定，应当予以支持。

广西壮族自治区扶绥县人民法院依照《中华人民共和国民法通则》第五条、第七十五条，《最高人民法院关于审理涉及农村土地承包纠纷案件适用法律问题的解释》第二十三条、第二十四条，作出如下判决：

一、南街一队于本判决生效后十日内向梁某颖、梁某明支付征地补偿费、安置补助费、生活补助费共84000元；

二、驳回梁某颖、梁某明的其他诉讼请求。

梁某颖、梁某明、南街一队均不服一审判决，提出上诉。广西壮族自治区崇左市中级人民法院经审理认为：2003年6月30日，为补充完善1995年第二轮土地承包合同，梁某艳作为家庭户代表与南街一队签订了土地承包合同。合同明确梁某艳户在“文屋可”承包耕地2.65亩。集体分配土地征地补偿费、安置补偿费是以家庭户承包地面积为依据，不是以个人为依据，而南街一队已经按照2003年梁某艳户与集体签订的《土地承包证》上记载的面积数给予相应补偿费用，对梁某颖、梁某明要求再支付2口人的面积折款部分，不予支持。

父母双方均具有本集体经济组织成员资格的出生人员，享有该集体经济组织成员资格。梁某颖、梁某明自其出生时与其父母落户于南街一队，其具有南街一队集体经济组织成员资格。梁某颖虽为超生人员，但其并不当然丧失本集体经济组织成员资格。因此，梁某颖作为集体成员与其他集体成员一同享有对集体开荒地征用款以及迁出本集体经济组织人员交还的原家庭承包地部分补偿款的分配权，每人42000元，一审判决南街一队支付梁某颖征地补偿费、安置补助费、生活补助费共42000元正确。梁某明于2001年7月参军，且成为军官，按照《中国人民解放军现役军官服役条例》第三十九条规定，“军官出现退役后，由政府安置管理”，且户口已迁至湖南省怀化市会同县林城镇××路005号，其已丧失南街一队集体经济组织成员资格，附带丧失对属于南街一队所有开荒地征用款以及迁出本集体经济组织人员交还的原家庭承包地部分补偿款享有的权益，故一审判决南街一队向梁某明支付征地补偿费、安置补助费、生活补助费共42000元不妥，应予撤销。

广西壮族自治区崇左市中级人民法院依照《中华人民共和国民事诉讼法》第一百七十条第一款第（二）项规定，作出如下判决：

一、撤销广西壮族自治区扶绥县人民法院（2016）桂1421民初1806号民事判决；

二、南街一队于本判决生效后十日内向梁某颖支付征地补偿费、安置补助费、生活补助费共42000元；

三、驳回梁某颖、梁某明的其他诉讼请求。

【法官后语】

随着城镇化的发展，越来越多的农村土地因城乡建设、房地产开发而被征收，村集体因土地被征收而依法得到相应的土地补偿费。土地补偿费的分配往往由村集体决定，而村集体在决议时会将一些特殊的人员如超生人员、不在本集体生活的人员予以排除，剥夺这些人的分配权利。随着土地利益的增大及农民维权意识的增强，因承包地征收补偿费用分配纠纷发生的案件呈现剧烈增长的态势。在处理这些案件时，当事人是否具有集体经济组织成员资格及是否享有分配权成为争议的焦点。

根据《最高人民法院第八次全国法院民商事审判工作会议（民事部分）纪要》的精神，审理土地补偿费分配纠纷时，要综合考虑当事人生产生活状况、户口登记状况以及农村土地对农民的基本生活保障功能等因素认定相关权利主体。本案中，作为超生人员的梁某颖，登记入户于其母亲所在的集体经济组织，并一直生产生活于该集体经济组织，尽管其为超生人员，亦有生存的权利，其家庭承包地是其赖以生存生活的基本保障，其应当享有集体经济组织成员资格。村集体组织认为依照当时的政策文件，已经收回了梁某颖的承包地份额，其不再享有分配土地补偿费的权利。但《农村土地承包法》第十五条规定“家庭承包的承包方是本集体经济组织的农户”，农村土地的承包方是农户，而非农户内的成员。土地承包合同是以户为生产经营单位与村集体签订的合同，以户为单位行使承包经营权。因此，只要是承包户的家庭成员，只要具有本集体经济组织成员的资格，都平等地享有承包经营权。且《最高人民法院关于审理涉及农村土地承包纠纷案件适用法律问题的解释》第二十四条规定，征地补偿安置方案确定时已经具有本集体经济组织成员资格的人，请求支付相应份额的，应予支持。即便是当时有政策文件规定收回了承包户的部分承包地，亦与现行的法律相违背，且法律规定的效力高于政策文件，因此，梁某颖应当享有分配承包地征收补偿费用的权利。至于原为集体经济组织成员的人参军服役后，是否还享有原集体经济组织成员资格呢？根据上述会议纪要的精神，集体经济组织成员资格的丧失要以当事人是否获得其他替代性基本生活保障为重要考量因素，慎重认定。一般情况下，来自农村的义务兵在期满后仍需回原籍生产生活，其家庭的承包地仍是其基本生活的保障，因此，不应认定该类人员在服义务兵期间丧失了原集体经济组织成员资格，并剥夺其享受原集体经济组织成员应享受的经济利益。但义务兵提干转为军官后，如本案中的梁某明，从2001年开始当兵至今，早已超出义务服役期，成为职业军人，享受国家的工资和福利待遇，应当不再享有原集体经济组织成员资格，亦不再享有依集体经济组织成员身份分配集体收益费用的权利。

编写人：广西壮族自治区扶绥县人民法院　何凤英

17

农村集体土地征地费用补偿分配资格的认定

——黄某依诉重庆市大足区宝兴镇虎形村第二村民小组侵害集体经济组织成员权益案

【案件基本信息】

1. 裁判书字号

重庆市第一中级人民法院（2017）渝01民终6685号民事判决书

2. 案由：侵害集体经济组织成员权益纠纷

3. 当事人

原告（被上诉人）：黄某依

被告（上诉人）：重庆市大足区宝兴镇虎形村第二村民小组（以下简称虎形村二组）

【基本案情】

黄某依的母亲杨某辉系虎形村二组的村民，与该小组成员杨某华系同一承包经营户。1999年5月26日，杨某辉与虎形村二组集体经济组织以外的黄某登记结婚，结婚后未将户口从虎形村二组处迁走，2008年10月26日生育黄某依，2009年4月9日，黄某依将户口登记在虎形村二组。

2009年3月19日，宝兴镇人民政府与虎形村二组签订大足县玉滩水库扩建工程征地协议，征收虎形村二组203.85亩土地，共计补偿5240979.4元，并约定2009年3月30日前付清全部款项。2009年7月30日、2010年4月20日虎形村二组先后召开社员代表大会，讨论并通过了资金分配方案，人均分配17143元，其中第三条规定：2009年3月31日前上户的（除特殊人口，外嫁女、外孙）全额分配资金及土地；第四条规定：外嫁女（无儿户除外）全额分配资金，但不再承包土地；有儿户的外孙不参与资金及土地分配；第六条规定：2009年4月1日至12月31日上户的按7000元/人定额分配，并参加土地分配；第九条规定：对户口不在，但有承包地的，按定额补助3000元/人，须交出承包地（死亡人口除外）。另外，原虎形村五组经合村后变为现在的虎形村二组。黄某依在本次分配中未参与分配，本次土地补偿款已经分配完毕。

【案件焦点】

黄某依作为集体经济组织成员按照集体土地征地费用补偿分配方案是否具有参与分配的权利。

【法院裁判要旨】

重庆市大足区人民法院经审理认为：农村集体所有的土地归村民集体所有，因土地被征用取得的土地补偿费应由该集体经济组织成员共同享有。村民自治章程、村规民约以及村民会议或者村民代表讨论决定的事项不得与宪法、法律、法规和国家的政策相抵触，不得有侵犯村民的人身权利、民主权利和合法财产权利的内容。黄某依是否具有虎形村二组集体经济组织成员资格是其应否分得土地收益的关键。而农村集体经济组织成员资格的认定，应当以是否形成较为固定的生产、生活，是否依赖于农村集体土地作为生活保障为基本条件，并结合是否具有依法登记的集体经济组织所在地常住户口，作为判断农村集体经济组织成员的一般原则。本案中，黄某依于2008年10月26日出生，于2009年4月9日随其母杨某辉将户口上至虎形村二组，故黄某依因出生取得虎形村二组集体经济组织成员资格，另虎形村二组土地补偿款分配方案第六条规定："2009年4月1日至2009年12月31日上户的按7000元/人定额分配，并参加土地分配"，黄某依属于该条规定的情形，应给予其分配7000元。

重庆市大足区人民法院根据《最高人民法院关于审理涉及农村土地承包纠纷案件适用法律问题的解释》第二十四条规定，判决如下：

一、由虎形村二组于本判决生效后十日内向黄某依支付土地补偿费7000元；

二、驳回黄某依的其他诉讼请求。

虎形村二组不服一审判决，提起上诉。重庆市第一中级人民法院经审理认为：在征地补偿方案确定时即2009年3月19日已经具有本集体经济组织成员资格的人，请求支付相应份额的土地补偿费，人民法院应予支持。本案争议的焦点应为黄某依是否在征地补偿方案确定时，已取得虎形村二组的集体经济组织成员资格。

黄某依的母亲杨某辉系虎形村二组的农村居民，与该小组成员杨某华系同一承包经营户。1999年5月26日，杨某辉与大足区龙水镇大围村7组的黄某登记结婚，结婚后未将户口从虎形村二组处迁走。2015年3月16日，大足区龙水镇大围村村民委员会出具《证明》载明，杨某辉与黄某结婚后外出务工，其户口不在该村，在该村也未享受任何国家政策。故杨某辉具有虎形村二组的集体经济组织成员资格。2008年10月26日，杨某辉生育黄某依，2009年4月9日，黄某依将户口登记在虎形村二组。因此，黄某依随母自出生时即取得虎形村二组的集体经济组织成员资格。故黄某依应分得相应份额的土地补偿费。依据该小组分配方案第六条"2009年4月1日至2009年12月31日上户的按7000元/人定额分配，并参加土地分配"之规定，黄某依应分得土地补偿费7000元。

重庆市第一中级人民法院依照《中华人民共和国民事诉讼法》第一百七十条第一款第（一）项规定，判决如下：

驳回上诉，维持原判。

【法官后语】

本案的处理重点有二：一是确定黄某依是否具有集体经济组织成员资格；二是在相互矛盾的分配条款下，对于分配方案的解读。

对于集体经济组织成员资格的认定，因黄某依系因出生取得，其是否取得集体经济组织成员资格，要视其母的集体经济组织成员资格是否丧失。而农村集体经济组织成员资格的认定，应当以是否形成较为固定的生产、生活，是否依赖于农村集体土地作为生活保障为基本条件，并结合是否具有依法登记的集体经济组织所在地常住户口，作为判断农村集体经济组织成员的一般原则。据此原则考察本案，黄某依的母亲杨某辉系虎形村二组的农村居民，婚后外出务工，未将户口从虎形村二组处迁走，也未在其丈夫户口所在地的集体经济组织享受任何国家政策福利。杨某辉具有虎形村二组的集体经济组织成员资格。因此，黄某依因出生随母取得虎形村二组集体经济组成员资格。

对于相互矛盾的分配条款的解读。依据虎形村二组的分配方案，有两条相互矛盾，第四条规定：外嫁女（无儿户除外）全额分配资金，但不再承包土地；有儿户的外孙不参与资金及土地分配；第六条规定：2009 年 4 月 1 日至 2009 年 12 月 31 日上户的按 7000 元/人定额分配，并参加土地分配。因此，虎形村二组认为，虽然 2009 年 4 月 1 日至 12 月 31 日上户的人可以参加分配，但是需要排除有儿户的外孙。黄某依认为，该分配方案对有儿户的外孙不参与分配系对妇女的歧视。对此，我们认为，在解读该分配方案时，有两个层次。第一个层次，什么人可以参与本次分配，凡是取得集体经济组织成员资格的人都能参与本次分配吗？对此应以分配方案形成的时间为界限，因分配方案形成时尚未取得该集体经济组织成员资格的人不能参加分配。而这一资格并非完全以上户与否为准，如黄某依因出生随母取得，其取得资格的时间应在分配方案形成之前方能参与分配。此外，是否所有在分配方案形成时已经取得成员资格的人都能参与分配。这时，要考虑分配方案的第六条，如出生虽在分配方案形成前，但上户时间在 2009 年 12 月 31 日以后的人，不能参与分配。有一种意见认为该条款存在不公平的情形。笔者则认为，此条款有其合理性，亦是敦促有权利的人尽快行使自身的权利，将参与分配的人予以固定，若对上户没有时间节点限制，那么参与分配的人数将一直处于悬而未决的待定状态。第二个层次，当情况如黄某依者，按照第一个层次对于分配方案的解读，其取得资格在分配方案形成前，上户在 2009 年 4 月 1 日至 2009 年 12 月 31 日，但是其属于有儿户的外孙，是否可以参与分配。答案应当是肯定的。假设两个同等情形的孩子，一为有儿户的外孙和一为该户的孙子，都具备集体经济组织成员资格，但因该条款，一人可以参与分配，一人不能参与分配。而两者的不同仅仅是因为其父母辈系“儿子”或“女儿”的区别。这一条款显然存在有违公序良俗的风险，并未平等地保护妇女的权益。故在考察该分配方案第四条和第六条的冲突时，应将第四条的不平等因素予以排除，仅仅考察黄某依是否符合分配方案其他条款确定的条件。

编写人：重庆市第一中级人民法院　刘　希

18

超生子女能否获得征地补偿费

——李某缘诉厦门市凤南农场南山村民委员会第四村民小组承包地征收补偿费用分配案

【案件基本信息】

1. 裁判书字号

福建省厦门市同安区人民法院（2017）闽0212民初621号民事判决书

2. 案由：承包地征收补偿费用分配纠纷

3. 当事人

原告：李某缘

被告：厦门市凤南农场南山村民委员会第四村民小组（以下简称南山村第四小组）

【基本案情】

李某缘出生于2014年7月25日，系南山村第四小组村民吕某红与李某松的女儿。李某缘出生后即落户于南山村第四小组，随其父母一起在该小组居住生活、学习。南山村第四小组于2015年1月8日和2016年1月29日分别向其村民每人发放款项2000元及1000元，李某缘均被列入发放对象，享受到同等的村民待遇。2017年1月8日，南山村第四小组制订分配方案，将之前未发完的征地补偿款，以利息分红的形式再次向其村民每人发放2000元，但未向李某缘发放。

庭审中，李某缘提交一份《南山村第四村民小组村规民约》，用于证明南山村第四小组系根据该村规民约拒绝向其发放上述2000元征地补偿款。南山村第四小组提交制定该村规民约现场会议各户代表名单，用于证明该村规民约合法有效，并称吕某红在该名单上有签字及捺手印，应视为其同意该村规民约并自愿放弃相关权利。李某缘的法定代理人吕某红质证称，该村规民约没有当场宣读，系以有钱拿为由要村民拿户口本去签署，其签名仅表示人到场，不属于同意的性质。

【案件焦点】

《南山村第四村民小组村规民约》是否可以成为排除李某缘集体经济组织成员资格的依据，也即违反计划生育政策生育的孩子能否获得征地补偿费。

【法院裁判要旨】

福建省厦门市同安区人民法院经审理认为：李某缘出生后即落户于南山村第四小组并随其父母在该小组居住生活，依托该小组土地作为基本生活保障，原始取得南山村第四小组集体经济组织成员资格，应当享有南山村第四小组村民福利待遇。南山村第四小组于 2015 年 1 月 8 日和 2016 年 1 月 29 日两次向其集体成员发放征地补偿款，李某缘均包含在内，亦可佐证李某缘具备该小组集体经济组织成员资格。

针对南山村第四小组辩称 2017 年 1 月 8 日分配的村民每人 2000 元款项是 2007 年征地补偿款的利息分红，李某缘出生于 2011 年，依法不得享受该待遇。本院认为，对于土地补偿费应支付给征地补偿方案确定时具有本集体经济组织成员资格的村民个人，案涉款项分配方案制订的时间是在 2017 年 1 月 8 日，此时李某缘具有该小组集体经济组织成员资格，因此，南山村第四小组的抗辩不能成立。

针对南山村第四小组辩称李某缘属于政策外生育，按照国家政策规定，超生的孩子不能享受分配征地补偿款或利息分红的待遇。本院认为，农村集体经济组织成员资格涉及公民的基本民事权利，不能因当事人系超生子女或非婚生子女而剥夺，在成员资格的认定上，只要符合条件，应当与其他人员平等对待。因此，南山村第四小组的抗辩不能成立。

本案的争议焦点主要是《南山村第四村民小组村规民约》是否可以成为排除李某缘集体经济组织成员资格的依据，也即违反计划生育政策生育的孩子，能否获得征地补偿费。《中华人民共和国妇女权益保障法》第三十三条规定："任何组织和个人不得以妇女未婚、结婚、离婚、丧偶等为由，侵害妇女在农村集体经济组织中的各项权益。因结婚男方到女方住所落户的，男方和子女享有与所在地农村集体经济组织成员平等的权益。"此外，《中华人民共和国村民委员会组织法》第二十七条第二款规定："村民自治章程、村规民约以及村民会议或者村民代表会议的决定不得与宪法、法律、法规和国家的政策相抵触，不得有侵犯村民的人身权利、民主权利和合法财产权利的内容。"对照上述法律规定，《南山村第四小组村规民约》

显然侵犯了吕某红及其子女的合法权利，因此对李某缘不具有法律约束力。制定村规民约现场会议各户代表名单上虽然有李某缘的母亲吕某红的签名和捺印，但吕某红并未明示同意该村规民约或明示放弃自己的权利。即使吕某红有明示放弃权利的行为，其作为监护人亦不得损害被监护人的利益。故南山村第四小组主张以村规民约排除李某缘的集体经济组织成员资格，理由不足，不能成立。

综上，福建省厦门市同安区人民法院依照《中华人民共和国民法通则》第五条、《中华人民共和国妇女权益保障法》第三十三条第一款、《中华人民共和国村民委员会组织法》第二十七条第二款、《最高人民法院关于审理涉及农村土地承包纠纷案件适用法律问题的解释》第二十四条、《中华人民共和国民事诉讼法》第六十四条第一款规定，判决如下：

南山村第四小组应于本判决生效之日起十日内支付李某缘征地补偿款2000元。

【法官后语】

征地补偿费用应当均等分配，不能以权利义务应当一致为由对不同的人实行差别对待。同时，农村集体经济组织成员资格涉及公民的基本民事权利，不能因当事人系超生子女或非婚生子女而剥夺，在成员资格的认定上，只要符合条件，应当与其他人员一视同仁、平等对待。

征地补偿费用应否在全体成员中实行均等分配，实践中有不同认识。有人基于权利义务一致说，认为村民享受的权利份额应与其对集体所作的贡献大小、所尽义务多寡相一致，以实现收益分配的公平、公正，防止权利和义务相脱节。该观点还列举了村民向集体应尽义务的范围，如交纳乡统筹、村提留、生产基金、宅基地费用及参加农村集体组织公益事项活动等。通说认为，征地补偿费用不同于普通的集体经济收益，而是对集体经济组织及全体成员永久性丧失土地的一种补偿，是对集体经济组织成员生存权和财产权的尊重和保障。上述所列义务与之相比，具有时间上的相对性、数量上的微小性甚至义务履行上的倡导性等特点，二者根本不具有相对应的关系。因而，不能因上述某项义务的未履行而剥夺对村民而言最基本的均等获得征地补偿费用的权利。

同时，作为集体所有的自然资源，集体土地的形成与集体经济组织成员的个人贡献没有必然联系。征地补偿费用分配权是基于集体经济组织成员的身份而产生的，这是成员权项下自益权平等性的必然要求。故该费用应当均等分配，而不能以权利义务应当一致为由对不同的人实行差别对待。如果采差别分配模式，受到差别待遇的村民在数量上属少数派，他们会被其他村民视为二等公民，其以后所享有的村民待遇甚至在村民中的地位、尊严等人格利益，都会大受影响，进而影响社会主义和谐新农村建设的全局和基础。因此，实行均等分配原则有利于保障村民平等、有尊严的生存状态，更是宪法平等精神的体现。

编写人：福建省厦门市同安区人民法院　陈佳元

19

招亲户[①]子女是否有权参与征地补偿款的分配

——邱某珊诉罗源县松山镇白水村民委员会承包地征收补偿费用分配案

【案件基本信息】

1. 裁判书字号

福建省罗源县人民法院（2017）闽0123民初481号民事判决书

2. 案由：承包地征收补偿费用分配纠纷

3. 当事人

原告：邱某珊

被告：罗源县松山镇白水村民委员会（以下简称白水村委会）

【基本案情】

邱某珊于2012年10月23日将户籍移入白水村塘里5号，并在拆迁安置前常住该地。2009年，白水主村实施异地安置搬迁，后罗源县松山镇人民政府与白水村委会达成征收集体土地协议：征收白水村2187.104亩土地（含水田、园地），罗源县

① 招亲户，是指依照农村民俗，男方以入赘形式加入女方家庭，落户于女方所在户籍，因结婚、生儿育女而形成的家庭组织。

松山镇人民政府给予征地补偿款69312033元。白水村委会于2016年12月23日公示了经村民代表及村委会研究决定的关于白水主村、可湖、白沙自然村田、园地补偿款的分配方案，其中一条为：家中无男丁的招亲户，不管该户中有多少个女孩，以本户中提出一户进行享受，其他女婿、外甥一律不再享受。公示日期过后，白水村委会按公示内容以补偿款48000元/人的份额发放给村民，但以邱某珊为本村的招亲户子女为由，未向其发放补偿款。

【案件焦点】

1. 承包地征收补偿费用分配纠纷是否属于人民法院审理范围；2. "招亲户"的子女是否有权参与征地补偿款的分配。

【法院裁判要旨】

福建省罗源县人民法院经审理认为：征收集体所有的土地，应当维护被征地农民的合法权益。邱某珊在征地补偿安置方案确定前已取得该村户籍，虽然户口本记载其与户主高某钦系非亲属关系，但白水村委会认可其系户主高某钦女儿，且未拆迁前常住该村，故邱某珊具有该村集体经济组织的成员资格，至今未丧失。白水村委会作出的补偿款分配方案虽经村两委和村民代表研究讨论通过，但村民自治应在法定范围内行使，承包地征收补偿费用分配应当取决于农村集体经济组织成员资格的取得和丧失，村委会的民主议定程序不得侵害村民民事权益。因此，邱某珊作为该村集体经济组织的成员，应当享有征地补偿款的分配份额。

福建省罗源县人民法院依照《中华人民共和国物权法》第四十二条，《中华人民共和国村民委员会组织法》第二十四条、第二十七条，《最高人民法院关于审理涉及农村土地承包纠纷案件适用法律问题的解释》第二十四条，《中华人民共和国民事诉讼法》第一百四十四条规定，作出如下判决：

白水村委会应于本判决生效之日起十日内支付邱某珊征地补偿款48000元。

【法官后语】

土地是农民赖以生存发展的资源，当集体土地被国家征收征用后，其生产、生活必然直接受到损害，因此，集体土地被征收后，村民应当是实际接受补偿的主体，所得利益或补偿理应归村民所得。农村集体经济组织虽系土地所有者，但实质仅为全体村民的组织体、利益管理者和权利保护者，而非利益的享有者，故村民作为补偿款受益主体不存在异议。本案的争议焦点在于：第一，法院是否具有本案的司法管辖权；第二，邱某珊是否具有征地补偿款分配主体资格。

争议焦点一，法院是否具有司法管辖权。1.《最高人民法院关于审理涉及农村土地承包纠纷案件适用法律问题的解释》第一条规定，下列涉及农村土地承包民事纠纷，人民法院应当依法受理：(一) 承包合同纠纷；(二) 承包经营权侵权纠纷；(三) 承包经营权流转纠纷；(四) 承包地征收补偿费用分配纠纷；(五) 承包经营权继承纠纷。据此，承包地征收补偿费用分配纠纷依法属于人民法院受理范围。本案属于集体经济组织和其成员之间因承包地征收补偿费用分配产生的纠纷，法律关系及主体均符合该条规定。2. 程序合法不等于实体合法，村民有权对集体经济组织侵害集体经济组织成员民事权益的分配行为提起诉讼。依据《村民委员会组织法》第二十八条，村民小组作为征收土地的所有权人和管理人，有权依据民主议定程序决定补偿费用的分配方案，应当依照法定程序召开村民会议，议定、公示程序均应符合法律规定。但程序合法不等于实体合法，村民小组的分配方案不仅要程序合法，还应做到实体合法，即不得侵害其他集体经济组织成员合法的实体权益，换言之，集体经济组织的分配方案若侵害村民合法权益的，当事人有权向法院提起诉讼。因此，无论是因程序问题还是实体问题引起争议，法院对此类纠纷均具有司法管辖权。

争议焦点二，邱某珊是否具有农村集体经济组织成员资格。针对招亲户的成员，通常村集体在分配征地补偿费时多只考虑女方一户，而将入赘婚及其所生子女当作“外人”排除在外。招亲户并非原始取得集体经济组织成员资格，男方在加入女方户籍前属于其他集体经济组织成员，收入来源也并非源自现有被征收的土地，故解决招亲户承包地征收补偿费用分配纠纷时，应当重点审查招亲户的主体资格，即是否取得被征收土地所属的集体经济组织成员资格。对于招亲户子女，若其在征地补偿安置方案确定时已具有本村集体经济组织成员资格，即具备征地补偿费用分配主体资格。鉴于农村组成人员身份多样，传统习俗印记浓厚，故审查集体经济组织成员是否具备征收补偿费用分配主体资格时，应当结合各方因素，采取“复合标准说”，即尊重村民自治的前提下结合户籍标准、生活保障基础来源标准以及其他合理标准综合认定。1. 户籍标准：邱某珊因出生取得白水村集体经济组织成员资格，且在征地补偿费用分配方案确定之时邱某珊常住户籍已落户于白水村，理应作为家庭成员之一享有征地补偿费用的受益权。2. 生活保障来源标准：邱某珊自出生起即随父母居住于白水村，其父母一直在被征收土地上生产生活，未在其他地区受有承包地利益，也没有享有城镇社会保险等其他替代性基本生活保障，可以认定其生活保障基础源自被征收土地。3. 其他合理标准：该合理标准主要功能在于"补强"，如是否在本村办理农村社会保险；是否在本村享受宪法赋予公民的选举权、被选举权，并履行选举义务。作为白水村村民，邱某珊出生后即在本村办理农村社会保险，并由其父母代为履行农村医保保费缴纳义务，已实际享受白水村集体经济组织的利益；邱某珊年满18周岁，其是否参与村委会选举，是否享有本村选举权和被选举权，是否履行选举义务等事实，亦可以作为其他标准加以补强。综上，邱某珊符合白水村集体经济组织成员资格，具备承包地征收补偿费用分配主体资格，理应分得征收补偿费用。

编写人：福建省罗源县人民法院　邱晟恩

20

包干制下地上附着物及青苗补偿费之归属

——陈某金诉厦门市同安区五显镇布塘村第一村民小组承包地征收补偿费用分配案

【案件基本信息】

1. 裁判书字号

福建省厦门市同安区人民法院（2017）闽0212民初3961号民事裁定书

2. 案由：承包地征收补偿费用分配纠纷

3. 当事人

原告：陈某金

被告：厦门市同安区五显镇布塘村第一村民小组（以下简称布塘一组）

【基本案情】

陈某金系布塘一组村民。1996 年 3 月 19 日，陈某金与布塘一组签订《山地承包合同》，约定由陈某金承包位于腾四方、畅仔西的山地，面积 50 亩，承包期限为三十五年，自 1996 年 4 月 1 日至 2031 年 3 月 31 日。2016 年之后，同安区五显镇政府陆续向布塘一组征用土地 461 亩，包含陈某金承包的山地 50 亩。征地部门按征地款包干价每亩 9.7 万元支付给布塘村委会。陈某金认为，案涉 50 亩承包地的青苗、地上附着物及水利设施摊销费、按时交地奖励金、调剂费等共计 165 万元应归其所有，要求布塘一组支付上述款项。

【案件焦点】

以包干制形式发放的征地补偿款中，地上附着物及青苗补偿款的归属如何确定。

【法院裁判要旨】

福建省厦门市同安区人民法院经审理认为：本案系承包地征收补偿费用分配纠纷。陈某金诉求的征地拆迁补偿款包括青苗及地上附着物补偿费（包括水利设施摊销费、调剂费等）及按时交地奖励金。其中按时交地奖励金属于落实征地拆迁政策产生的争议，不属于民事案件受理范围，不予审理。地上附着物及青苗补偿费则应归属于地上附着物所有人和青苗实际投入人，而不必然归属于土地承包经营者。本案中，陈某金作为自然人独资股东及法定代表人的盈梅花圃有限公司在案涉土地上种植花卉、苗木。2017 年 4 月 8 日，同安区五显镇政府就案涉土地范围内的苗圃、管理房及附属物与盈梅花圃有限公司签订《苗圃搬迁征收拆除补助协议书》，并实际支付了相应的补偿款。且，其中大树、果苗补偿标准高于一般的青苗及地上附着物补偿费。陈某金主张其个人还在案涉土地上种植果树，但未能举示证据证明，不予采信。退一步说，即使陈某金个人种植的果树尚未获得青苗补助，也应先经相关部门及村集体实地丈量确定补偿范围，并经布塘一组民主议定分配方案。案涉征地补偿款以“包干”形式发放给布塘一组，而布塘一组尚未通过民主议定程序确定分配方案，陈某金起诉要求分配征地补偿款，不属于民事案件受理范畴，不予审理。陈某金认为自身权益可能受到损害的，应先通过村集体民主议定程序正当行使权利。综上，依照《中华人民共和国民事诉讼法》第一百一十九条规定，裁定如下：

驳回陈某金的起诉。

【法官后语】

本案涉及包干制下地上附着物及青苗补偿费的归属问题：一是当土地承包经营者与地上附着物所有人或青苗实际投入人不一致时，地上附着物及青苗补偿费的归属问题；二是包干制下，地上附着物及青苗补偿费的分配问题是否属于村民委员会自治事项。

关于问题一：农村集体所有的土地被依法征收后，所获得的补偿款包括土地补偿费、安置补助费、青苗和地上附着物补偿费。这三项费用因其不同的法律属性而致有权主张的主体各不相同。土地补偿费是基于集体土地所有权被征收的补偿，有权获得补偿的主体是具有集体经济组织成员资格的人；安置补助费是指国家征收集体土地后，安置被征收单位由于征地造成的多余劳动力的补助费用，由农村集体组织安置的，安置补助费支付给农村集体经济组织，由其他单位安置的，支付给安置单位，不需要统一安置的，安置补助费发放给被安置人员。而地上附着物及青苗补偿费则应归属于地上附着物所有人和青苗实际投入人。本案中，陈某金作为自然人独资股东及法定代表人的盈梅花圃有限公司在案涉土地上种植花卉、苗木。后盈梅花圃有限公司作为补偿主体已根据与同安区五显镇政府签订的《苗圃搬迁征收拆除补助协议书》，实际领取了补偿款。由此可见，无论是征地单位五显镇政府还是被征地对象布塘一组，甚至包括案涉土地承包经营者陈某金，均认可盈梅花圃有限公司系案涉土地青苗实际投入人和地上附着物所有人。陈某金要求获得承包范围内的地上附着物及青苗补偿费，除举示相关承包合同外，还需证明其个人在案涉土地上栽种农作物或搭建地上附着物，且该部分地上附着物或农作物尚未获得补偿（即与盈梅花圃有限公司获赔部分不重合）。

关于问题二：根据《村民委员会组织法》的规定，我国农村实行村民自治，村民委员会是村民自我管理、自我教育、自我服务的基层群众性自治组织，由村民委员会管理本村事务。有关征地补偿款的分配问题，属村内公共事务。根据《最高人民法院关于审理涉及农村土地承包纠纷案件适用法律问题的解释》第二十四条规定，农村集体经济组织或者村民委员会、村民小组，可以依照法律规定的民主议定程序，决定在本集体经济组织内部分配已经收到的土地补偿费。因此，人民法院处理此类纠纷案件应尊重村民委员会的自治权。

在实践中，常出现征地补偿款以“包干”形式发放给农村集体经济组织，即只确定每亩土地补偿费总数额，不对其中的土地补偿费、安置补助费、青苗补偿费的具体数额进行区分，由农村集体经济组织自行分配。本案中，虽然政府批准的征地补偿方案明确了各项费用的标准及“包干”价的计算方法，但该补偿标准仅作为征地单位发放征地补偿款的文件依据，对村集体并无约束力。实践中，村集体经民主程序议定的征地补偿款分配方案往往会根据实际种植情况（如品种、面积）调整补偿标准。为避免司法权干预村民委员会的自治权，在农村集体经济组织通过民主议定程序确定征地补偿款分配方案之前，人民法院不宜对分配相关征地补偿款的诉求进行受理。当事人应首先寻求通过正当行使集体经济组织成员的议事权维护自身合法权益。

当然，在村民自治的实践中存在所谓的“多数人暴政”问题，即多数村民利用形式上的民主程序剥夺少数人的合法权益。故人民法院对于征地补偿款分配方案的形成程序及内容合法性享有司法审查权。

编写人：福建省厦门市同安区人民法院　叶林薇

21

互换承包地的，实际承包人享有承包地征收补偿费用

——孟某明诉安阳县洪河屯乡辛正村村民委员会、安阳县洪河屯乡政府承包地征收补偿费用分配案

【案件基本信息】

1. 裁判书字号

河南省安阳市中级人民法院（2018）豫 05 民终 367 号民事判决书

2. 案由：承包地征收补偿费用分配纠纷

3. 当事人

原告（被上诉人）：孟某明

被告（上诉人）：安阳县洪河屯乡辛正村村民委员会（以下简称辛正村委会）

被告：安阳县洪河屯乡政府（以下简称洪河屯乡政府）

【基本案情】

1998年9月20日，孟某明承包辛正村委会特角地0.23亩。孟某明称由于特角地为旱地，实际耕种面积多于承包册记载的面积。后因安阳市修建西北绕城高速，征收了孟某明耕种的特角地1.576亩，征地补偿款65246.40元。因孟某明与孟某有就特角地换地存在纠纷，征地补偿款65246.40元至今尚在辛正村委会名下。孟某明与孟某有就换地纠纷曾起诉到法院，2016年11月22日，法院作出（2016）豫0522民初3564号民事判决书，判决确认孟某明与孟某有达成的内容为“机耕方双方各分1.5亩，换后由孟某友耕种；西南地各分1.3亩，双方各自耕种；张家地南面双方各分1.5亩，换后由孟某明耕种，张家地北面双方各分0.75亩，换后由耕种；特角地互换后由孟某明耕种”的口头协议有效，继续履行。

【案件焦点】

承包地互换后，承包地征收补偿费应由谁享有。

【法院裁判要旨】

河南省安阳县人民法院经审理认为：承包地被征收的，土地承包经营权人有权获得相应补偿。本案中，孟某明与孟某有互换特角地的事实有本院生效的民事判决书予以确认，因此，孟某明对于互换后的特角地土地享有权利。现孟某明耕种的特角地中1.576亩被依法征收，经辛正村委会核实的征地补偿款金额为65246.40元，孟某明对于该征地补偿款65246.40元依法享有权利。故对孟某明要求辛正村委会给付征地补偿款65246.40元的诉讼请求，予以支持。由于该征地补偿款并未在洪河屯乡政府名下，对于孟某明要求洪河屯乡政府给付上述款项的诉讼请求，不予支持。

河南省安阳县人民法院依照《中华人民共和国物权法》第一百三十二条，《中华人民共和国民事诉讼法》第一百四十四条规定，作出如下判决：

一、辛正村委会于本判决生效后三十日内给付孟某明征地补偿款65246.40元；

二、驳回孟某明其他诉讼请求。

辛正村委会不服一审判决，提起上诉。河南省安阳市中级人民法院经审理认为：孟某明要求辛正村委会给付政府征收该村特角地土地补偿款，提供了土地承包经营权证书及生效判决书，证明其享有被征收土地的承包经营权，辛正村委会认为被征收土地应由孟某有领取，但未提交孟某有享有被征收土地承包经营权的证据，故一审判决辛正村委会给付孟某明承包地征收补偿款65246.40元并无不当。辛正村委会认为土地互换合同未经村委会备案不发生土地承包经营权的变更无法律依据，不予采信。辛正村委会认为一审程序违法，因孟某有不享有涉案的被征收土地的承包经营权，该主张不能成立。

河南省安阳市中级人民法院依照《中华人民共和国民事诉讼法》第一百七十条第一款第（一）项规定，作出如下判决：

驳回上诉，维持原判。

【法官后语】

在实践中，互换是一种较为普遍的土地承包经营权小规模流转的形式。在农村取得土地承包经营权的农户，往往为了耕种方便或者其他需要，选择互换土地进行承包经营，互换之后各承包户的土地也就更为集中。但是由于承包地的优劣不同，加上缺乏科学精准的测量，互换承包地常出现面积不对等的交换。在征地拆迁的时候，互换承包地获利较少或无获利的一方，为了得到更多的利益，往往要求取得原承包地的征地补偿款，由此而产生纠纷，而村委会为了避免卷入纷争，往往采取回避的态度。

在实践中，与承包地征收补偿费用分配密切相关的就是承包地的经营权问题，具体到本案中需要考虑两个问题，即承包地互换效力及承包地互换未备案的问题。

1. 承包地互换效力。《农村土地承包法》第四十条规定，“承包方之间为方便耕种或者各自需要，可以对属于同一集体经济组织的土地的土地承包经营权进行互换”。互换是经营权权利主体发生变更的土地经营权流转，只要双方当事人意思表示真实、一致，且不损害他人利益，即为有效。实践中，村民间互换土地，极少签订书面协议，大都以口头方式进行。《合同法》明确规定在书面合同之外，也可以口头或其他方式订立合同。《农村土地承包法》第三十七条关于互换应当签订书面合同的规定属于管理性规范，其立法目的是鼓励、引导承包方订立书面合同以防范纠纷，不是互换合同生效的要件，也不能据此认定非书面的互换合同无效。我院生效的（2016）豫0522民初3564号的民事判决书对互换协议予以确认即体现了这一点。

2. 承包地互换未备案的问题。《农村土地承包法》第三十七条规定，采取互换等方式流转的，应当报发包方备案。这一规定的立法目的在于让发包方及时了解土地承包经营权的变动情况。作为一种行政管理手段，备案的性质仅为公示，不是合同的生效要件，并不影响当事人的权利义务。当前我国农村土地互换备案制度尚不完备，以未经备案为由否定互换协议的效力，不符合农村的实际，不利于维护正常的农村土地流转秩序。对于此，《最高人民法院关于审理涉及农村土地承包纠纷案件适用法律问题的解释》第十四条明确规定，承包方依法互换土地承包经营权，发包方仅以该土地承包经营权流转合同未报其备案为由，请求确认合同无效的，不予支持。

本案中，孟某明虽然有土地承包经营权证书和法院生效的民事判决书证明其享有被征收土地的承包经营权，但是二审期间辛正村委会仍以土地互换合同未经村委会备案不发生土地承包经营权的变更来抗辩，这也是实践中农村普遍存在的一个误识：只要没有备案互换土地合同就没有发生效力。根据我国相关法律规定，互换土地报发包方备案不是互换土地合同产生效力的必要要件。虽然我国《农村土地承包法》规定采取转包、出租、互换或者其他方式流转的，应当呈报发包方备案，但备案是一种行政管理手段，其性质仅仅为公示，便于管理，不影响当事人的权利和义务，不是合同生效的要件，属于管理性规范而不是效力性规范。因此，不能以未经备案为由否定互换土地的效力。

编写人：河南省安阳县人民法院　杨　莹

22

承包地实际经营者为征收补偿费分配对象

——蔡某吉诉永安市人民政府燕南街道办事处永浆村民委员会等承包地征收补偿费用分配案

【案件基本信息】

1. 裁判书字号

福建省三明市中级人民法院（2018）闽04民终323号民事判决书

2. 案由：承包地征收补偿费用分配纠纷

3. 当事人

原告（被上诉人）：蔡某吉

被告：永安市人民政府燕南街道办事处永浆村民委员会（以下简称永浆村委会）

第三人（上诉人）：蔡某林、邓某林、刘某平、廖某兰

【基本案情】

蔡某吉与蔡某林、邓某林、刘某平、廖某兰（以下称蔡某林等四人）均系永浆村同一小组成员。1990 年，永浆村各小组分田，本案争议的被征用耕地系蔡某林等四人所在的分田小组进行土地调整的地块，蔡某吉在另一分田小组分得其他地块。1999 年 11 月 18 日，蔡某林等四人分别与永浆村委会签订《耕地承包合同书》，并经政府核发《土地承包经营权证》。次日，蔡某吉与永浆村委会签订《耕地承包合同书》，亦经政府核发《土地承包经营权证》。讼争地块被记载于双方的《土地承包经营权证》中。蔡某吉 1990 年土地调整时所分得的责任田，当事人均未与永浆村委会签订《耕地承包合同书》，亦未经政府核发《土地承包经营权证》。

1996 年 8 月，蔡某吉因要在争议地块建鱼池养鱼，经与蔡某林等四人协商，其 1990 年土地调整时所分的其他耕地与蔡某林等四人调换，双方签订换田协议。协议主要内容：双方经协商同意将蔡某吉“车焙垅”的责任田与蔡某林等四人位于“门扇甲”的责任田对换。双方在对换后地块实际经营至今。蔡某林等四人认可对换后蔡某吉原责任田由他们耕种，但认为双方当时约定换耕不换地，否则 1999 年《耕地承包合同书》和《土地承包经营权证》就不会将“门扇甲”的土地登记到蔡某林等四人各自名下。原村书记黄某泉证实：换田协议由蔡某吉提供要求村里进行鉴证，在十年内如有调整土地由蔡某吉继续使用“门扇甲”的土地，当时并没有说有协议也未约定永久用地。村委会在协议上盖章及签署意见时蔡某林等四人不在场，蔡某吉将协议交给他们签署意见。

2013 年 10 月，蔡某吉在争议地块所建鱼池被征用。双方对争议地块的安置补助费和土地补偿费发生争议，永浆村委会未予发放。

【案件焦点】

1996 年蔡某吉与蔡某林等四人双方交换“车焙龙”与“门扇甲”承包地的行为是“互换”还是“互耕”，谁是征地补偿费的分配对象。

【法院裁判要旨】

福建省永安市人民法院经审理认为：1996年蔡某吉与蔡某林等四人双方交换“车焙龙”与“门扇甲”承包地，虽然各方不是同时在协议上签字确认，但各方表达及事后真正换地及互换后20年内的确无任何纠纷，表明互换承包经营权确属双方真实意思表示。双方从1996年起至“交换”承包地争议地块被征用期间未有纷争，蔡某吉在争议地块改造鱼池，长期经营取得收益，蔡某林等四人始终未持异议，故可认为双方“交换”之真实目的不在于仅获取对方之地的使用权，而在于取得该地之核心权利即处分权（互换后用于其他农业用途改造成鱼池）并自由使用，双方真实意图是互换而非互耕，因双方均为同一集体经济组织农户，该互换行为合法有效，从农村土地流转习惯来看，互换关系从双方相互交付土地使用权时即告成立，双方未约定期限，则视为永久性互换。

涉案被征用地的安置补助费和土地补偿费发放对象应严格按照永安市人民政府所确认的土地承包经营权人进行认定。因相关机关对同一地块错颁证行为认定为：双方持有的“门扇甲”《土地承包经营权证》与《耕地承包合同书》属于错发，本应收回注销，现争议地块已被实际征用灭失，撤销争议地块经营权证已无实际意义为由，不予以纠正。故争议地块的实际承包经营权人蔡某吉为补偿对象。

福建省永安市人民法院依照《中华人民共和国农村土地承包法》第三十二条、第四十条，《中华人民共和国合同法》第十条，《最高人民法院关于审理涉及农村土地承包纠纷案件适用法律问题的解释》第二十二条、第二十三条，《农村土地承包经营权流转管理办法》第十七条，《中华人民共和国民事诉讼法》第一百四十四条规定，作出如下判决：

永浆村委会在本判决生效后十日内向蔡某吉支付“门扇甲”土地的征地补偿款（土地补偿费、安置补助费）441997.14元。

蔡某林等四人不服一审判决，提出上诉。福建省三明市中级人民法院经审理认为：本案争议焦点为双方互换承包地是永久换地还是有期限互换以及讼争的征地补偿款应当如何分配问题。本案是蔡某林等四人与蔡某吉互换农村集体土地而引发的纠纷。1996年起，蔡某林等四人与蔡某吉就互换承包地耕种至今，尽管1999年蔡某林等四人和蔡某吉均与永浆村委会就争议的土地签订了《耕地承包合同书》并取得《土地承包经营权证》，但双方的土地承包经营权互换行为无须发包方的同意和过户登记，即发生土地承包经营权的互换效力。因此各方签订的互换协议合法有效。由于双方各自耕种互换后的承包地十几年均无争议，且互换协议已实际履行，各方之间已形成事实上的土地承包经营权互换合同关系，土地上所依附的权利义务已依法转移，各方对互换后的土地分别享有承包经营权。根据农村土地承包经营权互换习惯、合同的诚实履行原则以及保护农村土地承包关系长期稳定的政策要求，互换期限应认定为整个承包经营权存续期间，基于此产生的征地补偿款应归蔡某吉所有。

福建省三明市中级人民法院依照《中华人民共和国民事诉讼法》第一百七十条第一款第（一）项规定，作出如下判决：

驳回上诉，维持原判。

【法官后语】

因为历史原因和农户生产生活现实需要，经常存在承包地证地不符、人证不一等问题并引发纠纷，本案即为就同一被征用地块争议双方均持有承包合同书和承包经营权证的情形。

1. 诚实信用原则在耕地互换中的适用。诚实信用原则是民法的基本原则，被称为民法的帝王条款。《民法总则》第七条规定，民事主体从事民事活动，应当遵循诚信原则，秉持诚实，恪守承诺。《民事诉讼法》第十三条规定，民事诉讼应当遵循诚实信用原则。现实生活中，为了农业生产需要与便利，实现生产生活互利双赢，农户之间将依法取得的土地承包经营权采取转包、出租、互换、转让或者其他方式流转的现象大量存在，而且往往未订立书面流转协议或订立的协议内容较为简单，给司法裁判带来很大影响，考验着司法智慧。《农村土地承包法》第四十条规定，“承包方之间为方便耕种或者各自需要，可以对属于同一集体经济组织的土地的土地承包经营权进行互换”。本案中，蔡某吉与蔡某林等四人均属永浆村委会，自愿互换耕地且实际履行至今近二十年，各自享有互换耕地后的管理使用、经营收益等权利。根据诚实信用原则，讼争耕地应认定为双方之间自愿协商后将土地承包经营权进行互换，双方对互换土地原享有的承包权利和承担的义务也相应互换，且可视为永久性互换，该互换行为合法有效。任何一方不得任意反悔。

2. 耕地权益人的认定。《农村土地承包法》第二十三条第一款规定：“县级以上地方人民政府应当向承包方颁发土地承包经营权证或者林权证等证书，并登记造册，确认土地承包经营权。”由此可见，征地补偿款的受益人必须取得土地承包经营权证，这是基本原则。故讼争耕地的安置补助费和土地补偿费的受益人须严格按照永安市人民政府所确认的土地承包经营权证加以认定。因相关机关对同一地块存在错误颁证行为，本应收回注销，现争议地块已被实际征用灭失，撤销争议地块经营权证已无实际意义。为此，需综合分析当地生产、生活习惯及实际承包经营状况，以分配双方的权利义务。因蔡某吉与蔡某林等四人系同一集体经济组织成员，双方对互换耕地的事实均无异议且不违反法律规定，因此，涉案耕地被依法征用后应以实际承包经营该耕地的民事主体作为补偿对象。根据互换效力，被征用地块由蔡某吉承包经营，故蔡某吉是承包地被征用后的补偿对象。

3. 发包主体责任分析。《农村土地承包法》第三条规定，国家实行农村土地承包经营制度。第十二条规定，农民集体所有的土地依法属于村农民集体所有的，由村集体经济组织或村民委员会发包。第十四条规定：“发包方承担下列义务：（一）维护承包方的土地承包经营权，不得非法变更、解除承包合同……”即村集体经济组织或村民委员会作为耕地发包主体，对耕地发包应负核实、审查等义务，应确保一块耕地只能有一个承包主体，这亦符合合同相对性原则，否则根据《农村土地承包法》第五十四条规定，发包方应当承担停止侵害、返还财产、恢复原状、排除妨害、消除危险、赔偿损失等民事责任。结合本案，永浆村委会作为发包方，将同一耕地分别与蔡某吉、蔡某林等四人签订了《耕地承包合同书》，明显未尽到义务。纠正该《耕地承包合同书》的错误，切实保障实际承包经营户的权利是本案裁判的关键。在案件审理过程中，法官深入基层向该村往届和现任村两委及有关村民了解该村土地承包分配、调整的历史和实际耕作情况，详细掌握矛盾纠纷来源和产生的背景，村民对双方争议的多数意见和评价，走访农业部门和被征地所在街道领导和包村干部，听取管理部门的意见，确保判决的法律效果和社会效果相统一。法律的生命在于实施，法院在公正审判的同时，还向永浆村委会及有关单位发出司法建议，确保《农村土地承包法》有效实施。

编写人：福建省永安市人民法院　李如浩

23

出嫁女是否有权参与分配原承包土地征收补偿费用

——王某仙诉王某英承包地征收补偿费用分配案

【案件基本信息】

1. 裁判书字号

云南省马关县人民法院（2017）云2625民初1047号民事判决书

2. 案由：承包地征收补偿费用分配纠纷

3. 当事人

原告：王某仙

被告：王某英

【基本案情】

王某云与李某坤系夫妻关系，共生育王某芬、王某香、王某英、王某兰、王某仙五个女儿，王某仙嫁给本村小组的代某福后未重新承包土地。王某仙与王某英等人因父母赡养问题、承包土地经营权分配问题产生纠纷，2010年2月12日，经马白镇人民调解委员会调解，五姐妹及父母自愿达成和解协议，协议第二条约定：承包土地问题，二老原抽取的田地，现抽取“砖厂田”“河对门地”“坝口田”给王某兰、王某仙自行平分等，但“砖厂田”未交由王某兰、王某仙管理使用。2013年8月21日，马关县人民政府征用分给王某兰、王某仙的土地“砖厂田”，经丈量面积为2.004亩，其中安置补助费58797元、青苗补偿费2940元、土地补偿费17639元，合计79376元；2014年4月16日征用分给王某兰、王某仙的土地“坝口田”，经丈量面积为1.049亩，其中安置补助费30778元、地上附着物补偿费6547元、土地补偿费9233元，合计46558元；共计125934元，均由王某英领取。扣除青苗补偿费2940元，余122994元，王某仙应得份额61497元已被王某英领取，后王某英支付给王某仙5000元。现王某英拒绝返还王某仙的土地补偿费，故王某仙提起诉讼，请求人民法院依法判决王某英返还王某仙土地征收补偿费61497元。

【案件焦点】

1. 王某仙对诉争被征收的“砖厂田”“坝口田”是否享有承包经营权及其份额；2. 对王某仙的诉讼请求应否支持。

【法院裁判要旨】

云南省马关县人民法院经审理认为：《中华人民共和国物权法》第一百二十七条规定：土地承包经营权自土地承包经营权合同生效时设立。县级以上地方人民政府应当向土地承包经营权人发放土地承包经营权证、林地证、草原使用权证，并登记造册，确认土地承包经营权。根据法律规定，农村土地承包采取农村集体经济组织内部的家庭承包方式。王某仙嫁给本村小组的代某福，一直在该村小组生产、生活，具有该农村集体组织的成员资格。其婚后未重新承包土地，依法仍有权承包原籍土地。虽当事人仅提交“坝口田”的土地承包经营权证，未提交“砖厂田”的土地承包经营权证，但双方均认可被马关县人民政府征用的2.004亩、1.049亩土地分别是《调解协议书》中约定的“砖厂田”“坝口田”。该协议系王某仙、王某英等各方当事人的真实意思表示，其内容不违反我国法律、行政法规的强制性规定，故该协议合法有效，依法应受我国法律保护。综上，本院认定“砖厂田”“坝口田”两块土地的实际承包经营人为王某兰、王某仙。

根据法律规定，承包地征收补偿费是指国家为了公共利益需要，依照法律规定的权限和程序征收集体所有的土地后，对土地所有者和土地使用者的补偿。按照我国现行法律规定，承包地被征收后应得到的补偿费用包括土地补偿费、安置补助费、地上附着物和青苗补偿费用。结合本案实际，马关县人民政府征用“砖厂田”“坝口田”土地征收补偿费用122994元（扣除“砖厂田”的青苗补偿费2940元）属王某兰、王某仙所有，应由二人平分。王某英领取补偿费后应退还王某仙其应得份额61497元，扣除已支付的5000元，现实际应退还王某仙土地补偿款56497元。王某英主张征用补偿费是老人的，应用于赡养老人，其系帮老人保管，于事实和法律无据，不予支持。

综上所述，依照《中华人民共和国农村土地承包法》第三条、第五条、第十六条第（二）项、第三十条，《中华人民共和国土地管理法》第四十七条，《中华人民共和国物权法》第一百二十七条、第一百三十二条，《最高人民法院关于审理涉及农村土地承包纠纷案件适用法律问题的解释》第二十四条规定，判决如下：

一、由王某英于本判决生效后十五日内一次性支付王某仙土地征收补偿费用56497元；

二、驳回王某仙的其他诉讼请求。

【法官后语】

土地是农民赖以生存的重要生产资料。近年来，随着社会经济的快速发展，因承包土地而引发的纠纷日益增多，并呈现出多样化和复杂性。特别是国家为了社会公共利益而有偿征收农村承包土地以来，因承包土地引发的各类纠纷呈快速增长趋势。承包土地纠纷案件的争议焦点大多集中在当事人是否具有村集体经济组织成员资格、是否享有承包经营权及是否有权分配土地征收补偿款。对于出嫁女是否享有村民资格及相应权益，实践中存在民风民俗与法律相冲突的问题，农村村民大多认为“嫁出去的女儿泼出去的水”，出嫁女不应享有原（娘家）所在村集体经济组织成员资格及权益，这种观念违背了男女平等的法律基本原则以及法律关于保护妇女农村土地承包经营权的相关规定。对于家庭成员之间的土地征收补偿费用分配纠纷，涉及已婚妇女是否有权参与分配原承包土地征收补偿费的，应主要审查已婚妇女是否具有本集体经济组织成员资格。

根据法律规定，我国农村土地承包采取农村集体经济组织内部的家庭承包方式，妇女与男子享有平等的权利。承包期内，妇女结婚后在新居住地未取得承包地的，发包方不得收回其原承包地。妇女结婚后户籍虽迁入所嫁户，但因其户籍并未脱离原集体经济组织，且仍在原集体经济组织生活，故其仍具有该集体经济组织成员资格，在未重新承包土地前，依法有权承包原户籍土地；若妇女婚后与原户籍家庭成员就承包土地问题协商一致并达成协议的，只要协议内容不违反法律、行政法规的强制性规定，该协议合法有效，各方当事人均应按协议履行。因此，妇女婚后未重新取得承包土地前，其原户籍承包土地被国家有偿征收，已婚妇女有权分配相应份额的土地征收补偿款。

本案中，王某仙嫁给本村村民，因此仍然具有本集体经济组织成员资格且其在出嫁后并未向集体经济组织重新承包土地，故对于原承包的土地仍然享有承包经营权。在原承包土地被征收后，其有权根据其与家庭成员之间的相关协议获得相应份额的补偿。

编写人：云南省马关县人民法院 徐红春

24

承包方落户小城镇的，土地补偿款如何分配

——叶县遵化店镇北大王庄村民委员会诉张某有承包地征收补偿费用分配案

【案件基本信息】

1. 裁判书字号

河南省平顶山市卫东区人民法院（2016）豫0403民初2918号民事判决书

2. 案由：承包地征收补偿费用分配纠纷

3. 当事人

原告：叶县遵化店镇北大王庄村民委员会（以下简称北大王庄村委会）

被告：张某有

第三人：张某

【基本案情】

张某与张某有系父子关系，张某有自幼生活在北大王庄村，结婚后，其妻张某琴的户口由原籍迁至北大王庄村，与张某有共同生活，生育一子一女，户口也登记在该村。1975年，张某有到叶县化肥厂，一家四人在叶县昆阳镇办理有非农业户口。2012年，张某有一家四人在北大王庄村的户籍因双重户籍被注销。2003年，北大王庄村委在本村发包给张某有2亩土地。2014年上半年，包含张某有承包土地在内的土地被政府征用，2014年11月，北大王庄村委会经商议决定土地补偿费分配方案，并将本村享有土地补偿费分配权的成员名单张榜公布，包含张某有。2014年11月22日，北大王庄村委会应张某有的要求将206000元土地补偿款存入张某的

账户上。随后北大王庄村委会以张某有不符合土地补偿款发放条件为由，要求张某有退还，张某有拒不退还，北大王庄村委会向法院起诉，请求张某有退还已领取的206000元土地补偿款。

另查明，根据张某有的陈述，在第一、二轮分地时，张某有家均分有责任田。

【案件焦点】

发包期内，承包方将户口迁入小城镇，在土地承包经营权依然保留的情况下，土地补偿款如何分配。

【法院裁判要旨】

法院审理认为：张某有原系北大王庄村集体组织成员，虽然其户口曾经变动，但不影响其对作为北大王庄村集体组织成员时所分得2亩承包地的土地承包经营权。依据《中华人民共和国物权法》第四十二条、第一百三十二条规定，承包地被征收的，土地承包经营权人有权获得相应补偿。《最高人民法院关于审理涉及农村土地承包纠纷案件适用法律问题的解释》第二十四条规定，农村集体经济组织或者村民委员会、村民小组，可以依照法律规定的民主议定程序，决定在本集体经济组织内部分配已经收到的土地补偿费。2014年11月17日，北大王庄村委会依据被征用土地时征用各农户承包地的多少确定发放土地补偿款的分配方案以及公布发放土地补偿款的人员名单，符合民主议定原则，张某有的承包地被征用，北大王庄村委会确定张某有符合领取土地补偿款资格及数额，并无不当。北大王庄村委会请求张某有和张某退还领取的承包土地补偿款206000元，证据和理由不足，不予支持。依据《中华人民共和国民事诉讼法》第六十四条规定，判决如下：

驳回北大王庄村委会的诉讼请求。

【法官后语】

《农村土地承包法》第二十六条第二款规定："承包期内，承包方全家迁入小城镇落户的，应该按照承包方的意愿，保留其土地承包经营权或者允许其依法进行土地承包经营权流转。"该规定是基于鼓励小城镇发展的政策出发，在相关社会保障制度尚不健全的情况下，保留承包方的土地承包经营权，可按照农业季节回村耕种，有利于促进农民进城的积极性。进入小城镇落户的农民一旦失去非农职业或者生活来源，他在农村享有的土地承包经营权将是其基本的生活保障，而待其在城镇生活稳定后，承包方可依法将土地承包经营权采取转包、出租、互换、转让或者其他方式进行流转，或者自愿将承包地交回发包方。本案中，张某有户口原籍在北大王庄村，在2003年土地发包时分得2亩土地的承包经营权，后一家四口在叶县昆阳镇办理非农业户口，属于“承包方全家迁入小城镇落户”的情形，故直到2014年承包土地被征用，张某有一直保留该份承包地的土地承包经营权。

关于土地补偿款的分配原则，《土地管理法实施条例》第二十六条第一款规定：“土地补偿费归农村集体经济组织所有……”《最高人民法院关于审理涉及农村土地承包纠纷案件适用法律问题的解释》第二十四条规定：“农村集体经济组织或者村民委员会、村民小组，可以依照法律规定的民主议定程序，决定在本集体经济组织内部分配已经收到的土地补偿费……”通过上述条文的分析，土地补偿费分配的关键问题在于确定农村集体经济组织的成员资格，凡是具有资格的，就应当分配相应的土地补偿费。

回归本案，张某有的情况比较特殊，其户口已经迁出北大王庄村，但仍保留有该村的土地承包经营权，属“人地分离”情形，在此情形下是否有权参与分配土地补偿费呢？笔者认为应该参与分配，首先，土地补偿费的立法本义在于对土地使用价值的补偿，农村土地所有权归农村集体所有，农村土地只发包给本集体经济组织内的成员，土地补偿费只在本集体经济组织内部分配，归根结底是对失去土地使用价值的承包户的经济补偿；其次，土地补偿费的分配按照民主议定程序进行，体现了承包户对各自土地承包经营权的自主决定权，也彰显了物权法明确物的归属、发挥物的效用原则；最后，确定集体经济组织成员资格，不能简单按照户口登记是否在本村，而要依据法律规定，充分考虑如出嫁女、在校学生、“空挂户”等特殊情形，判断成员资格的取得方式、是否在本集体经济组织内生产生活、是否享有其他基本社会保障等因素，并结合本集体经济组织的实际情况，综合确定成员资格。

本案中，张某有具有土地承包经营权，自幼在北大王庄村长大并长期在该村生产生活，承担着与本集体经济组织成员一样的税费及义务，承包地是其最基本的生活保障，故应认定张某有具有本集体经济组织成员的资格，应参与土地补偿费的分配。

编写人：河南省平顶山市卫东区人民法院　王会英　雷颖浩

25

失踪人口是否依法享有征地补偿款的分配请求权

——黄某允、严某珍诉防城港市防城区文昌街道城南村民委员会大塘江村民小组承包地征收补偿费用分配案

【案件基本信息】

1. 裁判书字号

广西壮族自治区防城港市防城区人民法院（2017）桂 0603 民初 887 号民事判决书

2. 案由：承包地征收补偿费用分配纠纷

3. 当事人

原告：黄某允、严某珍

被告：防城港市防城区文昌街道城南村民委员会大塘江村民小组（以下简称大塘江组）

【基本案情】

黄某允与严某珍是夫妻关系，黄某是其儿子，三人户口均在大塘江组，均系大塘江组集体经济组织成员。黄某于 2013 年 9 月离家出走，下落不明。2015 年大塘江组的土地被征收，得征地补偿费 27727200 元，大塘江组召开村民代表大会讨论决定将土地补偿费分配给村民，并通过了分配方案。分配方案确定有承包田地、山地及户口在本组的补偿费按基数的 100% 分配；无承包地，户口在本组的补偿费按基数的 70% 分配；第 14 条确定有本组户口但已失踪的人员，自分配方案生效之日起三年内其本人回到本组，有多名村民作证，经核实后可分配人口钱。分配方案所确定的基数为 76000 元，70% 为 53200 元。之后大塘江组向黄某允、严某珍分别按 100% 及 70% 的份额发放了土地补偿费，但未发放黄某的份额。为此，黄某允、严某珍以黄某系精神病人，其夫妻代理黄某提起诉讼，要求判令大塘江组将征地补偿

费交由黄某允、严某珍代管。法院于2016年8月24日作出（2016）桂0603民初620号民事裁定书，认为黄某是否系精神病人不能确定，黄某允、严某珍代理黄某提起诉讼，不符合法律规定，裁定驳回黄某的起诉。后大塘江组向法院申请宣告黄某死亡，法院于2016年9月21日作出（2016）桂0603民特6号民事裁定书，裁定终结审理。2017年2月9日，黄某允、严某珍向法院申请宣告黄某失踪，法院于2017年6月12日作出（2017）桂0603民特1号民事判决书，判决宣告黄某失踪，指定黄某允、严某珍为失踪人黄某的财产代管人。黄某允、严某珍要求大塘江组支付黄某的补偿费无果，为此提起本案诉讼。

【案件焦点】

失踪人口黄某是否依法享有征地补偿款的分配请求权。

【法院裁判要旨】

广西壮族自治区防城港市防城区人民法院认为，根据《最高人民法院关于审理涉及农村土地承包纠纷案件适用法律问题的解释》第二十四条规定，“农村集体经济组织或者村民委员会、村民小组，可以依照法律规定的民主议定程序，决定在本集体经济组织内部分配已经收到的土地补偿费。征地补偿安置方案确定时已经具有本集体经济组织成员资格的人，请求支付相应份额的，应予支持”。黄某在大塘江组征地补偿安置方案确定时已经具有大塘江组集体经济组织的成员资格，虽因下落不明被宣告失踪，但其公民权利并未因此被剥夺，其所具有的大塘江组集体经济组织成员资格并不因其被宣告失踪而丧失，分配方案未明确对失踪人员不予发放土地补偿费，仅规定补偿费要待失踪人回到本组时再行分配，因此黄某可依法享有其相应的土地补偿费份额。现黄某虽未回到大塘江组，但经法院生效判决已指定黄某允、严某珍为其财产代管人，根据《最高人民法院关于贯彻执行〈中华人民共和国民法通则〉若干问题的意见》第三十二条规定，“失踪人的财产代管人向失踪人的债务人要求偿还债务的，可以作为原告提起诉讼”，黄某允、严某珍有权向法院提起诉讼要求大塘江组支付黄某的土地补偿费，有权领取黄某的土地补偿费并为其代管。因黄某属无承包地但户口在大塘江组的情况，其应分得的土地补偿费为基数的70%即53200元。

广西壮族自治区防城港市防城区人民法院依照《中华人民共和国民法通则》第五条、第二十一条，《最高人民法院关于审理涉及农村土地承包纠纷案件适用法律问题的解释》第二十四条，《最高人民法院关于贯彻执行〈中华人民共和国民法通则〉若干问题的意见》第三十二条规定，作出如下判决：

一、大塘江组向黄某允、严某珍支付黄某的土地补偿费53200元；

二、驳回黄某允、严某珍的其他诉讼请求。

【法官后语】

本案中，失踪人口黄某依法享有征地补偿款的分配请求权。理由在于：

1. 大塘江组经召开村民代表大会讨论并通过了征地补偿款的分配方案，其中第14条明确：有本组户口但已失踪的人员，自分配方案生效之日起三年内其本人回到本组，有多名村民作证，经核实后可分配人口钱。即分配方案中未明确规定失踪人口不能参与征地补偿款的分配。

2. 宣告失踪是指经利害关系人申请，由人民法院对下落不明满一定期间的人宣告为失踪人的制度。因此，自然人下落不明必须满足一定的条件、经过一定的法律程序、经法院宣告，才为失踪人。本案中的征地行为发生在2015年，而黄某是在2017年6月12日才被法院判决宣告失踪，也就是说在黄某被法院宣告失踪前，依法应当享有征地补偿款的分配请求权。

3. 自然人被宣告失踪的，不影响其民事权利能力和民事行为能力。也就是说，虽然自然人被宣告失踪，但在此期间，他仍然是有权利能力的民事主体，有资格享有自然人包括作为集体经济组织成员所享有的各项权利，因此宣告失踪不影响黄某基于集体经济组织成员资格享有取得征地补偿款的权利。

编写人：广西壮族自治区防城港市防城区人民法院　李科杰

26

农民土地承包经营权的司法保护

——张某国诉北京市昌平区十三陵镇果庄村村民委员会承包地征收补偿费用分配案

【案件基本信息】

1. 裁判书字号

北京市第一中级人民法院（2017）京01民终3800号民事判决书

2. 案由：承包地征收补偿费用分配纠纷

3. 当事人

原告（被上诉人）：张某国

被告（上诉人）：北京市昌平区十三陵镇果庄村村民委员会（以下简称果庄村委会）

【基本案情】

1984年7月20日，原昌平县十三陵人民公社果庄生产大队（甲方）与张某国（乙方）签订《责任山造林、营林合同书》，约定乙方承包甲方责任山。合同附表中确认责任山的坐落地点为“西沙窑子南头”，四至为：东至河边、西至梁头分水、南至梁谷延庆界、北至天门沟丫口，面积160亩，收益分配1:9开（一成归集体、九成归个人）。原昌平县林业局、原昌平县十三陵乡人民政府在合同上盖章，且该合同于1984年7月20日经过原昌平县公证处公证出具了公证书。双方还签订《责任山造林、营林补充规定及说明》，约定荒山边界以原承包成片果林园园边以树干五米以外为界等事项。

2014年7月1日，由于该责任山附近的110国道黄土嘴桥进行改造和修建施工导行便道，需对附近的树木进行移伐并占地施工，果庄村委会（甲方）与路桥公司（乙方）签订了《黄土嘴桥工程移伐树木、临时占地补偿协议》，协议约定了相关补偿范围及补偿金额30万元等。协议双方还会签了《物品赔偿明细表》和载有临时占地面积计算明细的《临时占地平面示意图》作为合同附件。同月11日，果庄村委会向北京市昌平区园林绿化局提交《采伐申请》，记载因该村黄土嘴处有柳树、刺槐树、核桃楸树154棵，因路桥公司计划进行危桥翻建施工，需对上述树木进行采伐。同月21日，北京市昌平区园林绿化局向果庄村委会核发《林木采伐许可证》。上述手续办理后，果庄村委会领取了与路桥公司所签协议约定的款项，并作为村集体收益经相应民主议定程序向村民发放了部分款项。张某国也领到了该笔收益的相应款项。一审庭审中，双方对该笔款项的处分问题同意另案解决。本案审理中，为查明案情，一审法院于2016年7月28日组织双方进行了现场勘查，勘查显示，桥梁施工临时占地及采伐树木的范围均部分与张某国的承包地重合。张某国认为果庄村委会应支付其树木补偿款及临时占地补偿费，故诉至法院。

【案件焦点】

1. 双方签订的《责任山造林、营林合同书》是否已经解除；2. 双方争议的承包地与临时施工占地是否重合；3. 双方争议的树木移伐数目及相应补偿费如何确定。

【法院裁判要旨】

北京市昌平区人民法院经审理认为：第一，关于双方争议的《责任山造林、营林合同书》是否已经解除的问题。张某国提交的合同原件证明双方之间的合同关系，果庄村委会主张该合同已经解除，但其提交的证据不能证明该主张，因此，双方之间的《责任山造林、营林合同书》并未解除，该合同未违反法律法规的强制性规定，应予认定合法有效，当事人应依约定履行各自的权利义务。

第二，关于双方争议的承包地与临时施工占地是否重合的问题。该争议的厘定涉及路桥公司所进行的黄土嘴桥施工工程中临时占地补偿及树木移伐补偿两个方面。双方签订的《责任山造林、营林合同书》约定了责任山四至，且对于合同约定的四至与现状无争议，仅东至范围由河边变化为110国道桥西。由此，可以确认河道以西区域均应为张某国承包地范围，故承包地与桥梁施工临时占地部分存在重合，面积合计为2155平方米，因此该区域的相应临时占地补偿费用扣除承包合同约定的集体收益后应归于张某国。此外，鉴于《临时占地平面示意图》明确表明考虑施工中的不可预见因素租用面积大于图示标段面积，故对图示占用张某国承包地面积所得占地补偿费用相应酌情增加。

第三，关于双方争议的树木移伐数目及相应补偿费问题。依据《林木采伐许可证》，本次桥梁施工工程经审核批准的区域为“果庄村黄土嘴作业区采伐，四至为：东至联通信号塔，南至110国道，西至黄土嘴桥西8米，北至110国道；树种为刺槐等；采伐株数154株”。据此，结合《临时占地平面示意图》可以认定采伐树木的范围部分与张某国的承包地重合。而且依据张某国提供的照片显示在黄土嘴桥南侧即施工占地区域存在部分已成材的树木。依据生活经验判断，该树木修葺较为整齐，显然非为自然生长。因此，可以认定《临时占地平面示意图》中位于张某国承包地范围内的树木为其种植养护，相应树木移伐补偿款应归其所有。关于具体移伐的树木数量，《物品赔偿明细表》显示赔偿槐树、柳树等各类树木共计865株，该数量与《林木采伐许可证》载明的准许移伐数目154株不符，亦与张某国主张的实际移伐690株的数量不合。对此，果庄村委会的解释为《林木采伐许可证》对于小树的移伐不予统计和办理所致，张某国对其主张未提供充分证据证明。应认为果庄村委会的解释具有合理性且《林木采伐许可证》的办理符合施工方路桥公司与果庄村委会的协议约定，故对实际采伐数目为占地补偿协议记载的865株的事实予以采信。张某国对于其主张实际砍伐其树木456株的主张，未提供有力证据支持，其提供的照片中部分树木位于其承包地范围内，而部分树木明显位于河道内，因而张某国该项主张具有不合理因素，依据现有事实酌情并依据承包合同约定的收益分配原则扣除集体收益后对张某国的主张予以支持。

综合上述，张某国基于其承包地在合同有效期内被路桥公司修建桥梁临时占地应获得临时占地补偿费用和树木采伐补偿具有法律依据，其诉讼请求合理部分依法予以支持；超出部分缺乏充足依据，依法予以驳回。

北京市昌平区人民法院依据《中华人民共和国合同法》第六十条，《中华人民共和国农村土地承包法》第四条，《中华人民共和国民事诉讼法》第六十四条规定，判决如下：

一、果庄村委会于本判决生效后七日内支付张某国临时占地补偿款25025元、树木移伐补偿费53613元，合计78638元；

二、驳回张某国的其他诉讼请求。

果庄村委会不服一审判决，提出上诉。北京市第一中级人民法院经审理认为：主张合同关系变更、解除、终止、撤销的一方当事人对引起合同关系变动的事实承担举证责任，本案中，果庄村委会主张涉案合同已经解除，对此应承担举证责任。但果庄村委会并不能提交当时村集体组织民主议定解除合同的相关记录，该决定亦未向上级部门进行报备，因此仅凭果庄村委会现有证据不足以否定双方之间合同的效力，其该项上诉理由不能成立。根据双方确认的张某国提交的现场照片可以看出，树木的间距较为平均，胸径相差不大，符合人工种植的特征，张某国已经履行了造林、营林的合同义务，其有权享有临时占地补偿款及树木移伐补偿费，果庄村委会关于张某国未履行合同义务、不应享受权利的上诉理由亦不能成立。

北京市第一中级人民法院依照《中华人民共和国民事诉讼法》第一百七十条第一款第（一）项规定，判决如下：

驳回上诉，维持原判。

【法官后语】

1. 案件背景

《农村土地承包法》颁布实施以来，部分农村地区尊重和保护农民土地承包经营权的意识仍然不强，涉及违法收回、调整承包地的纠纷屡屡发生，十分突出。北京地区随着城镇化进程的发展，周边农村土地增值迅速，涉农涉地诉讼纠纷激增 。违反基本农田保护法律法规以及盲目推行退耕还林或者粗放型推广规模化经营等农业产业结构的情况时有发生，导致一些农户的承包土地被违法收回或调整。这类纠纷普遍具有理论复杂、政策性强、涉及面广、敏感度高、处理难度大的特点，解决不好容易导致矛盾激化并产生社会问题。因此，如何处理这类纠纷，如何保护农民的土地承包经营权，成为审判实践中遇到的难点问题。

本案既涉及合同法的合同解除制度，也涉及物权法的农民土地承包经营权的保护问题。案件的两审审判人员在走访街镇、实地踏勘现场，进行扎实细致的调查了解工作的基础上，组织案件审理，以事实为依据，以法律为准绳，坚持合同解除的程序原则和农民承包经营权依法保护导向，体现出较好的司法裁判效果和社会效果。本案二审宣判生效后，该地区类似纠纷迅速得以化解。

2. 合同解除应经法定程序

依法成立的合同，受法律保护。合同的成立应当符合法定的要件，同理，合同的解除亦应经法定程序，符合法定要件。根据《合同法》第九十三条、第九十四条，合同解除可以分为合意解除、约定解除和法定解除。其中合意解除属于契约行为，约定解除和法定解除属于单方行为。无论是合意解除或者约定解除还是法定解除，均需要当事人作出相应的解除合同的意思表示。合意解除的情况下，合同当事人有明确的解除合同的表示，合同自形成合意时解除；约定解除和法定解除情形下，也需要解除权人作出解除合同的意思表示，且依照法律规定通知对方，合同自通知到达对方时解除。合同的解除作为合同法的重要制度，是权利一方利用法律武器摆脱合同困境的重要法律救济方法。

当今，合同关系是市场活动最基本的法律关系。我们在立法及司法活动中不仅要肯定合同解除制度的价值所在，还要注重合同解除的严谨性和严肃性，应限制当事人任意行使合同解除权，严格禁止当事人滥用合同解除权，以实现合同法所追求的立法目的。

具体到本案，主张双方之间承包合同已经解除的果庄村委会提供的依据是村民会议决议，无论从解除条件还是主体方面都不符合《合同法》规定的合同解除程序，故其主张不被法院所采信。

3. 农民土地承包经营权的司法保护

在土地承包合同关系得以确认的情况下，依法保护农民的土地承包经营权是当前时期涉及农村稳定的重要问题。随着《物权法》对土地承包经营权性质的明确，土地承包经营权已成为一项稳定的用益物权，对农村经济的长远发展以及农民土地权益的保障起到了至关重要的作用。《农村土地承包法》使家庭承包方式的土地承包经营权彻底转化为物权，成为承包人可以根据自己的意志直接支配承包地的对世权。承包人拥有了对承包地占有、使用、收益和流转的权利，承包期内除依法律规定外不得调整承包地，土地承包经营权不得被非法剥夺，发包方不得收回承包地。

近年来，在土地承包经营权保护的纠纷中，突出表现为有关承包地征收补偿费用分配纠纷，主要集中在城镇边缘建设用地需求较大、征地较为频繁的地区，与其他涉农纠纷相比，这类纠纷往往涉及农民的根本利益，具有矛盾激烈、难以化解的特点。土地征收是国家基于公共利益的需要，将集体所有的土地强制性地收归国家所有的行为，是物权变动的一种特殊形式，依据《农村土地承包法》，承包户有权获得相应补偿款分配。对此，《最高人民法院关于审理涉及农村土地承包纠纷案件适用法律问题的解释》第二十二条第一款规定："承包地被依法征收，承包方请求发包方给付已经收到的地上附着物和青苗补偿费的，应予支持。"该条明确提出了农民承包地被征用情况下的权利保护规范，将有关补偿费用的归属进一步明确化，有利于切实保护农村土地承包经营户的合法权益。

编写人：北京市昌平区人民法院　潘幼亭　多美琪

三、土地承包经营权转包纠纷

27

转包不是发包方解除农村土地承包合同的法定理由

——枣强县大营镇马王寺村村民委员会诉曹某剑农村土地承包合同案

【案件基本信息】

1. 裁判书字号

河北省枣强县人民法院（2017）冀1121民初1729号民事判决书

2. 案由：农村土地承包合同纠纷

3. 当事人

原告：枣强县大营镇马王寺村村民委员会（以下简称马王寺村）

被告：曹某剑

第三人：马某辉

【基本案情】

2003年3月1日，马王寺村（发包方）与曹某剑（承包方）签订土地承包合同，约定发包方将一小队原砖窑厂用荒地现在复垦（2002年经镇政府出资推平），以公开协商方式，并经村民代表会议同意，决定由本队农户曹某剑以家庭承包经营方式承包该地块。约定：1. 承包地面积约70亩，系荒废地复垦，承包期限自2003年3月1日至2023年2月底，承包期内水电自行解决；2. 承包费总计2000元/年，每年3月1日交付当年承包费；3. 承包方应当依法保护合理利用土地，允许搞农林养殖，但不得给土地造成永久性损害；4. 承包期内，如遇国家征地，所赔付款项按国家规定，首先赔付承包方在承包期内损失，剩余归发包方所有；5. 除每年上交承包费外，发包方不得以任何方式和理由向承包方摊派、征收或增加其他费税；6. 发包方及其负责人变化不影响本合同效力，承包方代表人如发生不测，其继承人在承包期内可继续承包。如果承包期、回收、权利流转与法律规定不一致的，按法律规定办；合同期满后，原貌无偿归还集体。

上述合同订立后，曹某剑开始利用承包地种植林木等经济作物。承包费现已缴清至2023年期满。

2011年7月18日，曹某剑与马某辉签订土地转包协议。约定曹某剑将承包的70亩土地转包给马某辉，转包期限自2011年7月18日至2023年2月底，马某辉一次性给付曹某剑转包费40万元，并约定了双方的权利义务，其中第8条："本合同履行期限内，若遇有关部门依法征地，本合同自动解除，征地收益归马某辉所有"。

2011年11月26日，马王寺村向法院提起诉讼，要求解除以上土地承包合同，该案2012年6月20日以马王寺村撤诉了结。

另查，2011年前后案涉承包地中部分地块由马某辉用作砂石料场地，现已清空，承包地块现未有林木种植。

再查，马王寺村村民张某江曾以案涉承包地所有权流失为由与本村一队47户村民达成协议：自愿代本村一队争回承包地所有权，费用自担；如所有权收回，此地块由张某江无偿种植或养殖；如遇政府开发，无条件将此地块的所有权交回一队全体村民，此土地上附着物补偿归张某江所有。马王寺村以承包期间曹某剑违约为由要求解除承包合同，理由如下：1. 承包地用作砂石料场，对土地造成永久破坏；2. 以转包形式变卖土地，发包方未授权承包方可以转包，也未约定可向集体组织以外的主体转包，且转包必须经发包方同意。

【案件焦点】

1. 诉请确认土地承包合同效力的主体资格问题；2. 案涉土地是否未按土地承包合同约定使用、是否造成该土地永久性破坏；3. 未约定禁止向外转包情况下承包方向他人转包是否合法。

【法院裁判要旨】

河北省枣强县人民法院经审理认为：马王寺村与曹某剑2003年3月1日签订的土地承包合同是双方真实意思表示，合法有效，应受法律保护。曹某剑认为案涉土地系村一队发包原告主体不适格的辩解与该村一队未经选举不具备诉讼主体资格，实际由马王寺村订立承包合同的事实不符，该辩解不予采纳。

关于承包方是否对承包地造成永久性损害的问题。本案承包地承包期间曾用作砂石料场，但案涉承包地并非耕地，系砖窑复垦地，无水电、承包后用于种植林木，砂石料场清空处理后并不影响林木种植，庭审中马王寺村也表示收回承包地种树、原砂石料场地用于招商，说明承包方未对土地造成永久性破坏。故对马王寺村要求对土地进行永久性破坏的鉴定不予准许。

关于承包地转包的问题。双方承包合同中没有禁止承包方对外转包，故转包行为、转包对象是否经发包方同意并不能作为承包方违约和解除承包合同的理由。以转包形式卖地的理由因承包合同与转包合同到期日相同，转包合同履行中没有超越承包合同约定的承包方的权利，马王寺村集体土地产权既未实际变动，也未有变动前表象，该转包卖地理由没有事实依据，不予采纳。

本案中，承包方曹某剑已全部缴清承包费，发包方马王寺村订立合同目的已实现。案涉承包合同自2011年始就处于解除合同诉讼中，土地使用权一直未稳定。根据张某江提供的协议书，解除承包合同后承包地由张某江无偿使用，说明马王寺村解除合同收回承包地的诉讼并非基于集体利益考量。综上，马王寺村要求解除土地承包合同的理由不能成立，对其诉求不予支持。

综上所述，依照《中华人民共和国合同法》第九十四条，《中华人民共和国农村土地承包法》第三十五条、第三十七条，《中华人民共和国民事诉讼法》第六十四条规定，判决如下：

驳回马王寺村的诉讼请求。

【法官后语】

本案承包合同自2011年始就处于解除合同诉讼中，分别经过撤诉、起诉、判决、上诉、重审的程序，马王寺村是否适格主体问题始终是案件审理的问题之一。该案原告方为马王寺村，也是土地承包合同的发包方，曹某剑辩称案涉土地系村一队发包，马王寺村不是适格原告，但承包合同有马王寺村印章并由当时村委会负责人签字确认，应认定马王寺村系发包方。该村一队虽相对独立，但没有经过选举产生村民小组，在诉讼中不具备主体资格，相应诉讼权利应由马王寺村行使。

土地承包合同履行中，马王寺村以承包方违约为由要求解除承包合同，缘起在于马王寺村认为承包地转包系“出卖”，转包后用作砂石料场造成土地永久性损坏和非法转包只是解除合同的表象理由。2009年《农村土地承包法》第三十五条规定：承包期内，发包方不得单方面解除承包合同，不得假借少数服从多数强迫承包方放弃或者变更土地承包经营权，不得以划分“口粮田”和“责任田”等为由收回承包地搞招标承包，不得将承包地收回抵顶欠款。从马王寺村期待收回土地的后续用途来看，曹某剑承包期间并没有对土地造成永久性损坏；承包合同也没有禁止承包方对土地流转的约定；马王寺村以承包方违约解除合同的理由不能成立。

单方解除合同的条件之一是不能实现合同目的，本案承包方已缴清合同届满全部承包费，马王寺村要求解除土地承包合同的法定解除条件不能成就，无法得到支持。

况且，村民小组成员在推选代理人时许诺解除合同后收回承包地归他人无偿使用，并非基于集体利益的考量。综合以上原因，法院认为马王寺村解除承包合同的理由不能成立，故驳回其诉讼请求。

编写人：河北省枣强县人民法院　屈其凯

28

土地承包经营权转包合同与转让合同的区分及效力认定

——徐某锋诉李某友土地承包经营权案

【案件基本信息】

1. 裁判书字号

山东省淄博市中级人民法院（2017）鲁03民终3010号民事判决书

2. 案由：土地承包经营权纠纷

3. 当事人

原告（上诉人）：徐某锋

被告（被上诉人）：李某友

【基本案情】

2000年1月1日，淄博市周村区南郊镇丁家村村民委员会（以下简称丁家村委）与李某友签订荒山承包合同，约定丁家村委通过招标方式将村东的荒山承包给李某友，承包期为30年，李某友在承包期间须服从国家和集体统一规划，如遇国家和集体占用该荒山，丁家村委有权终止合同，收回荒山；合同签订后李某友不准任意转让，若转让须经丁家村委同意。2015年12月13日，徐某锋与李某友签订农村土地承包合同，约定李某友将其从丁家村委承包的荒山发包给徐某锋使用，承包期为15年，荒山使用权及其地上附着物总承包款为每年1万元；如李某友违约导致解除合同应承担违约金2万元，退还承包荒山所付全部价款；李某友所有的地上附着物等收益归李某友所有。2016年10月15日，徐某锋向李某友付清第一年承包费，双方约定第二年承包费在2017年5月结清。2017年4月28日，丁家村委向李某友发出解除荒山承包合同书，以李某友在村委不知情也未同意的情况下私自将荒山转让给徐某锋，违反合同法及双方之前签订的荒山承包合同约定为由，解除其与李某友之间的荒山承包合同。同日，李某友向徐某锋发出解除农村土地承包合同通知书，要求解除双方之前签订的农村土地承包合同，并要求徐某锋在收到通知之日起五日内清除全部地上附着物，将荒山恢复原状。2017年5月5日，徐某锋收到该通知后即起诉要求确认李某友解除合同无效，确认该合同有效并继续履行，李某友承担违约金2万元。李某友则辩称其与丁家村委签订的荒山承包合同明确约定不准任意转让，其与徐某锋签订的农村土地承包合同未向丁家村委书面申请，丁家村委已与其解除荒山承包合同，其与徐某锋的农村土地承包合同无法继续履行；且其向丁家村委承包的荒山一直未依法登记并取得承包经营权证或林权证，根据法律强制性规定不得流转。

【案件焦点】

如何认定李某友与徐某锋签订的农村土地承包合同的性质与效力。

【法院裁判要旨】

山东省淄博市周村区人民法院经审理认为：李某友违反法律规定，在未依法取得土地承包经营权证或林权证的情况下将涉案荒山承包权转让给徐某锋，且该转让行为未经丁家村委同意，事后亦未取得丁家村委的追认，故李某友与徐某锋签订的农村土地承包合同无效。无效的合同自始没有法律约束力，亦不发生合同解除。因此徐某锋的诉讼请求无事实依据且不符合法律规定，不予支持。据此，判决驳回徐某锋的诉讼请求。

徐某锋持原审起诉意见提起上诉。山东省淄博市中级人民法院认为：李某友与徐某锋签订农村土地承包合同只是将李某友从丁家村委承包的荒山又承包给了徐某锋，并非由徐某锋取代李某友成为李某友与丁家村委签订的荒山承包合同的承包人。故李某友与徐某锋就涉案荒山签订的农村土地承包合同系转包合同，并非转让合同。李某友与丁家村委签订的荒山承包合同虽约定不准任意转让，但对转包问题并未进行约定；且根据相关规定，土地承包经营权采取转让方式流转的应当经发包方同意，采取转包方式流转的只应报发包方备案，而不需经发包方同意。另外承包方未依法登记取得土地承包经营权证等证书即流转土地承包经营权，发包方请求确认该流转无效的，应予支持，但是非因承包方原因未登记取得土地承包经营权证等证书的除外。而丁家村委并非本案当事人，本案中亦无证据证实涉案荒山未登记取得土地承包经营权证等证书系因李某友的原因造成。因此一审判决将李某友与徐某锋签订的转包合同定性为转让合同错误，以李某友未依法取得相关权证和未经丁家村委同意为由认定该合同无效亦属错误。李某友与徐某锋签订的转包合同系双方真实意思表示，且不违反相关规定，系有效合同，但该合同的履行系以李某友与丁家村委签订的荒山承包合同的履行为基础。李某友与丁家村委的荒山承包合同已在2017 年 4 月 28 日被丁家村委单方解除而无法继续履行，这也显然导致李某友与徐某锋之间的转包合同无法再继续履行。即李某友与丁家村委的荒山承包合同的解除实际并非因李某友的原因造成，李某友在其与徐某锋的转包合同已因荒山承包合同被丁家村委解除而不能继续履行的情况下及时通知徐某锋解除双方的转包合同，并不属于擅自解除合同，依法不应认定为违约，该解除合同行为系有效行为。因此，徐某锋要求确认李某友解除合同无效和承担违约金 2 万元不成立，不予支持。且该合同在已解除的情形下再由法院在判项中确认有效并无实际意义，亦无法再确认继续履行。故对于徐某锋要求确认双方合同有效并继续履行的诉讼请求不予支持。据此，二审判决：

驳回上诉，维持原判。

【法官后语】

本案主要涉及农村中土地承包经营权的转包合同与转让合同的区分及效力认定问题。

本案中双方于2015年签订的农村土地承包合同系对涉案荒山土地承包经营权的转包合同还是转让合同以及该合同是否有效无疑是本案争议的核心问题。对此正确认定的关键在于对农村土地承包经营权转包和转让予以正确区分。《农村土地承包法》规定了农村土地承包主要采取农村集体经济组织内部的家庭承包方式，同时规定，对于不宜采取家庭承包方式的荒山、荒沟、荒丘、荒滩等农村土地，可以通过招标、拍卖、公开协商等其他方式进行承包；经依法登记取得土地承包经营权证或者林权证等证书的，其土地承包经营权可以依法采取转让、出租、入股、抵押或者其他方式流转。《最高人民法院关于审理涉及农村土地承包纠纷案件适用法律问题的解释》（以下简称《解释》）第二十一条第二款规定，承包方流转土地承包经营权，除法律或者本解释有特殊规定外，按照有关家庭承包土地承包经营权流转的规定处理。而《农村土地承包法》第三十二条规定，通过家庭承包取得的土地承包经营权可以依法采取转包、出租、互换、转让或者其他方式流转。因此，通过招标、拍卖、公开协商等其他方式对荒山、荒沟、荒丘、荒滩等农村土地进行承包的，其农村土地承包经营权依法可以通过转包的方式进行流转。换句话说，本案中的荒山土地承包经营权依法可以转让或转包。但二者却存在本质区别。转包是指承包方把自己从发包方处依法承包的土地再次承包给第三方的行为，转让则是指承包方经发包方同意由第三方代替其向发包方履行承包合同的行为。在转包情形下，承包方先与村集体签订承包合同并取得承包经营权，之后承包方再与第三方签订转承包合同从而将土地转包给第三方，此情形下存在两个承包合同关系且承包方与村集体的承包合同关系并不因之后的转包合同而发生改变。而在转让情形下，承包合同的承包方主体变更为第三方，原承包方据此将其从发包方处取得的土地承包经营权转移给第三方，即由第三方取代原承包方成为新的承包方，且第三方作为受让人而取得承包合同的权利义务。二者的上述区别也决定了相关合同的效力认定不同。因转让实际系承包合同中承包方主体变更，因此转让合同应经发包方即村集体同意方为有效；转包情形下原承包合同并未发生变更，故转包合同的有效并不需要发包方即村集体的同意，只需报其备案即可。对此《农村土地承包法》在第三十四条明确规定承包方作为土地承包经营权流转的主体有权依法自主决定土地承包经营权是否流转和流转的方式后，又在第三十七条明确规定采取转让方式流转的，应当经发包方同意；采取转包、出租、互换或者其他方式流转的，应当报发包方备案。

由此可见，农村土地承包经营权存在转让和转包等多种流转方式，不同的流转方式产生的法律效果截然不同，故处理此类案件的关键就在于对土地承包经营权流转方式的正确认定。具体到本案中，李某友与徐某锋签订农村土地承包合同只是将李某友从丁家村委承包的荒山又承包给徐某锋，并非由徐某锋取代李某友成为李某友与丁家村委签订的荒山承包合同的承包人。故双方就涉案荒山签订的农村土地承包合同系转包合同，并非转让合同。李某友与丁家村委签订的荒山承包合同虽约定不准任意转让，但对转包问题并未进行约定；且根据《农村土地承包法》第三十四、三十七条规定，李某友将涉案荒山转包给徐某锋亦不需要经发包方丁家村委同意。另外《农村土地承包法》第四十九条虽然规定通过招标等其他方式承包农村土地，经依法登记取得土地承包经营权证或者林权证等证书的，其土地承包经营权可以依法流转，但《解释》第二十一条第一款规定，承包方未依法登记取得土地承包经营权证等证书即流转土地承包经营权，发包方请求确认该流转无效的，应予支持，但非因承包方原因未登记取得土地承包经营权证等证书的除外。而丁家村委并非本案当事人，本案中亦无证据证实涉案荒山未登记取得土地承包经营权证等证书系因李某友的原因造成。因此一审将李某友与徐某锋签订的转包合同定性为转让合同和以李某友未依法取得相关权证和未经丁家村委同意为由认定该合同无效错误。二审认定双方签订的农村土地承包合同实质是转包合同且为有效合同，并根据该转包合同已依法解除的事实最终维持原判结果。

编写人：山东省淄博市周村区人民法院　满建清

山东省淄博市中级人民法院　荣明潇

四、土地承包经营权转让纠纷

29

受让人擅自改变土地用途能否直接导致土地流转合同无效

——龙某凤诉凤凰县城乡民族文化旅游发展有限责任公司确认合同无效案

【案件基本信息】

1. 裁判书字号

湖南省湘西土家族苗族自治州中级人民法院（2016）湘31民终803号民事判决书

2. 案由：确认合同无效纠纷

3. 当事人

原告（被上诉人）：龙某凤

被告（上诉人）：凤凰县城乡民族文化旅游发展有限责任公司（以下简称凤凰县城乡旅游公司）

【基本案情】

2011年2月28日，龙某凤的父亲龙某恩（于2012年去世）与山江苗寨旅游开发有限责任公司（2012年被凤凰县城乡旅游公司收购）签订了《土地转让合同》，合同约定以18000元/亩共计26820元将龙某恩的承包田1.49亩转让给山江苗寨旅游开发有限责任公司，由该公司用于修建停车场。该《土地转让合同》得到了山江镇人民政府批准。后来，龙某凤以合同内容与协商不一致为由，多次找到山江苗寨旅游开发有限责任公司及政府有关部门要求处理未果，遂于2015年7月17日向法院提起诉讼，诉请确认该《土地转让合同》无效，恢复并返还龙某凤承包地。

凤凰县城乡旅游公司辩称，农村土地承包是以家庭承包的，龙某凤的父亲作为户主，与山江苗寨旅游开发公司签订的《土地转让合同》是真实、合法、有效的。龙某凤的父亲在签订《土地转让合同》后，已经一次性领取了土地转让款，于2014年8月26日才向凤凰县城乡旅游公司主张权利，而且龙某凤也诉称合同签订几个月后就听说是土地转让，不是出租。截至2014年8月26日，龙某凤已超过三年半之久没有提出合同无效的主张。龙某凤以凤凰县城乡旅游公司欺骗其签订《土地转让合同》为由要求确认合同无效，理由不能成立。

【案件焦点】

本案《土地转让合同》是否因受让人擅自改变土地用途而无效。

【法院裁判要旨】

湖南省凤凰县人民法院经审理认为，本案《土地转让合同》实为土地承包经营权流转合同，采取转让方式流转，但转让的土地被用作修建停车场，违反了土地承包经营权流转不得改变土地的农业用途的强制规定，故该《土地转让合同》无效。合同无效后，因该合同取得的财产，应当予以返还，凤凰县城乡旅游公司应当将涉案土地的承包经营权返还给龙某凤，龙某凤也应当将所收取的转让费返还给凤凰县城乡旅游公司。依照《中华人民共和国合同法》第五十二条、第五十八条，《中华人民共和国农村土地承包法》第三十三条规定，作出如下判决：

一、龙某恩与山江苗寨旅游开发有限责任公司于2011年2月28日签订的《土地转让合同》无效；

二、凤凰县城乡旅游公司于本判决生效之日起十五日内将涉案土地恢复并将该土地的承包经营权返还给龙某凤；

三、龙某凤于本判决生效之日起十五日内返还凤凰县城乡旅游公司转让费20000元。

凤凰县城乡旅游公司不服，提起上诉。

湖南省湘西土家族苗族自治州中级人民法院经审理认为：虽然2009年《中华

人民共和国农村土地承包法》第三十三条第（二）项规定，土地承包经营权利流转不得变更土地的农业用途，但该内容属于对土地流转过程中管理性质的规定，并不属于效力性强制性规定。依照《最高人民法院关于适用〈中华人民共和国合同法〉若干问题的解释（二）》第十四条规定，《合同法》第五十二条第（五）项规定的“强制性规定”，是指效力性强制性规定。凤凰县城乡旅游公司在转包的土地上进行非农活动，但该行为不属于违反效力性强制性规定，不能以此认定合同无效，若凤凰县城乡旅游公司的该行为违反使用土地的规定，应由相应的土地管理部门对其进行处罚。龙某风并无证据证明凤凰县城乡旅游公司存在欺诈的手段骗取龙某恩签字，应由其承担举证不能的后果，且本案不存在使得国家利益遭受损害的情况，因此，龙某风据此主张合同无效理由不能成立。《土地转让合同》系双方当事人真实意思表示，且未违反法律、行政法规的强制性规定，合法有效。据此，龙某风主张《土地转让合同》无效及返还涉案土地的诉请无事实和法律依据，不予支持。依照《中华人民共和国农村土地承包法》第三十二条，《中华人民共和国合同法》第四十四条第一款，《最高人民法院关于民事诉讼证据的若干规定》第二条，《中华人民共和国民事诉讼法》第一百七十条第一款第（二）项规定，作出以下判决：

一、撤销湖南省凤凰县人民法院（2015）凤民初字第496民事判决；

二、驳回龙某风的诉讼请求。

【法官后语】

对于受让人擅自改变土地用途是否导致《土地转让合同》无效，确有讨论的必要。

基于保护交易安全与保障意思自治的考虑，我国《合同法》及相关司法解释对无效合同的认定日益谨慎，明确规定只有违反“效力性强制性规定”的合同才属于《合同法》第五十二条第（五）项规定的无效合同。我国《农村土地承包法》明确规定“未经依法批准不得将承包地用于非农建设”“土地承包经营权流转的，不得改变土地所有权的性质和土地的农业用途”，《土地管理法》也规定“涉及农用地转为建设用地的，应当办理农用地转用审批手续”。承包人或者受让人擅自改变承包地用途的行为，确实违反了法律及行政法规的相关规定。但这种违法，是否必然导致承包合同或者流转合同无效，关键在于应否认定《农村土地承包法》的前述规定属于“效力性强制性规定”。

学理界已经对“效力性强制性规定”作了多方位的解读与阐述，但至今没有达成一致意见，笔者也不企图一举解决这个难题。但是，应该认为，从维护法律的确定性与权威性角度考虑，不宜将尚未成熟的理论应用于司法实务中。故仅仅从法律条文的角度出发，对强制性规定应可作一个简单的区分：法律条文中明确规定“违反即无效”的，属于效力性强制性规定；没有明确规定“违反即无效”的，属于管理性强制性规定。根据这个设定，前述关于“未经依法批准不得将承包地用于非农建设”及“土地承包经营权流转的，不得改变土地所有权的性质和土地的农业用途”等法律条款均属于管理性强制性规定，承包人或者受让人在合同生效后履行过程中擅自改变承包地用途，虽然违法，并不必然导致土地承包合同或者土地流转合同无效。

更为重要的是，我们应该明确一项法律适用原则或者裁判方法：对于承包人或者受让人在合同生效后履行过程中擅自改变承包地用途的法律后果，我国《农村土地承包法》第六十条作出了明确规定：“承包方《土地经营权人》违法将承包地用于非农建设的，由县级以上地方人民政府有关主管部门依法予以处罚。承包方给承包地造成永久性损害的，发包方有权制止，并有权要求赔偿由此造成的损失。”土地经营权流转的受让人，法律地位相当于承包方。那么，根据该条规定，承包人或者受让人在合同生效后履行过程中擅自改变承包地用途的法律后果便是：一是由有关行政部门依法予以处罚，二是发包人可以制止并可主张赔偿。法律并没有赋予发包人主张合同无效或者解除合同的权利。

本案中，龙某凤并无证据证明对方存在欺诈的手段骗取龙某恩在《土地转让合同》上签字，那么对凤凰县城乡旅游公司在合同生效后履行过程中擅自改变承包地用途的违法行为，法院只能首先按照《农村土地承包法》第六十条的明确规定，判令该公司承担相应的法律责任。只有在《农村土地承包法》对此违法行为的法律后果没有规定时，法院才可以适用其他相关法律规定来判令其应承担的法律责任。

须说明的是：在确认本案土地经营权流转合同生效的情况下，原土地承包经营人龙某恩一家已经退出对该土地的经营管理，因而无权行使发包人才能行使的制止并主张赔偿的权利。

编写人：湖南省湘西土家族苗族自治州中级人民法院　胡基厚

30

如何认定涉及“买卖”集体土地合同的效力

——孙某龙诉齐某土地承包合同案

【案件基本信息】

1. 裁判书字号

吉林省长春市九台区人民法院（2017）吉0113民初1141号民事判决书

2. 案由：土地承包合同纠纷

3. 当事人

原告：孙某龙

被告：齐某

【基本案情】

齐某是长春市九台区波泥河镇下家村一组农户，1997年第二轮土地延包时有成员5口人，共分得五块承包地共1.5公顷，其中有一块承包地在齐某自己原房屋周围，面积为0.16公顷。2006年6月28日，孙某龙与齐某签订《契约》一份，约定：齐某将正瓦房14米前园2亩左右、水井一面、土上土下、正房右面有三米归买主所有，折合25100元，出售给本市本镇马兴村一社村民孙某龙长期所有，款项笔下交足。出售人：齐某，买房者：孙某龙。中间人张某、郃某龙、孙某福。双方在契约下方注明，齐某的土地转让时，如孙某龙耕种给合理租金。2015年6月，齐某向九台市农村土地仲裁委员会提出申请，要求裁决确认与被申请人孙某龙签订《契约》中的土地买卖行为无效，孙某龙将所买房屋周边的0.16公顷园田地返还给齐某。九台市农村土地承包纠纷仲裁委员会于2015年7月29日作出九农仲裁字（2015）21号仲裁裁决书，裁定：1. 齐某农户与孙某龙农户签订的房屋买卖契约中的承包地买卖行为无效，齐某农户享有卖给孙某龙住房东侧园田地（承包地0.16公顷）的承包经营权。2. 本裁决生效后，孙某龙应将从齐某农户买来的住房东侧园田地（承包地0.16公顷）返还给齐某农户。孙某龙不服裁决向法院起诉。长春市九台区波泥河街道办事处卞家村民委员会证实，齐某在原房屋周围有二处土地，分别是“前园”和“房东责任田”。“前园”面积约0.0354公顷，此地由孙某龙耕种，双方当事人无争议，房东“责任田”面积是0.1431公顷。当地分地时规定的宅基地不计入承包地面积，超出宅基地的“园田地”要从承包地面积中扣除。

【案件焦点】

1. 孙某龙、齐某签订的《契约》中关于土地的约定形式是什么；2. 齐某在原房屋周围有二处土地，分别是“前园”和“房东责任田”，《契约》中约定的前园田地约二亩指的是哪块地块；3.《契约》所述“前园2亩左右”“齐某的土地转让时，如孙某龙耕种给合理租金”，双方当事人的真实意思如何。

【法院裁判要旨】

吉林省长春市九台区人民法院认为，《契约》中约定的土地是集体所有土地，除宅基地外都是齐某通过承包的形式取得土地经营权，齐某不享有上述土地的所有权，只有合同期内的经营权，双方当事人作为农村经济组织成员对此是应当知道的。无论《契约》中怎样描述，双方当事人的真实意思应当是承包期内的土地经营权的流转。《契约》中对土地的约定十分简单，只有“前园2亩左右”“齐某的土地转让时，如孙某龙耕种给合理租金”的描述。双方当事人争议的园田地实际上是由“前园”和“房东”两部分组成，两部分土地相连，“前园”地实际面积是0.0354公顷，此地由孙某龙耕种，双方当事人无争议，“房东”地实际面积0.1431公顷，双方当事人争议的实际是此地块。九台区农村宅基地面积是有明确规定的，宅基地面积根据家庭成员多少有两种，一种是270平方米，另一种是300平方米。当地农村所说的园田地，是指农村房屋周围，超出宅基地面积的土地，也是承包地的一部分，只是为了方便承包户，一般园田地不再对他人发包，但需在农户承包面积中扣除园田地面积，也就是说园田地是承包地的一部分。本案中从土地承包性质上无法区分《契约》中土地指的是哪块土地，但从契约中“前园约2亩”可以确定双方所说的地块具有下列特征，此地块位于出售房屋周围，面积约2亩。本案中，房前及房东土地都在房子周围，二地相连，二者面积相加约2亩。本案中争议的土地从房屋交易后至双方发生争议，在长达八年多的时间里一直由孙某龙耕种，双方并没有争议。争议土地的流转期限，虽然

《契约》中约定为长期，但齐某的经营权只到本轮土地承包期满，故此契约中关于长期的约定也只能到本轮土地承包期满。综上，依照《中华人民共和国土地法》第五条，《中华人民共和国农村土地承包法》第三十二条规定，判决如下：

孙某龙继续经营0.16公顷土地至本轮土地承包期限届满为止。

【法官后语】

土地是农民重要的生活来源，是农民最主要的生产资料，是农民生存的基本保障。我国是农业大国，三农问题一直是国家重点关注的对象。随着农业经济的不断发展以及农村经济格局的逐渐变化，与土地相关的纠纷也在增多。国家保护承包方的土地承包经营权，也鼓励土地承包经营权的合法、有序流转，任何组织和个人不得侵犯。农村土地归集体所有，承包人享有的只是承包土地的经营权，无权将自己的承包地出售给他人。我国法律对农村土地流转作出限制性的规定，主要是基于两个方面的考虑，其一是我国土地的所有权性质，其二是最大限度地保护农民对承包地的经营权，从而保障农民基本生活需求。在我国现行的法律框架下，土地是禁止买卖的。现实生活中经常有农民在土地流转合同中表述为将承包地“长期”“卖”给他人的现象。在审判实践中，我们不能只从字面去理解，而应根据有关集体土地的法律规定和农村土地政策，结合合同的实际履行情况，准确理解当事人在土地流转合同中的真实意思表示。如果局限于合同的字面表达，简单判定“买卖土地”合同无效，不仅曲解了当事人的真实意思，损害土地流转双方的合法权益，而且将阻碍农村土地的有序流转。就本案而言，双方当事人作为农村经济组织成员应当知道，农户承包的农村土地属集体所有，农户只是在一定期限内享有土地的使用权，其在涉案合同中的真实意思应当是在承包期内的土地经营权的流转。但是由于法律知识、文化水平的限制，在涉案合同中使用了“出售”“买主所有”的字样，为了充分保护双方当事人的合法权益，稳定长期形成的土地经营现状，法院未简单认定涉案合同无效，而是从合同的真意以及实际履行情况出发，认定双方存在土地承包经营权流转关系。而对于土地流转期限，因受制于原承包经营权的期限，故认定只能到本轮土地承包期满。采取这样的审理思路，才能在法律框架内最大限度地保护土地流转双方当事人的合法权益。

编写人：吉林省长春市九台区人民法院　丁忠敏

五、土地承包经营权互换纠纷

31

土地承包经营权互换口头协议的效力认定

——罗某伟诉罗某辉土地承包经营权案

【案件基本信息】

1. 裁判书字号

广东省梅州市梅县区人民法院（2017）粤1403民初1567号民事判决书

2. 案由：土地承包经营权纠纷

3. 双方当事人

原告：罗某伟

被告：罗某辉

【基本案情】

1998年12月25日，梅县人民政府向罗某伟户颁发了《土地承包经营权证》，据该证书记载：户主为罗某伟，该户在梅县区南口镇瑶美村平整地块（段）分得0.278亩责任田。同日，梅县人民政府向罗某辉户颁发了《土地承包经营权证》，据该证书记载：户主为罗某云，该户在梅县区南口镇瑶美村上荒田地块（段）分得约0.136亩责任田。上述地块属于同一集体经济组织，罗某伟、罗某辉是同一集体经济组织成员。罗某辉与罗某云是夫妻关系，罗某云户同意由罗某辉代表其家庭户参与诉讼。

罗某伟、罗某辉两户在分得上述地块的责任田后，为方便就近耕作，经双方口头协商一致，罗某伟户将平整地块（段）其中约0.139亩责任田与罗某辉户上荒田地块（段）的责任田约0.136亩进行互换，互换未向发包方备案。互换后双方各自在互换后的土地上耕种至今，迄今互换耕作近二十年。近期，罗某伟户想与罗某辉户将互换地块换回，而罗某辉户不同意换回，双方因此发生纠纷，经梅县区南口镇人民调解委员会调解未果，罗某伟遂起诉。

【案件焦点】

罗某伟、罗某辉之间的土地承包经营权互换是否有效。

【法院裁判要旨】

广东省梅州市梅县区人民法院经审理认为：2009年《中华人民共和国农村土地承包法》第四十条规定，“承包方之间为方便耕种或者各自需要，可以对属于同一集体经济组织的土地的土地承包经营权进行互换。”《农村土地承包经营权流转管理办法》第十七条规定，“同一集体经济组织的承包方之间自愿将土地承包经营权进行互换，双方对互换土地原享有的承包权利和承担的义务也相应互换，当事人可以要求办理农村土地承包经营权证变更登记手续”。第三十五条第四款规定，“互换是指承包方之间为方便耕作或者各自需要，对属于同一集体经济组织的承包地块进行交换，同时交换相应的土地承包经营权”。本案中，罗某伟户与被告罗某辉户系同一集体经济组织成员，双方为方便就近耕作，经口头协商一致，对各自承包的属于同一集体经济组织的土地进行互换，耕种至今近二十年。虽然双方未按照法律规定签订书面的互换协议，但《中华人民共和国合同法》第三十六条规定，“法律、行政法规规定或者当事人约定采用书面形式订立合同，当事人未采用书面形式但一方已经履行主要义务，对方接受的，该合同成立”。本案当事人双方在协商一致后，相互已实际交付各自承包的土地进行耕种近二十年，因此其口头互换协议对双方具有约束力。

《最高人民法院关于审理涉及农村土地承包纠纷案件适用法律问题的解释》第十四条规定，“承包方依法采取转包、出租、互换或者其他方式流转土地承包经营权，发包方仅以该土地承包经营权流转合同未报其备案为由，请求确认合同无效的，不予支持。”因此，未经备案亦不能否认协议的效力。

根据以上事实并结合法律法规对土地互换的定义及认定条件，罗某伟户与罗某辉户互换土地承包经营权进行耕种的行为合法有效。罗某伟请求确认其与罗某辉之间的土地承包经营权互换无效，罗某辉归还互换的现坐落在梅县区南口镇瑶美村西一组河坝平整地约 0.138 亩土地承包经营权给罗某伟的诉讼请求于法无据，不予支持。

依照《中华人民共和国合同法》第三十六条，《中华人民共和国农村土地承包法》第十七条、第四十条，《最高人民法院关于审理涉及农村土地承包纠纷案件适用法律问题的解释》第十四条以及《中华人民共和国民事诉讼法》第六十四条规定，判决如下：

驳回罗某伟的诉讼请求。

【法官后语】

近年来，土地承包经营权案件渐增，案情纷繁复杂审理难度越来越大。在农村，村民们为了耕作方便或更充分利用土地等原因进行土地承包经营权互换是常有的事，但是由于法律意识淡薄或法律知识欠缺，导致因不同集体经济组织成员互换土地承包经营权、未签订书面土地承包经营权互换合同、未明确约定土地承包经营权互换时间等引起的纠纷不断。实践中，认定土地承包经营权互换口头协议是否有效是审理此类案件的重点难点，一般来说，需要通过审查是否违反法律或行政法规的强制性规定、合同义务的履行情况等因素综合认定。

1. 土地承包经营权互换的主体。根据《农村土地承包法》第五条、第十五条、第十六条、第三十二条的规定，有权承包农村土地的是本集体经济组织的农户，本集体经济组织的农户通过家庭承包取得的土地承包经营权可以依法采取互换等方式流转。因此，只有双方是属于同一集体经济组织的农户才能互换农村土地承包经营权，不属于同一集体经济组织的农户不能互换农村土地承包经营权，如果双方互换，则由于违反了法律的强制性规定，应属无效，双方应互相返还土地。

2. 土地承包经营权互换的客体。根据《农村土地承包法》第二条、第五条、第十七条、第三十二条、第三十三条、第四十条的规定，农村土地，是指农民集体所有和国家所有依法由农民集体使用的耕地、林地、草地，以及其他依法用于农业的土地。农村集体经济组织成员有权依法承包由本集体经济组织发包的农村土地。互换是对通过家庭承包取得的土地承包经营权进行流转的一种方式，不仅包括对承包地块进行交换，也包括对承包地块相应的权利义务进行交换，并且不得改变土地的农业用途。因此，用以进行土地承包经营权互换的土地必须是属于同一集体经济组织的农村土地，互换后，农户对原土地承包关系消灭，对互换后的土地成立新的土地承包关系。

3. 土地承包经营权互换的形式。根据《农村土地承包法》第三十七条规定，互换土地承包经营权的双方当事人应当签订书面合同，且应当报发包方备案，但是这只是一种取缔性规范而非效力性规范，即土地承包经营权的有效互换不以书面合同和备案为要件。

根据《合同法》第十条、第三十六条规定，当事人订立合同，有书面形式、口头形式和其他形式。以口头形式订立的合同，如果当事人一方已经履行了全部义务或主要义务，且另一方已经接受了履行的，应当确认合同成立；如果在合同履行过程中，另一方当事人仅仅是对非必要条款发生争议的，也应当认定合同成立。因此，未签订土地承包经营权互换的书面合同并不必然导致该互换合同无效或不成立，只要双方具有完全民事行为能力，互换意思表示真实，且不违反法律法规规定，不损害国家利益、社会公共利益，那么口头互换协议就对双方都具有约束力，应当认定为有效。

根据《农村土地承包法》第三十八条规定，“土地承包经营权采取互换、转让方式流转，当事人要求登记的，应当向县级以上地方人民政府申请登记。未经登记，不得对抗善意第三人”，以及《最高人民法院关于审理涉及农村土地承包纠纷案件适用法律问题的解释》第十四条规定，“承包方依法采取转包、出租、互换或者其他方式流转土地承包经营权，发包方仅以该土地承包经营权流转合同未报其备案为由，请求确认合同无效的，不予支持”。可知，只要承包方是依法互换土地承包经营权，虽然未经登记或未报发包方备案，也不必然导致合同无效，未经登记只是不得对抗善意第三人。况且，当前我国农村土地承包经营权流转合同的备案制度还不完善，我国农村村民的法律意识还比较弱，如果将合同备案作为合同能否生效的条件，不仅不利于保护广大农民的切身利益，也不利于维护农村土地承包经营权的流转秩序，不符合我国农村的客观实际。

综上，本案双方当事人虽然只是口头协议互换土地承包经营权，没有签订书面合同，也没有登记备案，但是该口头协议是双方当事人的真实意思表示，协议内容也符合法律法规的规定，且双方在互换的土地上已经实际耕种了近20年，因此应认定其土地承包经营权互换协议有效，双方对互换的土地享有土地承包经营权。

编写人：广东省梅州市梅县区人民法院　郑梦丽

32

农村土地承包经营权可以依法互换

——邱某兰等诉万某根、陈某良土地承包经营权互换合同案

【案件基本信息】

1. 裁判书字号

江西省金溪县人民法院（2017）赣1027民初554号民事判决书

2. 案由：土地承包经营权互换合同纠纷

3. 当事人

原告：邱某兰、陈某一、陈某二

被告：万某根、陈某良

【基本案情】

20世纪80年代，金溪县浒湾镇下陈村委会下陈村小组落实农村土地承包经营制度，将农田发包给农户承包经营。邱某兰一家取得包括位于下陈组湖荣老大圳外2.5亩田在内的共4亩多田的承包经营权，在耕种数年后，邱某兰与丈夫陈某泉全家外出务工，为不使土地抛荒被集体收回，将土地交给陈某良（陈某良妻子与陈某泉为兄妹关系）耕种，由陈某良每年代交购粮及补差价。2000年，为方便耕种，万某根的父亲提出与陈某良交换包括邱某兰家湖荣老大圳外2.5亩在内的田。陈某良在征得陈某泉同意后，以自己的2.6亩田换来邱某兰、陈某泉家在湖荣老大圳外2.5亩田，再将自己其他的田与该2.5亩田一起与万某根的父亲交换至今。交换之后，邱某兰全家的田继续由陈某良耕种，直至2008年陈某泉因病去世。邱某兰将全家的田交由名叫水根的人耕种，因为水根给的稻谷质量不好，又将田收回交由陈

某泉弟弟陈友某耕种，但因陈友某长年在外做石匠，便再次将田交由陈某良耕种，由陈某良每年给付400斤谷或400元钱用于供养陈某泉母亲张某娇。

邱某兰与陈某泉于1979年结婚，婚后生育了陈某一、陈某二，陈某泉2008年7月31日因病去世。2007年3月，万某根开始在案涉田里栽种橘子树，至今尚有30余棵，其中14棵已经挂果，其他橘子树都有3～4年的树龄。现邱某兰、陈某一、陈某二欲收回案涉土地，与陈某良、万某根发生纠纷。2017年2月8日，金溪县浒湾镇下陈村委会组织三方当事人进行了调解。3月1日，金溪县浒湾镇人民政府再次组织三方当事人进行调解。

【案件焦点】

本案中土地承包经营权互换合同是否有效。

【法院裁判要旨】

江西省金溪县人民法院经审理认为：通过家庭承包取得的土地承包经营权可以依法采取转包、出租、互换等方式流转。承包方之间为方便耕种或者各自需要，可以对属于同一集体经济组织的土地承包经营权进行互换。本案中，邱某兰和陈某泉夫妻、陈某良、万某根父亲系同一集体经济组织成员，万某根父亲为耕种方便提议互换土地，三方同意互换各自家庭享有的土地承包经营权而达成口头互换协议，该口头互换协议不违反法律、行政法规的强制性规定，合法有效。互换后，双方不再对各自互换出去的土地享有土地承包经营权，而对各自互换后取得的土地享有土地承包经营权，实际上三方也已经一直这样履行了17年。现邱某兰、陈某一、陈某二主张陈某良在2007年3月擅自将案涉土地与万某根互换，要求收回土地。但案涉土地交换发生于2000年，陈某泉作为户主，其有权代表全家对承包土地进行处分，即便陈某泉未告知邱某兰等家庭成员，也属其家庭内部的决策行为，不应影响土地经营权互换合同的效力。邱某兰、陈某一、陈某二认为陈某良无权处分，既未提交证据证明，也与长达17年互换土地的事实不相符。依照《中华人民共和国农村土地承包法》第三十二条、第四十条，《中华人民共和国合同法》第四十四条第一款，《中华人民共和国民事诉讼法》第六十四条第一款规定，判决如下：

驳回邱某兰、陈某一、陈某二的诉讼请求。

【法官后语】

关于对土地承包经营权互换的理解。土地承包经营权互换，是土地承包经营权人将自己的土地承包经营权交换给他人行使，自己行使从他人处换来的土地承包经营权。互换从表面上看是地块的交换，但从性质上看，是由交换承包的土地引起的权利本身的交换。权利交换后，原有的发包方与承包方的关系，变为发包方与互换后的承包方的关系，双方的权利义务同时做出相应的调整。互换是一种互易合同，互易后，互换的双方均取得对方的土地承包经营权，丧失自己的原土地承包经营权。互换土地承包经营权，是农户在自愿的基础上，在同一集体经济组织内部，对人人有份的承包经营权进行的交换。该种交换改变了原有的权利分配，涉及承包义务的履行。由于土地承包经营权互换通常都是对等的，也未剥夺互换双方的土地承包经营权，因此，只要不违反法律、不侵害他人的合法权益，发包方就不应干涉。

需要注意的是：第一，土地承包经营权互换只是土地承包经营权人改变，不是土地用途及承包义务的改变，互换后的土地承包经营权人仍然要按照发包时确定的该土地的用途使用土地，履行该地块原来负担的义务，如发包时用于种植粮食作物的地块，承包经营权互换后不能用于开挖鱼塘；承包某地块需要交纳的税费，承包经营权互换后，仍要按原标准交纳。第二，家庭承包的土地，不仅涉及集体经济组织的土地权属，也关系农户的生存保障。因此，承包方不能与其他集体经营组织的农户互换土地承包经营权。

关于家庭承包取得的土地承包经营权互换的处分权。农村土地承包经营权的主体是农村集体经济组织的成员，通称村民。村民是集体组织的成员，基于成员权，每个村民对集体所有的土地都享有承包经营权。这种土地承包经营权具有农村福利性质，不论长幼，不论男女，凡村民人人有份，它是村民赖以生存的民事权利。陈某泉作为户主，其有权代表全家对承包土地进行处分，即便陈某泉未告知邱某兰等三原告，也属其家庭内部关系范畴，不应影响对外的土地承包经营权互换合同的效力。

编写人：江西省金溪县人民法院　陈长青

33

双方口头达成协议并已长期履行的土地互换行为是互换耕种还是互换土地承包经营权

——李某军诉李某贵、杨某金承包地征收补偿费用分配案

【案件基本信息】

1. 裁判书字号

湖南省泸溪县人民法院（2017）湘3122民初259号民事判决书

2. 案由：承包地征收补偿费用分配纠纷

3. 当事人

原告：李某军

被告：李某贵、杨某金

【基本案情】

大约20多年前，李某贵及其女婿杨某金为耕种方便，找到李某军的父亲李某来，要求用承包的麻溪垅田与李某来承包的毛不冲田互换。双方经口头协商同意互换后，李某来花了2000余元，请人将换来的麻溪垅田田坎重新修砌整理，之后于1998年分家时，将该麻溪垅田分给李某军耕种，而李某贵也将换来的毛不冲田交给杨某金耕种。20多年来，李某军和杨某金一直都在互换后的土地上耕种，双方虽然未办理土地权属变更登记，但却从未对该互换土地的权属发生过争议，杨某金还在2016年将毛不冲田改为林地，栽种了茶树。麻溪村村委会知悉双方换田事实，一直未表示异议。2016年，因修建二级公路，麻溪垅田被征收，李某贵、杨某金便否认此前互换土地行为，要求领取麻溪垅田二级公路征地补偿款，且经村里多次协调无果。原告提起诉讼，要求确认该麻溪垅田被征收后的土地补偿款归原告所有。

【案件焦点】

1. 双方口头达成的土地互换行为是互换耕种还是土地承包经营权互换；2. 土地互换行为是否合法有效。

【法院裁判要旨】

湖南省泸溪县人民法院经审理认为，依照我国相关民事法律规定，民事主体从事民事活动，应当遵循诚实信用原则，秉持诚实，恪守承诺。同一集体经济组织成员间为方便耕种进行的土地互换，原土地承包经营权的权利主体即发生变更，所以原土地上所享有的承包权利和承担的义务也相应互换，亦即原土地权属发生了转移互换后，双方对互换土地原享有的承包权利和承担的义务也相应互换，并且双方可以要求办理农村土地承包经营权证变更登记手续。现李某贵、杨某金辩称本案土地互换只是互换耕种而非互换权属，应当对此提供证据，证明双方互换土地耕种时另有特别约定，约定双方只是互换耕种而不是互换权属。李某贵、杨某金在本案中只提交土地承包使用证来证明，未提交其他相关证据佐证，故不足以证明其反驳事实主张。因此，李某贵、杨某金的辩称理由与法相悖，亦和当前农村互换土地进行耕种即土地承包经营权主体发生变更的客观实际不相符。国家保护承包方依法、自愿、有偿地进行土地承包经营权流转，互换是经营权权利主体发生变更的土地承包经营权流转。只要双方当事人意思表示一致，且不损害他人利益，即为有效。同时，《中华人民共和国合同法》也明确规定，合同除采取书面方式外，也可以采用口头方式或者其他方式。本案中，李某来与李某贵、杨某金双方口头达成的土地互换行为未违反我国法律的禁止性规定，因此互换合法有效。互换后，双方可以要求办理农村土地承包经营权证变更登记，也可以不办理变更登记。未办理变更登记，依照《中华人民共和国物权法》第一百二十九条规定，只产生不得对抗善意第三人的法律效力。基于李某来与李某贵、杨某金双方在互换土地后已实际履行多年，应当遵循诚实信用原则继续履行，不得因互换后原承包土地现在被征收而予以反悔。

李某来与李某贵、杨某金互换土地后，现李某军已经实际成为麻溪垅田的土地承包经营权人，依法应当享有该土地被征收后所得的土地征收补偿款。

湖南省泸溪县人民法院依照《中华人民共和国民法总则》第七条，《中华人民共和国农村土地承包法》第三十二条、第四十条，《中华人民共和国物权法》第十五条、第三十三条、第一百二十九条，《农村土地承包经营权流转管理办法》第十七条规定，作出如下判决：

李某军与李某贵、杨某金争议的麻溪垅田征收补偿款为李某军所有。

【法官后语】

《农村土地承包法》第三十二条规定：通过家庭承包取得的土地承包经营权可以依法采取转包、出租、互换、转让或者其他方式流转。第四十条规定，承包方之间为方便耕种或者各自需要，可以对属于同一集体经济组织的土地的土地承包经营权进行互换。《农村土地承包经营权流转管理办法》第十七条同一集体经济组织的承包方之间自愿将土地承包经营权进行互换，双方对互换土地原享有的承包权利和承担的义务也相应互换。本案中，双方当事人对于曾经互换承包地的事实没有争议，但李某贵、杨某金认为是“互换耕种”而非“互换土地权属”，即不是承包经营权的互换，所以双方应分别享有各自原承包土地的权利，其该主张显然没有法律依据支撑。首先，从土地承包经营权的含义看，其主要内容是承包使用、收益集体所有或国家所有的土地的权利，而耕种是使用土地的形式之一，需先有承包经营权，方可对土地进行耕种等方式的利用并收益。其次，从前述有关法律规定看，在我国，互换承包地是土地承包经营权流转的方式之一，互换耕种只是形式，其实质是土地承包主体以及土地承载的权利义务的互换。最后，双方当事人互换承包地长达20余年，一直在各自互换后的土地上耕种并收益且无争议，发包方也无异议，应认为各自已经按照互换后的土地形成了新的承包关系。故李某贵所称只是互换耕种而未互换承包经营权没有法律和事实依据，不能成立。现国家因修路征收的是涉案的麻溪拢田，根据双方当事人互换承包地的效力，该土地的承包权利人是李某军，土地被征收的补偿对象也就是李某军，相应的征地补偿款应当归其所有。

编写人：湖南省泸溪县人民法院　曹必云

34

土地承包经营权互换依法受保护

——寇某科诉刘某正土地承包经营权案

【案件基本信息】

1. 裁判书字号

陕西省商洛市商州区人民法院（2017）陕1002民初325号民事判决书

2. 案由：土地承包经营权纠纷

3. 当事人

原告：寇某科

被告：刘某正

【基本案情】

寇某科与刘某正系同村村民，1999年，寇某科用自己位于本组槐树坪的承包土地0.2亩与本组村民寇某利、寇文某位于本组圪塔坪的承包土地0.2亩进行互换耕种；2015年，寇某科用自己位于本组槐树坪承包土地0.1亩与本组村民刘念某位于本组圪塔坪承包土地0.1亩进行了互换耕种，并对以上互换的承包土地在美丽乡村建设土地流转时进行了登记，以上互换的三块承包土地相连接畔。2016年3月，刘念某去世，因刘念某系五保户，经村委会干部及同族商议刘念某由刘某正负责埋葬，对于刘念某的一切财产由刘某正继承。刘某正埋葬刘念某后以无互换土地事实为由耕种了寇某科互换所得的位于圪塔坪0.3亩承包土地，寇某科要求刘某正返还互换的承包土地，并经村镇多次调解未果，遂提起诉讼，请求判令刘某正将寇某科位于圪塔坪0.3亩土地承包经营权交由寇某科经营管理。

【案件焦点】

如何认定口头约定土地承包经营权互换的合同效力。

【法院裁判要旨】

陕西省商洛市商州区人民法院经审理认为：农村集体经济组织成员有权依法承包由本集体经济组织发包的农村土地。任何组织和个人不得剥夺和非法限制农村集体经济组织成员承包土地的权利。土地承包方之间为方便耕种或者各自需要，可以对属于同一集体经济组织的土地的土地承包经营权进行互换。寇某科与寇某利、寇文某、刘念某属于同一集体经济组织成员，为方便各自需要在平等、自愿的基础上达成承包土地互换协议，案涉互换承包土地合同系当事人的真实意思表示，且已实际履行并进行了登记，该互换合同合法有效，故寇某科请求互换土地的承包经营权归其所有于法有据，应予支持。刘某正提出寇某科与刘念某互换承包土地未形成任何合同、协议，双方之间并无互换土地事实的观点，经查，寇某科与刘念某虽未签订土地互换合同，但双方口头约定后进行了登记，且已实际履行，故寇某科与刘念某之间互换土地的事实清楚，对于刘某正的观点不予采纳。

陕西省商洛市商州区人民法院依照《中华人民共和国农村土地承包法》第五条、第四十一条、第五十一条，《中华人民共和国合同法》第十条、第四十四条规定，作出如下判决：

刘某正将寇某科位于商州区腰市镇寇村村五组圪塔坪0.3亩土地的土地承包经营权交由寇某科经营管理。限判决生效之日起三十日内交付。

【法官后语】

随着农村经济的发展，尤其是国家基本农业政策的调整，农民的维权意识不断增强，涉及农村土地承包经营权纠纷的案件逐渐增多，因互换土地产生的纠纷也时有发生。《农村土地承包法》第三十二条规定："通过家庭承包取得的土地承包经营权可以依法采取转包、出租、互换、转让或者其他方式流转。"故农村土地承包方之间为方便耕作或者各自需要，对属于同一集体经济组织的承包地块可以进行交换，同时交换相应的土地承包经营权。互换是一种互易合同，互易后，互换的双方均取得对方的土地承包经营权，丧失自己的原土地承包经营权。互换的农户达成互换协议之后还应与发包人变更原土地承包合同。这种互换不是任意性的，必须依照有关法律、法规进行。首先，互换不得改变土地所有权属性和权属关系；其次，互换土地不得改变土地用途；最后，互换的期限不得超过承包期的剩余期限。目前，农村土地承包经营权互换主要有两种形式，一是口头形式，二是书面形式。无论互换双方采用的是书面形式还是口头协议形式，有下列情况之一的，应根据《合同法》第五十二条和《农村土地承包法》第三十三条之规定，认定互换土地协议无效：1. 损害国家利益，社会利益或者对抗善意第三人的；2. 采取欺诈、胁迫或者其他不正当手段签订合同的；3. 不属于同一集体经济组织的承包人互换土地承包经营权的；4. 法律、法规规定的其他情况的。该案中，寇某科先后用自己位于本组的承包土地与本组村民寇某利、寇文某及刘念某位于本组的承包土地进行互换耕种，虽然都是口头约定，但寇某科与其他三人属于同一集体经济组织成员，他们为了满足各自需要在平等、自愿的基础上达成承包土地互换协议并进行了登记，且已实际履行该互换协议，该互换协议也未违反法律规定，则该协议合法有效，故寇某科与刘念某互换土地的事实清楚，依法对该争议土地享有承包经营权，对于寇某科的诉请应依法应予以支持。

编写人：陕西省商洛市商州区人民法院　柴　蓓

35

土地互换协议效力的认定

——代某久诉滦南县青坨营镇小代庄村民委员会土地承包经营权案

【案件基本信息】

1. 裁判书字号

河北省唐山市中级人民法院（2017）冀02民终6760号民事判决书

2. 案由：土地承包经营权纠纷

3. 当事人

原告（被上诉人）：代某久

被告：滦南县青坨营镇小代庄村民委员会（以下简称小代庄村委会）

第三人（上诉人）：李某洪

第三人：李某生、代某亮

【基本案情】

2000年1月1日，小代庄村经济合作社即小代庄村委会与李某洪签订土地承包合同书，约定：小代庄村委会将集体耕地7.5亩（其中枇杷地1.8亩，趏坨西1.8亩，蛤蟆坑2.1亩）承包给李某洪，承包期限为30年，从2000年1月1日至2030年12月31日。合同上加盖小代庄经济合作社及鉴证机关滦南县青坨营镇经营管理站的印章，小代庄经济合作社法人代表刘某春及李某洪在合同上签字确认。同日，小代庄村经济合作社与李某生签订土地承包合同书，约定：小代庄村委会将集体耕地7.5亩（其中枇杷地1.8亩，趏坨西1.8亩，蛤蟆坑2.1亩）承包给李某生，承包期限为30年，从2000年1月1日至2030年12月31日。合同上加盖小代庄经济合作社及鉴证机关滦南县青坨营镇经营管理站的印章，小代庄经济合作社法人代表刘某春及李某生在合同上签字确认。分地后，李某洪的承包地由李某生经营，其实际经营李某洪与李某生蛤蟆坑承包地块共计4.75亩。后李某生将其与李某洪位于蛤蟆坑的承包地块与代某久承包地块互换。

2013年3月3日，代某亮与代某久经协商签订互换土地合同书，内容为：代某亮将崔家土地3.5亩（其中0.5亩是壕沟，归代某亮所有；按3亩计算）与代某久用村东土地4.8亩互换，因亩数不等，代某亮每年补偿代某久900元整，互换年限到调整土地为止，互换之后到调整土地期间双方不得反悔。2016年，因修建“水曹铁路”（迁安水厂到曹妃甸的铁路）国家进行征地，每亩征地经济补偿66000元，其中20%款项归村集体，80%款项归承包经营户，涉案承包地块实际经营为4.75亩，应发放给承包经营户的经济补偿款为250800元，因涉案承包地块的经营权存在争议，小代庄村委会至今尚未发放上述款项。2016年1月7日，代某久与代某亮签订协议书，约定原调换的土地不再调换，即涉案土地蛤蟆坑4.2亩承包地（实际经营为4.75亩）的经营使用权仍归代某久所有。庭审中，代某亮提出，代某久与其于2016年1月7日签订的协议书系在代某久胁迫下签订的，属无效合同，但未能提供证据予以证实。

【案件焦点】

1. 如何确认争议的土地承包经营权权属；2. 涉案土地的补偿款如何分配。

【法院裁判要旨】

河北省滦南县人民法院经审理认为：李某生在承包分地不久后将登记在自己名下以及登记在李某洪名下的承包地块与代某久承包的土地进行了置换，该行为系双方真实意思表示，且双方已将置换的土地投入使用并已取得收益多年。其间，李某洪并未提出异议，视为李某洪对置换行为予以认可，故应认定李某生与代某久置换承包地块的行为合法有效。代某久取得李某生、李某洪承包土地的经营使用权。2013 年 3 月 3 日，代某亮与代某久达成协议互换土地即代某亮将崔家土地 3.5 亩与代某久用村东土地 4.8 亩（其实际经营为 4.75 亩，土地使用证注明共计 4.2 亩）即涉案土地互换；2016 年 1 月 7 日，代某久与代某亮再次签订协议书，达成协议认可原调换的土地不再调换，以上两份协议均系双方真实意思表示，亦不违反国家法律、法规的强制性规定，且双方均在上述协议上签字确认，应认定合法有效。庭审中，代某亮提出 2016 年 1 月 7 日其与代某久签订的协议系代某久胁迫下签订的不公平协议应属无效之主张，因未能提供证据予以证实，不予支持。2000 年 1 月 1 日，小代庄村委会与李某生、李某洪签订土地承包合同，原李某生、李某洪各自分得蛤蟆坑处承包土地 2.1 亩，共计 4.2 亩，与本案争议地块 4.75 亩存有 0.55 亩的差异，庭审中，代某久、小代庄村委会及李某洪、李某生均认可面积存在的差异系因分地丈量时，实际给承包户多分得土地，经济补偿款是以实际经营亩数为计算标准发放，但因上述 0.55 亩土地均未明确其权属，本案不再涉及，故以按 4.2 亩承包地块为基准计算经济补偿款为宜，即涉案经济补偿款为 4.2 亩 ×52800 元 =221760 元。《河北省农村土地承包条例》第十六条规定，“以家庭承包方式取得的土地承包经营权可以依法采取转包、出租、互换、转让、入股或者其他方式进行流转”；第二十四条规定，“同一集体经济组织的农户，无书面互换合同但双方当事人已经形成相互经营对方承包地两年以上的事实，除当事人能够提供不是互换的有效证明或者双方认可的口头协议外，按照互换处理”。本案中，代某久通过互换取得 4.2 亩涉案地块经营使用权并实际经营多年，故小代庄村委会应按规定将 4.2 亩经济补偿款足额发放给代某久。依照《中华人民共和国土地承包法》第十六条、第三十二条，《中华人民共和国合同法》第四十八条、第五十二条、第五十四条、第六十条，《河北省农村土地承包条例》第十六条、第二十四条规定，判决如下：

一、小代庄村委会给付代某久经济补偿款221760元。本判决生效即履行；

二、驳回李某生、李某洪、代某亮的诉讼请求。

李某洪不服一审判决，提出上诉。河北省唐山市中级人民法院经审理认为：李某生在2000年承包分地不久后将在自己名下以及登记在李某洪名下承包地块与代某久承包土地进行了置换，上述行为系双方真实意思表示，且双方在置换的土地上投入使用并已取得收益多年。其间李某洪并未提出异议，应视为李某洪对置换行为予以认可，故应认定李某生与代某久置换承包地块的行为合法有效。唐山市中级人民法院依照《中华人民共和国民事诉讼法》第一百七十条第一款第（一）项规定，作出如下判决：

驳回上诉，维持原判。

李某洪不服二审判决，向河北省高级人民法院申请再审。该院经审查认为：2000年1月1日，小代庄村经济合作社与李某洪签订了土地承包合同书。李某生则在承包分地不久后就将登记在自己名下以及登记在李某洪名下的承包地块与代某久承包的土地进行了置换，且双方已将置换的土地投入使用并已取得收益多年。李某洪在十余年的时间里始终对此未提出任何异议，现其称对上述事实不知情既违反诚实信用原则，也违反基本常理，不予采信。

原审庭审中，各方当事人均认可争议的承包土地面积与实际亩数之间存在0.55亩差异，多出的0.55亩土地系分地丈量时多分给承包户的。既然争议双方置换土地的事实成立，置换后发现多出的土地亩数也与前承包人李某洪等无关，不存在李某洪申诉所称的代某久不当得利问题，原审判决并无不当。

原审法院判决日期是2017年10月30日，无论代某久于2017年春申报其原"庄南4.2亩"的目的是什么，系在法院尚未就换地事宜最终确权前。因此，其申报并不产生确权效力，也对本案事实认定无影响。代某久、小代庄村委会、李某生、代某亮等拒绝出庭，法院缺席判决于法有据。另外，《河北省农村土地承包条例》属于地方性规章，原审法院依据该规章审理案件并无不当。

综上，李某洪的再审申请不符合《中华人民共和国民事诉讼法》第二百条规定的情形。依照《中华人民共和国民事诉讼法》第二百零四条第一款，《最高人民法院关于适用〈中华人民共和国民事诉讼法〉的解释》第三百九十五条第二款规定，裁定如下：

驳回李某洪的再审申请。

【法官后语】

土地问题是农民最大的民生问题，涉及农民最核心的利益，而土地使用权的流转，其本质就是农民土地权益的大调整。近年来，国家相继出台一系列农村土地流转的政策，其目的也是推进农村土地使用权的有序流转，以充分保障农民权益，促进农民增收、农业增效，维护农村稳定。当前农村土地流转的主要类型为转包、出租、互换、转让、股份合作等方式。而土地互换作为土地经营权流转的一种方式，是基于承包方之间为方便耕作或其他需要，对承包地块进行交换，同时交换相应的土地承包经营权的民事法律行为。目前，农村土地承包户之间互换土地的现象较为常见，但由于农民法律意识的欠缺，由此引发的纠纷也不在少数，如土地互换双方未签订书面合同、土地互换未报发包方备案、土地互换期限约定不明的现象比比皆是，致使土地互换合同的效力难以认定，给案件处理带来了一定困难，具体从以下几个方面来分析：

1. 关于当事人达成口头土地互换协议效力的认定

按照《农村土地承包法》第三十七条规定，土地承包经营权流转，当事人双方应当签订书面合同，但在实践中，互换双方习惯以口头协议的方式置换土地使用，可在实际履行过程中又对约定义务的遵守缺乏自觉性，导致的矛盾纠纷也越来越多。就涉及口头约定土地互换效力该如何认定的问题，实践中一般认为，按照农村善良风俗习惯，互换往往以口头方式约定，且以交付标的物作为互换关系成立的标志。如双方事人达成的口头约定系双方真实意思表示，不损害国家、集体以及他人的合法利益，且互换事实已实际发生，则本着从实际出发，尊重历史，面对现实的处理原则，应确认其效力，以维持农村良好的秩序。

2. 土地互换未报发包方备案，互换是否有效

《农村土地承包法》第三十七条第一款规定，“土地承包经营权采取转包、出租、互换、转让或者其他方式流转，当事人双方应当签订书面合同。采取转让方式流转的，应当经发包方同意；采取转包、出租、互换或者其他方式流转的，应当报

发包方备案。”《最高人民法院关于审理涉及农村土地承包纠纷案件适用法律问题的解释》第十三条规定，“承包方未经发包方同意，采取转让方式流转其土地承包经营权的，转让合同无效。但发包方无法定理由不同意或者拖延表态的除外”；第十四条规定，“承包方依法采取转包、出租、互换或者其他方式流转土地承包经营权，发包方仅以该土地承包经营权流转合同未报其备案为由，请求确认合同无效的，不予支持。”从上述法律和司法解释规定可以看出，采取互换等方式流转承包土地经营权的，应当报发包方备案，但备案与批准或同意具有不同的性质，备案是为了便于土地经营权流转管理，起着告知、登记和备查的作用，未备案亦不影响土地互换合同的效力。因此，在审判实践中，发包方或互换一方当事人仅以土地互换未报备案或者未经发包方同意为由，请求判决确认合同无效，应当不予支持。

3. 土地互换期限约定不明，互换期限的认定

在农村承包土地互换纠纷中，有的土地互换未约定期限，在这种情况下，一方当事人要求解除互换合同，就涉及对合同期限的认定问题。《最高人民法院关于审理涉及农村土地承包纠纷案件适用法律问题的解释》第十七条规定，“当事人对转包、出租地流转期限没有约定或者约定不明的，参照合同法第二百三十二条规定处理”。故在审判实践中，一种意见认为应按《合同法》第二百二十三条的规定处理，即当事人可以随时要求解除合同；但笔者认为上述司法解释的规定仅适用于承包土地转包、出租时未约定流转期限的情形，并不能适用于土地互换未约定期限的情形。因土地互换有别于土地转包、出租等方式的土地经营权流转，后两者并不发生土地承包经营权权利主体变更的法律关系，而土地互换是经营权权利主体发生变更的土地经营权流转，土地互换后，双方对互换土地原享有的权利义务也随之互换，当事人还可以办理土地承包经营权变更登记，也就是说，原土地承包经营权人已丧失了对原承包土地的经营权，对新换得的土地取得了经营权，对农村承包土地互换而言，其互换期限即为农村承包合同的期限，在农村土地承包合同期内，当事人不得主张解除互换合同。据此，在审判实践中，未约定流转期限的土地互换，当事人一方在农村土地承包合同期内主张解除互换合同的，如未有特殊情况，应不予支持。

因对互换土地的后果缺乏预见性，互换后遇到国家征收、征用等情况的，双方容易因征收补偿款的问题引起土地经营权权属纠纷。就本案而言，表面上看是代某

久要求小代庄村委会给付土地补偿款的纠纷，实则是代某久与李某生、李某洪、代某亮就涉案土地经营使用权的权属所产生的争议，因土地补偿款是对土地使用者造成损失的补偿，这也就意味着谁拥有土地经营使用权，谁就应该享有取得补偿款的权利。在广大农村，关于土地互换还有“换种不换地”之说，其含义是说承包经营主体未改变，而土地承包经营权流转的收益归互换方所有，因承包经营主体未改变，那么因土地征收的补偿款应归原承包者所有。换言之，“换种不换地”的说法，其实是当事人利用行政机关核发的土地经营权证书登记的经营主体要求互换协议无效。其实这是解读的偏差，农村土地的所有权归村集体，村集体发包给农户的是集体土地的经营使用权即用益物权，互换有别于其他方式的土地经营权流转，其后果是产生用益物权主体的变更，是经营权权利主体发生变更的土地经营权流转，土地互换后，双方对互换土地原享有的权利义务也随之互换，原土地承包经营权人已丧失了对原承包土地的经营权，对新换得的土地取得了经营权。因此，互换的田地承包经营主体已发生变化，并不是原权利证书所登记的主体。而土地征收导致土地承包经营权的灭失，直接影响到经营者今后的生活保障和经济收入，因此，土地补偿费在分配上应主要用于对经营者未来经济损失的补偿，是对承包经营权人失去实际承包经营权的一种补偿，因此这部分补偿应支付给事实上的土地经营权人，不是支付给土地承包经营证书上载明的权利主体。

综上，农户互换土地，目的是方便耕作，有利于促进农业生产的发展，应得到鼓励和支持。但因土地互换而引发的土地纠纷也是棘手的问题，一旦处理失当，就会激发矛盾，影响农村稳定。建议相关立法机构尽快出台相关法律、法规对农村土地互换协议的条件、效力作进一步明确规定，以便于在裁判中有明确的法律依据，更好地保护农民的合法权益，防止集体资产被侵蚀，维护农村稳定发展。

编写人：河北省滦南县人民法院　梁秀生

六、土地承包经营权出租纠纷

36

土地承包经营权出租合同不同于土地租赁合同，不适用《合同法》关于租赁期限最长不得超过二十年之规定

——苗某江诉刘某成土地承包经营权出租合同案

【案件基本信息】

1. 裁判书字号

河北省遵化市人民法院（2017）冀0281民初4143号民事判决书

2. 案由：土地承包经营权出租合同纠纷

3. 当事人

原告：苗某江

被告：刘某成

【基本案情】

苗某江与刘某成均为遵化市马兰峪镇峪河东村村民，双方临街相邻居住，苗某江居东，刘某成居西。1997年6月7日，苗某江与刘某成及案外人王×在中证人王某文、卢某的见证下签订了《土地租用协议书》，主要内容为：现将本村四队苗某山（即苗某江，遵化市马兰峪镇峪河东村村民委员会出具证明证实）、王×（甲方）土地租给刘某成（乙方）做车道使用，1. 在本村土地未调整之前土地使用权归刘某成，甲方不得永久堆放东西；2. 在本村土地调整后，土地户主不变，仍归乙方使用，如有变动，与甲方无关，乙方另行安排；3. 土地租用金，苗某山土地

长13m、宽4m，计款300元，王×土地长9.5m、宽4m，计款200元。协议签订时涉案土地均为采金回填坑，协议签订后刘某成如约支付了租金，并将涉案土地垫平，外侧建起围墙，最西侧住所后门处搭建了石棉瓦棚。2001年遵化市马兰峪镇峪河东村调整土地前，苗某江与王×互换了部分承包地，王×将租赁给刘某成使用的土地置换给苗某江，2001年调整土地时，苗某江户在村委会登记的承包地长55米、宽27米。苗某江提交的2016年4月6日遵化市马兰峪镇峪河东村村民委员会出具的证明记载其租赁给刘某成的土地为口粮地（农耕地），使用期限至2028年止。

【案件焦点】

苗某江要求刘某成返还《土地租用协议书》涉及土地的理由及依据是否成立。

【法院裁判要旨】

河北省遵化市人民法院认为，《中华人民共和国合同法》第二百一十二条规定："租赁合同是出租人将租赁物交付承租人使用、收益，承租人支付租金的合同。"《最高人民法院关于民事案件案由规定》在租赁合同纠纷案由下设包括土地租赁合同纠纷在内的四个案由，依据该规定，土地租赁合同是指国家将国有土地出租给使用者使用，由使用者支付租金的合同。因此，租赁合同的客体为租赁物，土地租赁合同的客体为国有土地。依据《中华人民共和国土地管理法》第八条关于"城市市区的土地属于国家所有。农村和城市郊区的土地，除由法律规定属于国家所有的以外，属于农民集体所有；宅基地和自留地、自留山，属于农民集体所有"和2009年《中华人民共和国农村土地承包法》第十二条关于"农民集体所有的土地依法属于村农民集体所有的，由村集体经济组织或者村民委员会发包；已经分别属于村内两个以上农村集体经济组织的农民集体所有的，由村内各该农村集体经济组织或者村民小组发包。村集体经济组织或者村民委员会发包的，不得改变村内各集体经济组织农民集体所有的土地的所有权。国家所有依法由农民集体使用的农村土地，由使用该土地的农村集体经济组织、村民委员会或者村民小组发包"之规定，土地的所有权人为国家或者农民集体，苗某江与刘某成于1997年6月7日签订的《土地租用协议书》涉及的土地为农村集体土地而非国有土地，苗某江仅享有承包经营权而非所有权，故该协议不属于土地租赁合同，本案亦不属于土地租赁合同纠纷。《中华人民共和国农村土地承包法》第三十二条规定："通过家庭承包取得的土地承包经营权可以依法采取转包、出租、互换、转让或者其他方式流转。"苗某江将其取得的家庭承包地经营权出租给刘某成，双方签订的《土地租用协议书》属于土地承包经营权出租合同，双方因履行合同发生的纠纷应属于土地承包经营权出租合同纠纷，所涉土地承包经营权最长租赁期限应依据《中华人民共和国农村土地承包法》第三十三条第（三）项关于"流转的期限不得超过承包期的剩余期限"之规定，而不应适用苗某江主张的《中华人民共和国合同法》第二百一十四条第一款关于租赁期限的规定，对苗某江依据该项法律规定主张租赁期限最长不得超过二十年，要求确认其与刘某成于 1997 年 6 月 7 日签订的《土地租用协议书》已于 2017 年 6 月 6 日到期，不予采信。苗某江与刘某成签订的《土地租用协议书》虽未明确约定具体期限，但约定了"在本村土地未调整之前土地使用权归刘某成""在本村土地调整后，土地户主不变仍归刘某成使用"，该约定不违反相关法律规定，合同当事人应当按照约定全面履行自己的义务，根据苗某江提交的 2016 年 4 月 6 日遵化市马兰峪镇峪河东村村民委员会出具的证明记载的苗某江租赁给刘某成的土地使用期限至 2028 年止，现本案诉争土地的承包经营权仍归苗某江享有，苗某江要求刘某成返还土地不符合协议的约定及相关法律的规定，对苗某江要求刘某成返还土地、清除地上附着物的请求，不予支持。苗某江依据《中华人民共和国合同法》第二百一十四条第一款规定主张《土地租用协议书》已于 2017 年 6 月 6 日到期依法不能成立，苗某江亦未能举证证明刘某成已付的租金是协议签订之日即 1997 年 6 月 7 日至 2017 年 6 月 6 日的费用、2017 年 6 月 7 日以后至土地调整前需再支付租金，故苗某江要求刘某成支付 2017 年 6 月 7 日以后的土地使用费的请求，理据不足，不予支持。

依照《中华人民共和国土地管理法》第八条，《中华人民共和国农村土地承包法》第十二条、第三十二条、第三十三条第（三）项，《中华人民共和国合同法》第六十条、第二百一十二条、第二百一十四条第一款，《中华人民共和国民事诉讼法》第六十四条第一款，《最高人民法院关于适用〈中华人民共和国民事诉讼法〉的解释》第九十条规定，判决如下：

驳回苗某江的诉讼请求。

【法官后语】

民事案件案由的确定，是民事案件立案和审判中不可回避的问题，正确确定民事案件案由，除有利于民事案件司法统计和案件管理外，最主要的作用是有利于人民法院准确确定案件诉争焦点和正确适用法律。确定民事案件案由的现行法律依据为最高人民法院2007年制定并于2011年2月18日修订的《民事案件案由规定》。确定民事案件案由一般是根据当事人主张的民事法律关系的性质，但是人民法院在审理案件后发现查明的法律关系与当事人主张的法律关系不一致时，应按查明的法律关系确定民事案件案由并适用相应的法律规定。具体到本案，苗某江主张的是土地租赁合同关系，如果不能正确区分土地承包经营权出租合同与土地租赁合同，则会进入误区，按照《合同法》第二百一十四条第一款关于租赁合同最长不得超过二十年的规定，确认苗某江、刘某成签订的《土地租用协议书》已于2017年6月6日到期。区分土地承包经营权出租合同与土地租赁合同，主要是看合同的客体是土地还是土地使用权，土地性质上是国有土地还是农村集体土地。依据《土地管理法》第八条和《农村土地承包法》第十二条之规定，苗某江与刘某成签订的《土地租用协议书》涉及的土地为农村集体土地而非国有土地，该协议的客体为苗某江对土地的使用权，故该协议应为土地承包经营权出租合同，而非土地租赁合同。正确确定案由后选定应当适用的法律为《农村土地承包法》第三十三条第（三）项关于“流转的期限不得超过承包期的剩余期限”之规定。故苗某江关于本案系土地租赁合同关系、应按租赁期限最长不得超过二十年之规定，确认涉案《土地租用协议书》已于2017年6月6日到期的主张，不能成立。

编写人：河北省遵化市人民法院　赵亚利

37

未经土地承包经营权人同意转租土地的效力认定

——陶某龙诉李某军农村土地承包合同案

【案件基本信息】

1. 裁判书字号

北京市第二中级人民法院（2016）京02民终1328号民事裁定书

2. 案由：农村土地承包合同纠纷

3. 当事人

原告（被上诉人）：陶某龙

被告（上诉人）：李某军

第三人（上诉人）：北京市大兴区长子营镇罗庄二村村民委员会（以下简称罗庄村委会）、北京市大兴区长子营镇罗庄二村经济合作社（以下简称罗庄经合社）

第三人：李某香、李某顺

【基本案情】

2010年4月10日，陶某龙与李某军签订土地承包经营权流转合同书，约定陶某龙将10.6亩的果树地出租给李某军，用于种养业；李某军应按合同规定的用途使用土地，不得荒芜、不得进行破坏性经营。流转后土地的经营方式为个人承租；流转期限自2010年4月10日至2028年12月1日；租金为每年每亩600元，一次性付清；合同双方当事人任何一方违反本合同规定条款，均视为违约，违约方应向对方支付租金总额一倍的违约金；流转期内，陶某龙不得干涉李某军的正常生产经营活动。合同签订后，李某军向陶某龙支付租金共111830元。庭审中，李某军称其在2012年7月5日将从陶某龙处承租的上述土地流转给了李某香、李某顺经营，双方并未签订书面合同，罗庄村委会在2012年7月5日出具了转让证明。李某军还称其将土地流转时，陶某龙口头同意了，但并未提交相关证据予以证明，而陶某龙表示当时其对此既不知道，也不同意，且其现在也不同意。

就陶某龙与李某军上述合同涉及的土地，陶某龙于1998年12月1日与原大兴县朱庄乡罗庄二村经济合作社（现为罗庄经合社）签订了果树、土地承包合同，约定陶某龙承包的项目包括土地（园田0.938亩、粮田3.4亩）和果树（桃树15棵、梨树39棵，未写明具体面积）；2000年5月10日，陶某龙取得了鉴证书，鉴证上述果树、土地承包合同中双方当事人的签字、印章属实。陶某龙流转给李某军的10.6亩土地就是上述土地承包合同中的梨树地。

2010年6月8日，李某军与罗庄经合社签订了土地承租合同，约定：罗庄经合社将村南土地42.5亩出租给李某军，土地用途为种养业；罗庄经合社对其出租的土地拥有所有权；承租期内李某军可以和第三方合作经营开发项目，可以转租；庭审中，李某军称上述土地承租合同中包括从陶某龙手里流转过来的10.6亩土地，罗庄经合社称与李某军签订上述合同经过陶某龙的同意，但未举证证明，而陶某龙表示其对此份土地承租合同并不知情，也不同意，现在也不同意。

2012年9月9日，罗庄村委会与李某顺、李某香签订了土地承租合同，约定：罗庄村委会将村南废弃坑、林地占地81.5亩，发包给李某顺、李某香供其使用，土地用途为仓储、养殖业、生产、经营；庭审中，罗庄村委会称与李某顺、李某香签订的土地承租合同中包括陶某龙承包的上述10.6亩土地，当时签订合同时经过陶某龙的同意，但并未举证证明。此外，罗庄村委会还称签订此份土地承租合同已经过两委班子及全体村民代表会议的通过，但未举证证明。

就陶某龙主张的果树损失，陶某龙陈述果树包括在土地承包合同中记载的数目，后来又种了一些，总共大概有100多棵。陶某龙称将土地出租给李某军时，有相应的果树，但并没有进行记载，亦未提供其他证据证明。

另查，本案起诉状副本送达李某军的时间为2013年11月13日。罗庄经合社、罗庄村委会陈述涉案土地现仍由李某香、李某顺承租。

【案件焦点】

1. 未经土地承包经营权人同意而将土地转租的效力认定。2. 合同被确认无效后，应当由谁返还土地。

【法院裁判要旨】

北京市大兴区人民法院经审理认为：根据《中华人民共和国合同法》第二百二十四条第二款关于“承租人未经出租人同意转租的，出租人可以解除合同”的规定，李某军在未经陶某龙同意的情况下将涉案土地流转给他人，陶某龙可以解除合同，合同解除的时间为起诉状副本送达李某军之日，即2013年11月13日。根据《中华人民共和国合同法》第九十七条关于“合同解除后，尚未履行的，终止履行；已经履行的，根据履行情况和合同性质，当事人可以要求恢复原状、采取其他补救措施，并有权要求赔偿损失”的规定，因李某军违约导致合同解除，就本案所涉土地，李某军应当予以返还，但因李某军已一次性支付了全部租金，合同解除后，陶某龙应当将剩余的租金退还李某军。李某军未经陶某龙同意即将承租的土地转租，属于未按合同约定的用途使用土地，已构成违约。虽双方在合同中约定了违约金，但该标准过高，本院将违约金调整为75000元。《中华人民共和国合同法》第五十一条规定：“无处分权的人处分他人财产，经权利人追认或者无处分权的人订立合同后取得处分权的，该合同有效。”故罗庄经合社与李某军签订的土地承租合同和罗庄村委会与李某顺、李某香签订的土地承租合同中，涉及陶某龙承包的10.6亩土地的约定无效。《中华人民共和国合同法》第五十八条规定：“合同无效或者被撤销后，因该合同取得的财产，应当予以返还；不能返还或者没有必要返还的，应当折价补偿。有过错的一方应当赔偿对方因此所受到的损失，双方都有过错的，应当各自承担相应的责任。”本案所涉土地现仍由李某顺、李某香承租，故在上述合同解除或无效后，应当由李某顺、李某香将土地返还给陶某龙。关于陶某龙主张的果树损失，因其并未举证证明该损失已实际发生，故不予支持。

北京市大兴区人民法院依据《中华人民共和国合同法》第五十一条、第五十八条、第九十七条、第一百零七条、第二百二十四条，《中华人民共和国农村土地承包法》第九条，《中华人民共和国民事诉讼法》第一百四十四条规定，缺席判决如下：

一、确认陶某龙解除与李某军于2010年4月10日签订的土地承包经营权流转合同的行为有效，合同已于2013年11月13日解除；李某军于本判决生效之日起十日内给付陶某龙违约金75000元；

二、陶某龙于本判决生效后十日内将剩余租金退还李某军（即李某军一次性交纳的租金111830元扣减从2010年4月10日起至实际返还土地之日止，按每亩日租金1.64元计算）；

三、确认罗庄经合社与李某军于2010年6月8日签订的土地承租合同中涉及陶某龙承包的10.6亩土地的约定无效；

四、确认罗庄村委会与李某香、李某顺于2012年9月9日签订的土地承租合同中涉及陶某龙承包的10.6亩土地的约定无效；

五、李某香、李某顺于本判决生效之日起十日内将10.6亩土地返还给陶某龙；

六、驳回陶某龙的其他诉讼请求。

李某军、罗庄村委会、罗庄经合社持原审抗辩意见提起上诉，在二审审理过程中，以各方自行达成和解并已履行完毕为由，申请撤回上诉。经北京市第二中级人民法院审查认为：其申请撤回上诉，符合有关法律规定，应予准许。

北京市第二中级人民法院依照《中华人民共和国民事诉讼法》第一百七十三条规定，裁定如下：

准许李某军、罗庄村委会、罗庄经合社撤回上诉。

【法官后语】

土地是农民安身立命之本，我国实行以家庭承包经营为基础、统分结合的双层经营体制，赋予了农民长期而有保障的土地使用权，可以说家庭承包经营制的实行给我国农业、农村经济带来了巨大变化，农民的土地收益显著增加，随之而来的是涉农纠纷频发且数量逐年上升，与其他案件相比，涉农案件具有群体诉讼多、矛盾冲突大、政策性强、不稳定因素多等特点，因此法院在审理此类案件时不仅要对个案定分止争，还应通过裁判规范土地流转行为，化解社会矛盾。本案例系基于土地承包经营权而引发的土地流转合同纠纷，因涉案土地出现了多次流转的情况，故涉及多份合同及多个法律关系，分析各个合同的效力，进而确认承担责任的主体，是本案的关键问题。

该案例涉及土地承包经营权人将拥有土地承包经营权的土地以出租的形式流转后，承租人未经出租人（土地承包经营权人）同意擅自将土地转租，承租人与出租人签订的合同的效力问题。以及土地被转租后，发包方（村集体经济组织）

在没有得到承包方（土地承包经营权人）同意且未过承包期的情形下，又将土地流转给第三方，发包方与第三方签订的流转合同的效力问题。具体需要厘清以下合同关系：针对第一个合同关系，即发包方与承包方之间的土地承包合同的效力问题。根据《土地承包法》的相关规定，陶某龙作为本村村民，依法从发包方即罗庄村委会处承包了涉案土地，双方签订的土地承包合同当然合法有效，承包合同生效时承包方陶某龙即取得了土地承包经营权。笔者认为，确认了该土地承包合同的效力，是处理本案的基础和关键。针对第二个合同关系，也就是陶某龙即出租方（上一合同的承包方）与李某军即承租方签订的土地承包经营权流转合同的效力问题。根据《土地承包法》的相关规定，双方签订的合同并不违反法律的相关规定，应属合法有效，对双方当事人均具有法律约束力，当事人应当按照约定履行自己的义务，不得擅自变更或者解除合同。针对第三个合同关系，也就是李某军即承租方与李某香、李某顺形成的土地流转关系的效力问题。李某军转租的行为没有得到陶某龙的同意，那么陶某龙依据上述法律规定，有权要求解除合同。针对第四个合同关系，也就是发包方即罗庄村委会与李某香、李某顺签订的土地承租合同的效力问题，作为发包方，将涉案土地发包给村集体经济组织成员，那么就不得擅自干涉承包方依法流转土地的权利，亦不得调整、收回承包地，而罗庄村委会未经承包方陶某龙同意，亦没有法定事由，擅自将已发包给陶某龙的土地出租给本村之外的人，显然违反了《土地承包法》的相应规定，应属无效。但考虑到土地是一特殊标的物，如土地已经被实际控制人合理使用，并产生了较大收益，简单认定发包方流转土地的行为无效，不仅不经济，也让权利人即承包方丧失了选择权。

对上述合同的效力逐一分析认定后，合同无效后的法律后果亦应当在本案中一并处理。根据《合同法》第五十八条规定，合同无效或者被撤销后，因该合同取得的财产，应当予以返还；不能返还或者没有必要返还的，应当折价补偿。有过错的一方应当赔偿对方因此所受到的损失，双方都有过错的，应当各自承担相应的责任。现涉案土地由最后一手也就是李某香、李某顺控制，则在上述合同关系被确认解除或者确认无效后，土地由谁实际控制就应当由谁将土地返还给陶某龙，也就是土地承包经营权人。至于在每个法律关系中哪一方存在过错，应当依据合同相对性原则，由守约方依据合同关系向违约方主张赔偿损失。本案中，只是针对陶某龙的主张处理了其与承租人李某军之间的损失赔偿问题，在其他关系中，当事人没有主张，本案中未予处理，各方可依据合同关系另行解决。

编写人：北京市大兴区人民法院　陈珊珊

38

农村土地承包经营权流转后的承包方将土地再次流转给非农用途经营者的处理方式

——徐凤某等诉北京市昌平区延寿镇上庄村村民委员会、高某农村土地承包合同案

【案件基本信息】

1. 裁判书字号

北京市第一中级人民法院（2018）京01民终791号民事判决书

2. 案由：农村土地承包合同纠纷

3. 当事人

原告（被上诉人）：徐凤某、郭某顺、郭某良

被告（上诉人）：北京市昌平区延寿镇上庄村村民委员会（以下简称上庄村委会）、高某

【基本案情】

徐凤某与郭宝某为夫妻关系，育有二子郭某顺和郭某良。郭某系郭宝某之父。郭某和郭宝某均已故。

1994年1月1日，郭宝某户以家庭承包方式承包了涉案的位于北京市昌平区延寿镇下庄村（以下简称下庄村）冷分河的土地（东至高某忠地界，西至高某华地界，南至大坎，北至老道），即涉案土地，发包方为下庄村经济合作社，承包方为郭宝某，承包人口为4人（郭某1人、郭宝某1人、徐凤某1人、郭某顺0.5人、

郭某良0.5人），承包期限为1994年1月1日至2043年12月31日，共50年。土地性质为口粮地、林果地。

1999年6月16日，郭宝某（乙方）与上庄村委会（甲方）签订《承包合同》，约定乙方将涉案土地及现有果树提供给甲方，由甲方建设标准化果园，对现有老果树进行综合管理。承包期限自1998年10月10日至2028年10月10日，共30年。承包费为每年550元。

2003年9月2日，上庄村委会与吴某文签订《牛蹄岭冷分河北坡果园租赁协议》，约定将东至油桃地边巨石，南西至河套中心，北至赵某梅地界，包括地界流域内的山坡地（含涉案土地）租给吴某文，发展种养业、观光旅游休闲采摘，租金每年5000元，租期50年。上庄村委会提供现有4间房屋及果树，吴某文自主使用经营收益。另约定：合同期满后，吴某文有优先续约权，如不再续约，吴某文在承租区内投资兴建的地上物，包括建筑及配套设施等，应由具有职业资格的评估单位进行评估后由接收单位有偿接收。

2014年9月15日，上庄村委会与高某签订《牛蹄岭冷分河北坡果园租赁协议》及补充条款，约定上庄村委会将东至油桃地边巨石，南西至河套中心，北至赵某梅地界，包括地界流域内的山坡地（含涉案土地）发包给高某，租赁期限为39年，自2014年9月15日至2053年9月15日，租赁用途为发展种养业、观光旅游休闲采摘，上庄村委会提供现有4间房屋及果树，高某自主使用经营收益。另约定：合同期满后，高某有优先续约权，如不再续约，高某在承租区内投资兴建的地上物，包括建筑及配套设施等，应由具有职业资格的评估单位进行评估后由接收单位有偿接收。

2016年3月18日，徐凤某、郭某顺、郭某良向法院提起诉讼。同年5月9日，法院将起诉书等诉讼材料送达上庄村委会。

2017年2月16日，法院到现场进行勘验，勘验结果为：涉案地块现由高某实际使用，现状为大面积铺设水泥地等硬化路面，并建设有大量的提供餐饮、住宿等类别的永久性建筑。

另，1998年至2013年，徐凤某、郭某顺、郭某良已经如约领取每年的承包金550元，后因补偿谈不妥，徐凤某、郭某顺、郭某良没有领取2014年之后的承包金。

【案件焦点】

1. 承包方将土地再次流转给新承包人，本案是否应当追加新承包人，如何列明被追加人的法律地位；2. 新承包人进行非农建设，在土地被破坏的情况下，原承包人是否有权要求解除流转合同、恢复原状。

【法院裁判要旨】

北京市昌平区人民法院经审理认为：涉案土地以家庭承包的方式取得，徐凤某、郭某顺、郭某良对该土地依法享有承包经营权。徐凤某户与上庄村委会之间的土地承包合同系双方当事人的真实意思表示，且不违反法律法规的强制性规定，该合同合法有效，双方当事人应当按照合同的约定履行各自的权利义务。郭宝某将土地交付给上庄村委会后，上庄村委会并未按照合同约定的建设标准化果园的用途履行合同，而是将涉案土地进行了大面积的房屋建设和硬化路面，该行为已经构成根本违约，故徐凤某、郭某顺、郭某良要求确认合同解除的诉讼请求，具有事实和法律依据，予以支持。合同解除后，尚未履行的，终止履行；已经履行的，当事人可以要求恢复原状、采取其他补救措施，并有权要求赔偿损失。故上庄村委会还应当将涉案土地恢复原状并予以返还，高某作为土地现在的实际使用人，在《承包合同》被解除的前提下，应当承担恢复原状并返还土地的义务。

综上所述，依据《中华人民共和国合同法》第八条、第六十条第一款、第九十四条、第九十七条，《中华人民共和国土地管理法》第三十六条第二款规定，判决如下：

一、确认郭宝某与上庄村委会于1999年6月16日签订的《承包合同》于2016年5月9日解除；

二、上庄村委会、高某于本判决生效后三十日内将位于下庄村的承包地（东至高某忠地界，西至高某华地界，南至大坎，北至老道）恢复原状，并返还徐凤某、郭某顺与郭某良。

上庄村委会、高某不服一审判决，提起上诉。北京市第一中级人民法院认为，郭宝某户与上庄村委会之间签订的《承包合同》系双方当事人真实意思表示，其内容未违反国家法律、行政法规的强制性规定，应属合法有效。

上庄村委会虽称徐凤某、郭某顺、郭某良知晓其在涉案土地上建设房屋和硬化路面，亦未提出异议，应视为同意，但《承包合同》明确约定涉案土地用途为建设标准化果园，且涉案土地为农用地，在涉案土地大面积建设房屋和硬化路面违反了法律关于不得擅自建房、改变农用地农业用途的规定，故一审法院据此认定上庄村委会的行为构成根本违约并确认《承包合同》解除并无不当，对此不持异议。

高某虽称一审法院在未查清徐凤某、郭某顺、郭某良承包地四至范围的情况下便认定上庄村委会未依约使用土地有误，但一审法院进行了现场勘验，且上庄村委会对此并无异议，在高某未提交有效证据予以推翻的情况下，应承担举证不能的不利后果，故高某该抗辩主张缺乏依据，不予采信。

高某虽称其未改变涉案土地用途，不存在违约行为，但其为涉案土地的实际使用人，在《承包合同》解除的情况下，高某亦负有恢复原状并返还涉案土地的义务，故高某该抗辩主张亦缺乏依据，不予采信。

综上所述，上庄村委会、高某的上诉请求均不能成立，应予驳回；一审判决认定事实清楚，适用法律正确，应予维持。依照《中华人民共和国民事诉讼法》第一百七十条第一款第（一）项规定，判决如下：

驳回上诉，维持原判。

【法官后语】

随着社会经济的不断发展，城镇化不断推进，农村劳动力（特别是年轻劳动力）向城镇大规模转移，城镇土地资源日益稀缺且使用成本不断增加，部分城市近郊区农村土地的实际用途从农业用途转变为其他用途，经营模式从家庭承包转变为流转给他人，流转对象从本村村民转变为外来投资经营者。其中，还不乏部分外来经营者大面积统一承包毗邻的若干户村民的土地，再统一用于非农经营。本案中，上庄村和下庄村毗邻，上庄村委会将下庄村几位村民的土地一并承包，再整体发包给外来经营者，硬化路面后修建集餐饮、住宿、钓鱼、景观、采摘等设施于一体的旅游场所，破坏土地农业现状，改变土地使用用途，违反了《土地管理法》的强制性规定，也侵害了集体经济组织的利益。

本案审理的重点在于两点，一是处理好几个诉讼主体及其诉讼地位的问题。郭宝某去世后，其家庭成员徐凤某、郭某顺、郭某良应继续履行郭宝某与上庄村委会于1999年6月16日签订的《承包合同》，现该合同解除，合同项下的相应权利义务应当由徐凤某、郭某顺、郭某良享有与履行。其诉讼请求包含恢复原状和返还原物，而现在土地的实际经营者为高某，判决结果可能由其与上庄村委会共同负担以上义务，故应追加高某参与诉讼，诉讼地位为共同被告。否则不但无法查明全部事实，而且也会导致判决无法得到有效执行。二是通过调证、勘验、走访的方式查清涉案土地的地类、性质、现状，确认土地相关状况。土地的实际用途及土地现状决定着当事人承包经营行为的合法与否及责任承担。依据《土地管理法》规定，使用土地的单位和个人必须严格按照土地利用总体规划确定的用途使用土地，农民集体所有的土地的使用权不得出让、转让或者出租用于非农建设，不得对土地造成永久性破坏。本案中，郭宝某将其家庭承包取得的农业用地流转给上庄村委会，上庄村委会又流转给其他经营者用于非农经营，并对土地及附属农业资源造成了永久性破坏，该行为已经构成根本违约，故徐凤某、郭某顺、郭某良要求确认合同解除的诉讼请求，具有事实和法律依据。合同解除后，尚未履行的，终止履行；已经履行的，当事人可以要求恢复原状、采取其他补救措施，并有权要求赔偿损失。故上庄村委会还应当将涉案土地恢复原状并予以返还，高某作为土地现在的实际使用人，应当承担恢复原状并返还土地的义务。

编写人：北京市昌平区人民法院　杨杰

七、土地承包经营权继承纠纷

39

农村土地承包经营权能否作为继承的客体

——蔡某诉蔡某华土地承包经营权案

【案件基本信息】

1. 裁判书字号

湖北省宜昌市中级人民法院（2017）鄂05民终2806号民事判决书

2. 案由：土地承包经营权纠纷

3. 当事人

原告（被上诉人）：蔡某

被告（上诉人）：蔡某华

【基本案情】

王某莲系蔡某的母亲，蔡某仁系蔡某华的父亲。1989年1月16日，蔡某因母亲王某莲改嫁由远安县迁入当阳市玉泉办事处雄风村（以下简称雄风村）二组，与继父蔡某仁、继兄蔡某华组成家庭。1999年1月1日，蔡某仁作为家庭代表，承包雄风村水田9.58亩、旱地1.2亩，共计10.78亩。2003年8月，王某莲去世。2005年完善土地经营权二轮延包时，蔡某仁作为承包方承包水田4.91亩（包括四方六斗田2.91亩，秧脚三斗七田1.56亩，南冲堰下田0.44亩），蔡某华作为承包方承包水田3.57亩。在登记蔡某仁家庭成员时，因蔡某长年在外务工，雄风村村委会漏登其姓名。同时，蔡某仁一直管理两座山林、耕种两块旱地。2013年3月7日，蔡某、蔡某华及父亲蔡某仁在雄风村治调委员会的组织下，就名下的财产分割达成调解协议，约定：1. 将2010年雄风村调解委员会调解协议书编号为201002和201005中财产分割部分，全部作废；2. 蔡某自愿放弃居住属于蔡某华名下的房屋所有权；3. 蔡某仁自愿将自己土地经营权证中一块2.9亩土地划分一亩土地归蔡某所有；4. 蔡某仁、蔡某华自愿将雄风村三组大道旁、黄某枝旱田旁，一块大约2.04亩旱田土地经营权归蔡某所有；5. 蔡某自愿将雄风村三组大道旁2.04亩旱田中由西边水泥路向东5米给蔡某仁使用，土地经营权和地面附属物在蔡某仁去世后全部归蔡某所有，在此期间蔡某仁不得私自转让；6. 蔡某对蔡某仁赡养，由蔡某于2013年5月1日起，每月支付蔡某仁生活费100元。但该协议因双方反悔并未实际履行，协议中的一亩水田现由蔡某华耕种，蔡某也未支付蔡某仁每月100元生活费。2015年5月13日，蔡某仁在病床上立下遗嘱，将其名下的所有财产及土地、山林的承包经营权交由蔡某华继承，同时录有视频为证。同月29日，蔡某仁去世。2015年11月19日，当阳市玉泉办事处人民调解委员会出具《关于蔡某与蔡某华家庭承包的土地、山林及房屋纠纷的调解处理意见》，载明："村民蔡某与蔡某华因土地、山林、房屋纠纷，经双方当事人申请后，经调解委员会和村委会调查并多次调解未果，为维护社会稳定和保护弱势群体的利益，对该纠纷提出如下处理意见：1. 鉴于蔡某与其母王某莲和蔡某华与其父蔡某仁系合法组合家庭，原系同一家庭户口，在其父母去世后，双方因同一家庭的土地承包和房屋继承等发生争议，并为此矛盾逐渐加深，无法达成共识，建议他们双方通过诉讼程序解决。2. 据调查了解，蔡某一直在外打工，2005年完善农村土地承包时，王某莲已去世，全家三口人，蔡某仁作为家庭承包代表承包水田4.91亩，长子蔡某华也作为承包代表承包了水田3.57亩，以上二家庭成员以承包方代表的名义承包了家庭的全部水田面积8.48亩，分别写进了各自土地承包合同并领取了土地承包经营权证，而作为家庭成员的蔡某并没有自愿放弃承包土地经营的权利，却因家庭矛盾原本就享有的土地承包经营权被侵犯，一分一厘都未分配。为此，家庭纠纷一直在发生，至今仍未平息，2015年5月28日蔡某仁去世。根据农村土地承包原则，蔡某仁名下承包的4.91亩水田应由蔡某继续承包。3. 原家庭共同共有的父母死亡后遗留的房屋、山林、旱地由蔡某与蔡某华平均分割。"2016年4月7日，雄风村村民委员会出具一份《证明》，载明"兹有玉泉办事处雄风村二组村民蔡某仁一家（妻子王某莲、长子蔡某华、次子蔡某）耕种管理的两座山林和两块旱地，旱田1面积约1.5亩。四至：东与机耕道相邻，西与黄某英旱田相邻，北与黄某英旱田相邻，南与黄某枝旱田相邻。旱田1面积约1.5亩……以上旱田由蔡某仁一家开垦村集体土地耕种，旱田和山林均未办理任何产权证，也未与集体签订承包合同”。

【案件焦点】

土地承包经营权能否适用继承法的规定。

【法院裁判要旨】

湖北省当阳市人民法院经审理认为：根据《中华人民共和国农村土地承包法》第三条第二款规定，农村土地承包采取农村集体经济组织内部的家庭承包方式，不宜采取家庭承包方式的荒山、荒沟、荒丘、荒滩等农村土地，可以采取招标、拍卖、公开协商等方式承包。因此，我国的农村土地承包经营权分为家庭承包和以其他方式承包两种类型。以家庭承包方式实行农村土地承包经营，主要目的在于为农村集体经济组织的每一位成员提供基本的生活保障。第十五条规定，家庭承包的承包方是本集体经济组织的农户。本案中由于蔡某华已于2005年作为一户家庭承包了土地，故蔡某仁于同年与村委会签订土地承包合同时的农户人员仅包括蔡某仁、蔡某（王某莲已于2003年8月去世）。2013年，双方虽就土地承包经营权达成调解协议，但因双方反悔协议未实际履行。故该家庭承包的农户人员未发生变化。该家庭承包在蔡某仁去世后，理应由该农户的其他成员即蔡某继续承包。现蔡某仅请求继续承包和耕种上述承包耕地中的部分土地即四方六斗田2.91亩，予以支持。对于蔡某仁一直管理的两座山林和耕种的两块旱地，虽未签订承包合同、未取得相关权证，但村委会认可上述土地由蔡某仁、蔡某华、蔡某共同承包经营，故上述林地和旱地在蔡某仁去世后，应由该农户的其他成员即蔡某、蔡某华继续承包。在双方产生纠纷时，蔡某、蔡某华应各承包经营一半，现蔡某请求继续承包经营和耕种其中的1.5亩旱地，符合法律规定，予以支持。关于调解协议是否履行。蔡某陈述协议达成后，双方均已反悔，并未按协议履行，同时庭审中查明该协议中的应交给蔡某耕种的1亩土地现实际由蔡某华耕种，蔡某应给付的100元赡养费也未履行，且村委会也出具证明蔡某、蔡某华及蔡某仁之间的纠纷经多次调解未果。综上，可以认定调解协议因双方反悔未履行，也不再产生法律效力。关于家庭承包的土地能否继承。因法律和司法解释仅规定对家庭承包的林地和其他方式承包的土地在承包人死亡后，可以继承，在承包期内继续承包。而对家庭承包的耕地仅规定，承包人的承包收益可以继承，即家庭承包耕地的经营权不适用继承。

湖北省当阳市人民法院依照《中华人民共和国农村土地承包法》第三条第二款、第十五条、第三十一条、第五十条规定，作出如下判决：

一、蔡某继续承包经营登记在蔡某仁名下雄风村二组的四方六斗水田 2.91 亩；

二、蔡某继续承包经营旱田 1.5 亩（四至东与机耕道相邻，西与黄某英旱田相邻，北与黄某英旱田相邻，南与黄某枝旱田相邻）；

三、蔡某华应在本判决生效后十日内将上述两块耕地返还给蔡某。

蔡某华不服一审判决，提起上诉。湖北省宜昌市中级人民法院认为：根据《中华人民共和国农村土地承包法》第十五条规定，家庭承包的承包方是本集体经济组织的农户。根据《中华人民共和国民法总则》第五十五条规定，农村集体经济组织的成员，依法取得农村土地承包经营权，从事家庭承包经营的，为农村承包经营户。农村土地承包是以户为单位，家庭方式土地承包的权利主体为家庭农户。部分农户家庭成员死亡的，该土地由其他农户成员继续承包，不发生继承的法律后果。蔡某华在 2005 年二轮土地延包时已作为承包方取得本集体经济组织的土地承包经营权，即分户脱离原家庭承包经营户，蔡某仁、王某莲死亡后，该农户的土地即应由其他成员蔡某继续承包。原审法院认定蔡某仅请求继续承包该农户的部分土地符合法律规定，并无不当。本案争议的土地历经多次调解处理，均未定分止争，足以说明案涉调解协议未实际履行。蔡某华主张案涉调解协议已实际履行，并未提供达到高度可能性证明标准的证据予以证实，对其上诉请求，不予支持。

综上，原审判决认定事实清楚，适用法律正确，应予维持。依照《中华人民共和国民事诉讼法》第一百七十条第一款第（一）项规定，判决如下：

驳回上诉，维持原判。

【法官后语】

本案立案案由为法定继承纠纷，蔡某也是基于继承的思路要求继续承包涉案农村土地，一审审理过程中确认为土地承包经营权纠纷。农村土地承包经营权能否作为继承的客体，应分情况认定。目前在广大农村地区，当父辈去世或者女性出嫁之后，宅基地和承包地并不做变动，仍归该户的子女继续占用或承包。《农村土地承包法》将农村土地的类型分为耕地、林地、草地以及其他依法用于农业的土地，将农村土地承包分为“家庭承包”和“其他方式的承包”两类。“家庭承包”的承包方是本集体经济组织的农户，“其他方式的承包”是指不宜采取家庭承包方式的荒山、荒沟、荒丘、荒滩等农村土地，通过招标、拍卖，公开协商等方式的承包，承包方可以是本集体经济组织成员，也可以是本集体经济组织以外的单位或者个人。针对“其他方式的承包”，该法第五十条明确规定，土地承包经营权通过招标、拍卖、公开协商等方式取得的，该承包人死亡，其应得的承包权益，依照继承法的规定继承；在承包期内，其继承人可以继续承包。该项规定实际上是针对上述“四荒”地作出的，并不包含耕地，对于耕地，承包人死亡后，其继承人能否在承包期内继续承包，现有立法仅规定，承包人的承包收益可以继承，即家庭承包耕地的经营权不适用继承。由于林地的投资较大，见效周期较长，“四荒”地的先期投入更多，风险更大，明确继承人在承包期的继承权，对促进农民脱贫致富和农业可持续发展，最大限度地提高承包人的积极性，具有重要意义。但耕地有其特殊的地位，我国农村人多地少，大部分地区经济比较落后，耕地不仅是农民的基本生产资料，而且是农民最主要的生活来源，其上承载了农民生存权的保障功能，农户以家庭承包方式取得的土地承包经营权，是一种特殊的用益物权，具有福利性和社会保障功能，户内成员均具有特殊的身份并因此形成特殊的准共有关系，故耕地不适用继承。因此，我们在司法实践中需要审慎对待土地承包经营权的继承问题，应区分不同的土地性质，林地的承包经营权以及以其他方式承包取得的“四荒”地的承包经营权，可以作为继承的客体；耕地的承包经营权不得作为继承的客体，但耕地的承包收益可以作为继承的客体。本案一审和二审法院即认定耕地的承包经营权不能作为继承的客体，不适用于继承。

编写人：湖北省当阳市人民法院　张佩玉

八、其他土地承包经营纠纷

40

承包人将农用地非法用于非农建设，构成根本违约

——广州市从化区鳌头镇鹿田村第四经济合作社、广州市从化区鳌头镇鹿田村第六经济合作社诉严某璇等农村土地承包合同案

【案件基本信息】

1. 裁判书字号

广东省广州市中级人民法院（2017）粤 01 民终 15035 号民事判决书

2. 案由：农村土地承包合同纠纷

3. 当事人

原告（上诉人）：广州市从化区鳌头镇鹿田村第四经济合作社（以下简称鹿田村四社）、广州市从化区鳌头镇鹿田村第六经济合作社（以下简称鹿田村六社）

被告（被上诉人）：广东信东医药有限公司（以下简称信东公司）、严某璇、罗某德、罗某珠

【基本案情】

1998 年 7 月 30 日，鹿田村四社、鹿田村六社与胡某英等签订《承包协议》，约定鹿田村四社、鹿田村六社将土名为“石马窝”的山地约 20 亩发包给胡某英等，用途是发展种养业。2001 年 12 月 8 日，鹿田村四社、鹿田村六社与胡某英等签订《终止承包协议书》，并收回土地。同日，鹿田村四社、鹿田村六社与严某璇、罗某德、罗某珠就该土地签订了《承包合同》，用途为发展种植业。

后严某璇、罗某德、罗某珠在承包的土地上建造厂房，并出资设立广州市新栋力超声电子设备有限公司、广州市珑腾能源设备有限公司、广州市金稻农业科技有限公司、广州新动力农业发展有限公司，经营范围是超声焊接机制造；电子元件及组件制造；锂离子电池制造；商品批发贸易、农业技术咨询等。

鹿田村四社、鹿田村六社认为，严某璇、罗某德、罗某珠的行为违反合同约定及法律法规的强制性规定，构成违约，应当恢复原状并赔偿损失。故请法院判令：1. 解除涉案《承包合同》；2. 严某璇、罗某德、罗某珠立即恢复承包土地的原状并返还给鹿田村四社、鹿田村六社；3. 严某璇、罗某德、罗某珠赔偿损失200000元。

【案件焦点】

承包人未办理农用地转用审批手续和征用土地批准手续，将农用地用于非农建设，是否构成根本违约。

【法院裁判要旨】

广东省广州市从化区人民法院经审理认为：严某璇、罗某德、罗某珠共成立四家公司，其中两家与农业有关，与合同约定的用途相符，一家在《承包合同》签订时已存在多年，说明鹿田村四社、鹿田村六社知道并默认该公司存在，不能据此认定违约。广州市珑腾能源设备有限公司的设立改变合同用途，部分违约，但无证据证明违约的具体情况，且符合发展经济的合同总目的，双方未约定该情况可以解除合同，故鹿田村四社、鹿田村六社的诉请不能成立。

广东省广州市从化区人民法院依照《中华人民共和国民法通则》第八十四条，《中华人民共和国合同法》第六十条、第九十四条，《中华人民共和国农村土地承包法》第二十二条，《中华人民共和国民事诉讼法》第六十四条，《最高人民法院关于民事诉讼证据的若干规定》第二条规定，作出如下判决：

驳回鹿田村四社、鹿田村六社的诉讼请求。

鹿田村四社、鹿田村六社不服一审判决，提出上诉。广东省广州市中级人民法院经审理认为：涉案地块属于农用地，无证据证明涉案地块办理了农用地转用审批手续和征用土地批准手续。严某璇、罗某德、罗某珠将大量土地用于非农建设，既违反合同约定的主要义务，也违反了法律的强制性规定，导致涉案《承包合同》的目的无法实现。鹿田村四社、鹿田村六社主张解除涉案《承包合同》，符合规定，应予以支持，严某璇、罗某德、罗某珠应返还涉案土地并恢复涉案土地原状。至于赔偿损失的诉请，因无证据证明有损失实际发生，应不予支持。

广州市中级人民法院依照《中华人民共和国土地管理法》第六十三条，《中华人民共和国农村土地承包法》第八条第一款，《中华人民共和国合同法》第九十四条、第九十六条、第九十七条，《中华人民共和国民事诉讼法》第一百七十条第一款第（二）项规定，作出如下判决：

一、撤销原审判决；

二、确认涉案《承包合同》于2016年10月27日解除；

三、严某璇、罗某德、罗某珠于判决发生法律效力之日起十五日内恢复《承包合同》所涉土地原状，并返还给鹿田村四社、鹿田村六社；

四、驳回鹿田村四社、鹿田村六社的其他诉讼请求。

【法官后语】

我国实行土地公有制，城市市区的土地属于国家所有，农村和城市郊区的土地多数属于农民集体所有。为严格管理、保护和开发土地资源，制止非法占用土地行为，国家实行严格的土地用途管制制度，将土地分为农用地、建设用地和未利用地，严格控制农用地转为建设用地。原则上，任何单位和个人进行建设，需要使用土地的，必须依法申请使用国有土地。建设占用土地，涉及农用地转为建设用地的，应当办理农用地转用审批手续。国家征用土地的，要办理征地审批手续。

具体到本案，涉案《承包合同》约定，严某璇、罗某德、罗某珠承包涉案地块用于发展种养业，双方均确认涉案地块的性质为林地，即属于农用地，严某璇、罗某德、罗某珠主张涉案地块已被征收转为建设用地，但无证据证明涉案地块办理了农用地转用审批手续和征用土地批准手续。现严某璇、罗某德、罗某珠将大量土地用于非农建设，既违反合同约定的主要义务，也违反了法律的强制性规定，导致涉案《承包合同》的目的无法实现，属于根本违约。鹿田村四社、鹿田村六社主张解除涉案《承包合同》，符合《合同法》第九十四条的规定，应予以支持，认定该合同已于鹿田村四社、鹿田村六社原审起诉状副本送达严某璇、罗某德、罗某珠之日解除。

未经办理农用地转用审批手续和征用土地批准手续，农用地不得用于非农建设，如合同双方约定将农用地用于非农建设，则因违反法律强制性规定而无效。本案中，合同约定的用途为发展种养业，不违反法律和行政法规强制性规定，但在合同履行过程中，承包人将农用地用于非农建设，既违反法律强制性规定，又违反合同约定的主要义务，导致合同目的无法实现，构成根本违约，发包人可解除合同。原审法院以非农建设符合合同发展经济的总目的，发包人知道并默认非农建设的存在为由，认定承包人不构成违约，违反我国的土地用途管制制度。只要未经相关审批手续，私人合意不得改变土地用途。

编写人：广东省广州市中级人民法院　董广绪

41

发包方收回承包土地并重新发包给其他村民引发的土地承包经营权纠纷，如何认定被告主体资格

——黄某平农村承包经营户诉黄某朝等土地承包经营权案

【案件基本信息】

1. 裁判书字号

广西壮族自治区钦州市中级人民法院（2018）桂07民终74号民事裁定书

2. 案由：土地承包经营权纠纷

3. 当事人

原告（被上诉人）：黄某平农村承包经营户（以下简称黄某平户）

被告（上诉人）：黄某朝、黄某恩、钦州市钦北区大寺镇敦民村委屯光第一村民小组（以下简称屯光一组）

【基本案情】

黄某平户自1982年起享有屯光一组的集体土地承包经营权，1986年该户全体

成员迁离屯光一组。2002 年 11 月 8 日，黄某平户获得政府颁发的《土地承包经营权证书》，享有屯光一组集体 2.12 亩土地承包经营权，承包期限从 2000 年 1 月 1 日起至 2029 年 12 月 31 日止，共计三十年。

1986 年自黄某平户迁出后，屯光一组集体将其户土地收回并交由本组村民轮流耕作，2017 年恰好轮到黄某朝、黄某恩对争议土地中的“那寒”1.1 亩进行耕作，黄某朝、黄某恩两人便在该土地上开挖水沟、种植果树。黄某平户认为黄某朝、黄某恩的行为侵犯了其土地承包经营权，故起诉请求法院判令黄某朝、黄某恩对黄某平户“那寒”1.1 亩承包地停止侵害、排除妨碍、限期恢复原状。

【案件焦点】

被告的主体是否适格。

【法院裁判要旨】

广西壮族自治区钦州市钦北区人民法院经审查认为，黄某平户以黄某朝、黄某恩侵占其土地承包经营权为由请求黄某朝、黄某恩停止侵害、排除妨害、恢复原状，是基于其认为其土地承包经营权被侵害而提出的主张，应属于土地承包经营权纠纷，故立案时将案由定为排除妨害纠纷有误，予以纠正。

根据《中华人民共和国民事诉讼法》第一百一十九条和《最高人民法院关于适用〈中华人民共和国民事诉讼法〉的解释》第二百零八条第三款规定，民事案件的起诉必须符合下列条件：1. 原告是与本案有直接利害关系的公民、法人和其他组织；2. 有明确的被告；3. 有具体的诉讼请求和事实、理由；4. 属于人民法院受理民事诉讼的范围和受诉人民法院管辖，如果在立案后发现不符合起诉条件的，裁定驳回起诉。其中“有明确的被告”包含两个层面的内容，一是形式上有明确的可识别的被告，二是实际上合适的“被告”，即适格被告，其不仅具备形式上的身份（姓名、性别、年龄等），还要明确相对方与原告之间的法律关系、法律事实及相关证据。根据查明的事实，案涉土地已被发包方屯光一组收回作为机动地轮流给村民耕种，本案实际上是因发包方屯光一组收回耕地引起的纠纷，根据《最高人民法院关于审理涉及农村土地承包纠纷案件适用法律问题的解释》第六条第一款第（一）项规定，如果黄某平户认为屯光一组收回涉案耕地违法的，应以发包方屯光一组为被告请求返还承包地，即本案的实际侵权人应为屯光一组。本院虽依法追加屯光一组作为被告参加诉讼，但黄某平户有异议，坚持要求黄某朝、黄某恩承担侵权责任。在没有确认屯光一组收回承包地违法之前，黄某平户绕过发包方屯光一组直接向黄某朝、黄某恩主张停止侵权、恢复原状没有法律依据。在此种情况下，黄某朝、黄某恩不是适格被告，黄某平户的起诉不符合起诉条件，予以驳回。依照《最高人民法院关于审理涉及农村土地承包纠纷案件适用法律问题的解释》第六条第一款第（一）项，《中华人民共和国民事诉讼法》第一百一十九条、第一百五十四条第一款第（三）项，《最高人民法院关于适用〈中华人民共和国民事诉讼法〉的解释》第二百零八条第三款规定，裁定如下：

驳回黄某平户的起诉。

黄某平户不服一审判决，提出上诉。广西壮族自治区钦州市中级人民法院经审查认为：在土地承包经营权侵权纠纷中，发包方将承包方的承包土地收回或者调整，承包方认为侵害其土地承包经营权的，有权提起诉讼。如果发包方已将土地另行发包或调整给第三人，发包方无法返还土地，需要履行返还土地义务的是实际占有土地的第三人，承包方对于发包方和第三人提起的诉讼，属于必要的共同诉讼，承包方应将发包方和第三人作为共同被告。本案中，屯光一组作为涉案土地的发包方，其已将土地收回，并重新发包给黄某朝、黄某恩使用。黄某平户认为其土地承包经营权被侵害，请求收回土地而提起的诉讼是必要共同诉讼，应将屯光一组与黄某朝、黄某恩作为共同被告。但是经原审法院释明，黄某平户仍坚持不予变更其诉讼请求，原审法院据此认定本案被告不适格，黄某平户的起诉不符合起诉条件，裁定驳回起诉并无不当。

广西壮族自治区钦州市中级人民法院依照《中华人民共和国民事诉讼法》第一百七十条第一款第（一）项、第一百七十一条，《最高人民法院关于审理涉及农村土地承包纠纷案件适用法律问题的解释》第六条第一款第（二）项规定，作出如下裁定：

驳回上诉，维持原裁定。

【法官后语】

近年来，随着我国经济、社会的发展，农业农村改革不断深化，土地作为最重要的生产和生活要素的价值越来越凸显，农民的权利意识也不断加强，对土地越来越重视，涉及农村土地承包纠纷的案件呈现出快速增长的态势。因发包方收回承包地而引起的纠纷是较为常见的一种。本案纠纷正是基于当前我国农村经济社会发展和国家土地及“三农”政策背景而产生，由于审理此类案件的法律法规比较滞后，如何诉，怎么处理，审判实践中法律依据明显不足，分歧较大，容易产生模糊和困惑。此类纠纷的主体确定就是其中亟须规范和明确的重要问题。

首先，从性质上来看，土地承包经营权既有合同属性，也有物权属性，所以承包方既可以主张合同权利，也可以主张物权保护。其次，从侵权主体及行为来看，当侵权主体是发包方时，其典型的侵权行为即《农村土地承包法》第五十七条规定所列举的七种行为，包括违法收回、调整承包地；当侵权主体是其他组织或个人时，常见的侵权类型有损害承包方的承包地、抢种承包方的承包地、在承包方的承包地上进行违法建筑等直接侵权行为，若是此种类型，受害的承包方当然有权依据法律规定提起诉讼。本案的特殊性在于涉案土地虽然由黄某朝、黄某恩实际占有及使用，但是该占有行为是基于发包方收回涉案土地后的重新发包行为，不属于直接侵权。因此，认定黄某朝、黄某恩是否构成侵权的前提必须先要解决屯光一组收回土地并重新发包的行为是否合法。最后，从诉的理论角度分析，本案其实涉及两个诉，由于这两个诉的紧密联系，后一个诉以前一个诉为前提，有合并审理之必要。在必要共同诉讼中，对遗漏的必须参加诉讼的被告，当事人应追加起诉，否则人民法院可以驳回其起诉。在土地承包经营权侵权纠纷中，发包方将承包地收回并另行发包给第三人，承包经营权人起诉的，应将发包方和第三人列为共同被告。

即使本案可以在一个诉讼中一并解决两个诉的问题，根据不告不理原则，仍需要原告黄某平户将发包方屯光一组列为被告或同意追加为共同被告，以解决屯光一组收回土地并重新发包的行为是否合法的问题，故存在两个诉的合并。人民法院在受理此类案件时，如发现所列诉讼主体有误或者遗漏的，应向当事人进行必要的法律释明并记录在案。本案中，经法院释明后，黄某平户坚持要求黄某朝、黄某恩承担民事责任，不同意列屯光一组为被告，不存在两个诉的合并问题，因此法院作出驳回起诉的裁定是正确的。

在土地承包经营权纠纷中，当承包经营户认为其土地遭遇被发包方违法收回并重新发包给其他村民的情形时，如要通过起诉维护合法权益，应按照《最高人民法院关于审理涉及农村土地承包纠纷案件适用法律问题的解释》第六条第（二）项的规定，将发包方和实际占有人一起作为共同被告，这显然为承包经营户通过民事诉讼维护自身合法权益提供了一个可行路径，也解决了该类案件审理中的诉讼主体确定问题，本案属于该规定在司法实践中应用的典型实例，对于适用该规定处理类似纠纷具有一定的参考意义。

编写人：广西壮族自治区钦州市钦北区人民法院　李钦城　马小莹

42

交回承包地未以书面形式通知村委会能否视为自愿

——宋某文诉宋某中、唐山市路北区韩城镇宋乔麻庄一村村民委员会土地承包经营权案

【案件基本信息】

1. 裁判书字号

河北省唐山市路北区人民法院（2016）冀0203民初4373号民事判决书

2. 案由：土地承包经营权纠纷

3. 当事人

原告：宋某文

被告：宋某中、唐山市路北区韩城镇宋乔麻庄一村村民委员会（以下简称宋一村村委会）

【基本案情】

宋某文与宋某中均为宋一村村民。1999年前后，农村土地进行二轮延包，宋一村村委会（甲方、发包方）与宋某文（乙方、承包方）及宋某丛（乙方、承包方，2008年9月1日死亡）分别签订土地承包合同书，甲方将集体所有土地“大庙后”共2.5亩（宋某文1.5亩，宋某丛1亩）承包给乙方耕种，承包期均为30年，从1999年1月1日起至2028年12月31日止。同时，宋某文及宋某丛分别取得了上述土地的土地承包经营权证书。宋某文提交的宋一村村委会保管的农户承包土地登

记簿记载，宋某文及宋某丛名下的“大庙后”土地共2.5亩“转某中（注：指宋某中）”。2000年，宋某文及宋某丛因故将其承包的“大庙后”共2.5亩土地交回，宋一村村委会重新发包给宋某中并在宋一村村委会公示、广播，宋某文一方未提出异议。2005年9月17日，宋一村村委会（甲方、发包方）与宋某中（乙方、承包方）签订土地承包合同书，甲方将上述“大庙后”2.5亩土地承包给乙方耕种，承包期共30年，从1999年1月1日起至2028年12月31日止。2001年至今，“大庙后”2.5亩土地一直由宋某中耕种，相关农业税费也由其缴纳，后粮食补贴亦由其领取。

现因土地确权登记，宋某文与宋某中对上述2.5亩土地发生纠纷。宋某文认为，2004年因该地块浇水不畅，所以临时不再耕种，后宋一村村委会让宋某中临时耕种至今，故其起诉要求确认宋某中与宋一村村委会签订的土地承包合同中涉及“大庙后”2.5亩承包地的部分无效，宋某中返还该地块给宋某文。宋某中认为，其与宋某文之间没有合同关系，不存在土地纠纷，地是宋一村村委会分的，宋某文不应该向宋某中要地。宋一村村委会认为，因此块土地为旱地，2000年宋某文称不再耕种，交给宋一村村委会，后经村两委商议，重新签订合同给宋某中耕种，30年不变，因此宋某文无理由再请求土地承包权，宋一村村委会已经在土地登记簿上将此块土地退回，签给宋某中耕种，只是当时没有修改与宋某文的合同。

【案件焦点】

宋某文及宋某丛交回承包地未提前半年以书面形式通知宋一村村委会能否视为自愿。

【法院裁判要旨】

河北省唐山市路北区人民法院经审理认为：《中华人民共和国农村土地承包法》规定，承包期内，发包方不得收回、调整承包地，承包方可以自愿将承包地交回发包方。本案中，宋某文交回1.5亩承包地及宋某丛交回1亩承包地虽未提前半年以书面形式通知宋一村村委会，但宋一村村委会在将该2.5亩土地重新发包给宋某中后予以公示、广播，宋某文一方未提出异议，可视为自愿。宋某丛承包的土地，系以家庭承包方式而取得的农村承包经营土地，该土地的承包经营权属于农户家庭，其去世后，在承包期内其承包的土地由其他家庭成员继续承包经营。因宋某从单列成户，且农村土地承包经营权不属于个人财产，不发生继承问题，故宋某文无权对宋某丛名下的1亩土地主张权利。民事诉讼遵循“谁主张，谁举证”的原则，宋某文主张2004年以前税费由其缴纳，但不能提供相关证据，对此不予采信。宋某文1.5亩承包地无故“消失”十余年，如果宋某文不同意，宋一村村委会不可能重新发包给宋某中；倘若宋某文不知情，也不可能自愿放弃享受粮食补贴，更不可能在承包地被占十余年之后才起诉维权。

河北省唐山市路北区人民法院依照《中华人民共和国农村土地承包法》第九条、第十五条、第二十六条、第二十七条、第二十八条、第二十九条，《中华人民共和国民事诉讼法》第六十四条第一款规定，作出如下判决：

驳回宋某文的诉讼请求。

【法官后语】

土地是农民的命脉。当前，我国经济社会发展迅速，大量农村土地被征收，而且中央正在开展大规模的农村土地确权工作，土地价值飙升，加之社会诚信缺失，对土地承包经营权的归属和内容容易发生争议，这也就是广大村民过去“弃土”现在“争土”的缘由。村委会是基层群众性自治组织，囿于文化、地域、体制等多种原因，难免在日常的自我管理、教育、服务过程中存在一些瑕疵。人民法院作为司法机关，既有义务维护人民群众的合法权益，也有责任为经济社会发展保驾护航。尊重和支持村委会依法行使自治权与监督和指导村委会的行为并不矛盾，如果不是严重的瑕疵，就不应轻易否定其效力。

《农村土地承包法》第二十九条规定，承包方自愿交回承包地的，应当提前半年以书面形式通知发包方。之所以如此规定，是因为交回承包地属于解除合同，事项重大，必须告知村委会，防止弃耕撂荒，所以需“通知”；为避免空口无凭起纷争，所以需“书面”；考虑到承包方可能会反悔，也为给发包方管理、调整承包地充足的准备时间，所以需“半年”。那么，交回承包地未提前半年以书面形式通知村委会能否视为自愿。本案中，宋一村村委会对宋某文、宋某丛交回的涉案承包地重新发包并予以公示、广播，可认定宋某文、宋某丛尽到了通知义务；自2000年下半年宋某文、宋某丛通知宋一村村委会时起至2005年该村委会与宋某中签订承包合同时止，时间远超半年；宋某文、宋某丛的通知虽非书面，形式上存在瑕疵，但却是我国众多农村村民从事相关行为的惯常做法，确系其真实意思表示。此外，根据《合同法》第九十四条规定，宋某文、宋某丛在履行期限届满之前，以自己实际交回土地的行为表明不履行主要债务，也可推定其自愿放弃土地承包经营权。土地承包经营权属于用益物权，关乎承包方的切身利益，法律的立法目的在于保护承包方的权益，因为承包方一旦交回承包地，在承包期内不得再要求承包土地。案件的审判要从实际出发，不能机械适用法律，宋某文、宋某丛交回承包地视为自愿合情、合理、合法，有利于维护农村土地承包关系的稳定。

编写人：河北省唐山市路北区人民法院　赵贺

43

承包方弃耕、撂荒承包地后又反悔的处置

——吴某胜等诉王某明、王某土地承包合同案

【案件基本信息】

1. 裁判书字号

河南省光山县人民法院（2016）豫1522民初2053号民事裁定书

2. 案由：土地承包合同纠纷

3. 当事人

原告：吴某胜、吴某志、王某秀、王某盛、张某凯（以下称吴某胜等五户）

被告：王某明、王某

第三人：光山县孙铁铺镇屈寨村村民委员会（以下简称屈寨村委会）

【基本案情】

2002年春，屈寨村李桃园村民组大部分农户弃耕外出务工，导致耕地荒芜，屈寨村委会将该组耕地重新划分为东西两组，在家耕种的农户责任耕地分在东组，弃耕农户的责任耕地分在西组。各组面积均为120亩，人均2.8亩。分在西组的农户有吴某胜等五户及吴某友和王某明，总计七户，但西组农户每户具体面积、位置、四界未划

分。2002年4月26日，屈寨村委会将西组耕地120亩承包给吴某友、李某坤和王某明耕种，期限10年。同年，吴某友、李某坤和王某明经与屈寨村委会协商，吴某友、李某坤和王某明退出，三人承包的西组耕地120亩转让给王某一人用于退耕还林，王某承包120亩土地后小部分用于栽种树木、造塘养鱼、养鸡，大部分用于种植水稻。2016年3月，吴某胜等五户以找王某明、王某及屈寨村委会要求返还原承包的西组耕地遭拒为由提起诉讼。

【案件焦点】

农村土地承包方弃耕、撂荒后请求新承包方及村委会返还承包地并赔偿损失是否应予支持。

【法院裁判要旨】

河南省光山县人民法院经审理认为，《中华人民共和国农村土地承包法》第二十九条规定，承包期内，承包方可以自愿将承包地交回发包方。承包方自愿交回承包地的，应当提前半年以书面形式通知发包方。承包方在承包期内交回承包地的，在承包期内不得再要求承包土地。《最高人民法院关于审理涉及农村土地承包纠纷案件适用法律问题的解释》（以下简称《解释》）第十条规定，承包方交回承包地不符合农村土地承包法第二十九条规定程序的，不得认定其为自愿交回。第六条第一款第（二）项规定，农村土地承包因发包方违法收回、调整承包地，或者因发包方收回承包方弃耕、撂荒的承包地产生的纠纷，发包方已将承包地另行发包给第三人，承包方以发包方和第三人为共同被告，请求确认其所签订的承包合同无效、返还承包地并赔偿损失的，应予支持。但属于承包方弃耕、撂荒情形的，对其赔偿损失的诉讼请求，不予支持。吴某胜等五户因外出打工弃耕、撂荒所承包土地，并未以书面形式通知发包方交回承包地。屈寨村委会将其承包地另行发包给王某明等三人，在王某明等三人退出后又发包给王某用于退耕还林，现吴某胜等五户请求返还承包地，理由正当。但在土地重新发包给王某明、王某前，屈寨村委会对弃耕户（含吴某胜等五户）弃耕的土地收回后，重新进行了调整，统一将该村李桃园组西120亩耕地作为吴某胜等五户承包的耕地面积，但没有具体划分每户各自承包的耕地面积、位置、四界，故吴某胜等五户要求屈寨村委会和王某返还承包耕地的具体面积、位置、四界不清，诉讼请求不明确、不具体，依法应驳回起诉。吴某胜等五户可以向所在基层组织、辖区农村土地承包合同管理机关申请解决。

河南省光山县人民法院依照《中华人民共和国民事诉讼法》第一百一十九条、第一百五十四条第一款第（三）项，《最高人民法院关于适用〈中华人民共和国民事诉讼法〉的解释》第二百零八条第三款规定，作出如下裁定：

驳回吴某胜等五户的起诉。

【法官后语】

审理涉及农村土地承包合同纠纷的案件，要从大批农民进城务工、大量土地抛荒的实际出发，既要鼓励和支持土地向专业大户、合作社流转，又不能突破土地承包经营权作为农民基本生存保障的生产要素这一根本属性，要以稳定农村土地承包关系为宗旨。《最高人民法院关于审理涉及农村土地承包纠纷案件适用法律问题的解释》第六条第一款第（二）项规定，农村土地承包因发包方违法收回、调整承包地，或者因发包方收回承包方弃耕、撂荒的承包地产生的纠纷，发包方已将承包地另行发包给第三人，承包方以发包方和第三人为共同被告，请求确认其所签订的承包合同无效、返还承包地并赔偿损失的，应予支持。但属于承包方弃耕、撂荒情形的，对其赔偿损失的诉讼请求，不予支持。但是，该解释第一条第二款规定，集体经济组织成员因未实际取得土地承包经营权提起民事诉讼的，人民法院应当告知其向有关行政主管部门申请解决。本案中，屈寨村委会将弃耕户弃耕的土地收回后重新调整，统一将该村120亩耕地作为弃耕户承包的耕地，但没有具体划分每户各自承包的耕地面积、位置、四界，应视为农村土地承包合同主要条款不明确、不具体，合同并未成立，即吴某胜等五户弃耕的土地被收回后，并未重新取得土地承包经营权。现其诉讼主张土地承包经营权，符合上述解释第一条第二款规定，法院应以所诉事项不属人民法院主管为由驳回起诉，同时应告知其向所在乡、村以及辖区农村土地承包合同管理机关提出申请，进一步完善合同条款，签订正式土地承包合同。

编写人：河南省光山县人民法院　李旭珠

44

农村土地承包合同侵犯原土地承包经营权人优先承包权的内容无效

——孙某龙诉孙某勇等农村土地承包合同案

【案件基本信息】

1. 裁判书字号

山东省济南市历城区人民法院（2016）鲁0112民初5526号民事判决书

2. 案由：农村土地承包合同纠纷

3. 当事人

原告：孙某龙

被告：孙某勇、济南高新技术产业开发区遥墙街道小孙家村民委员会（原济南市历城区遥墙街道小孙家村民委员会，以下简称小孙家村委会）

【基本案情】

2004年，小孙家村委会从每个人的家庭承包土地中匀出0.2亩土地，作为小孙家村的机动用地，由小孙家村委会统一对外承包，收取的承包费由村里统一安排使用，包括村里修路等。2004年3月5日，孙某龙与小孙家村委会签订《土地承包合同书》，约定：孙某龙承包土地共计3亩，承包期为10年，自2004年3月15日至2014年3月15日，承包费每亩每年200元，一次性交清10年承包费共计6000元；合同签订后双方均不得违约，不得随便终止合同。签订合同后，孙某龙与小孙家村委会均履行了合同义务。2013年9月9日，小孙家村委会对土地承包进行了公开招标，次日小孙家村支部书记孙某福宣布中标作废。2013年11月30日，小孙家村委会向各户下发了有关土地承包的通知，通知内容为：各农户，我村各片承包地于2014年3月5日到期，为了继续延包，为了解决多年以来与各农户的经济来往，按照在街道与各片签订的协议，承包地按每人所分的土地交承包费，年限降低到15年，价格提高到每亩每年600元，一次性交清承包费，彻底解决多年以来与户下的经济来往，只准由本户在交承包费时扣除，不准顶扣别的户，请承包者于12月3日至7日到村委交承包费，凭村委开其的收据参加抓阄分地，不按时交承包费的等于自动放弃由村委另行发包；二队每人应分0.2亩，交款1800元。孙某勇及小孙家村委会均认可该通知下发到第二生产小组每户。在未召开村民代表会议或公开招标的情况下，孙某勇与小孙家村委会于2013年12月25日签订了《土地承包合同书》，约定：孙某勇承包小孙家村第二生产小组土地，四至为：东至二片南北排水沟，长110米，南至东西生产路，长40.5米，西至冯家村道路，长113米，北至池塘包含整个角子地、空地，面积为12亩；承包使用年限为30年，自2014年5月1日至2044年4月30日；承包费每年每亩300元，签订合同的同时孙某勇将承包费10.8万元一次性交清；在合同履行期间，小孙家村委会保证该承包土地的使用权无异议，如第三方对该承包土地的使用权有异议或产生纠纷，影响合同正常履行，责任由小孙家村委会负责，视为其违约。合同签订后，孙某勇于2013年12月31日向小孙家村委会交纳承包费10.8万元。

【案件焦点】

1. 孙某龙是否具有原告的主体资格；2. 孙某勇与小孙家村委会于2013年12月25日签订的《土地承包合同书》中有关原属于孙某龙承包地（3亩）的部分是否有效。

【法院裁判要旨】

山东省济南市历城区人民法院经审理认为：小孙家村委会于2013年11月30日向各户下发了有关土地承包的通知，通知载明的土地承包费价格提高到每亩每年600元，并明确了交纳承包费的时间、地点。孙某龙和孙某勇在规定的时间内均未交纳承包费。此后，孙某勇找到小孙家村支部书记孙某福表示要承包土地，在未经公开招标或召开村民代表会议确定承包费数额、承包方案的情况下，小孙家村委会与孙某勇签订了《土地承包合同书》，将包括孙某龙原承包地在内的12亩土地承包给孙某勇，侵害了孙某龙的优先承包权，该《土地承包合同书》中有关原属于孙某龙的承包地（3亩）的部分无效。孙某龙原承包土地3亩，根据法律规定，在承包费、承包期限等主要内容相同的条件下，有优先承包权。孙某龙现虽然表示继续承包该土地，但因小孙家村委会未通过民主议定程序设定承包条件，孙某龙的优先承包权无法行使。

山东省济南市历城区人民法院依照《中华人民共和国农村土地承包法》第三条、第十八条，《最高人民法院关于审理涉及农村土地承包纠纷案件适用法律问题的解释》第六条、第十九条规定，作出如下判决：

一、确认孙某勇与小孙家村委会于2013年12月25日签订的《土地承包合同书》中关于原属于孙某龙承包地（3亩）的部分无效；

二、驳回孙某龙的其他诉讼请求。

【法官后语】

随着城镇化对土地资源需求的扩大，以及农村社会经济结构及利益格局的变化，农村土地承包纠纷呈多发趋势并出现一些新情况和新特点。农村土地承包案件数量较多，且多数案件至少涉及争议土地前后“承包人”和村委会等三个以上利益主体，一些个案从表象上看仅是村民或农户与村委会之间的纠纷，但其实是群体性纠纷的代表，背后往往还直接和间接地涉及其他众多农户的利益，裁判结果对其他纠纷具有示范意义。人民法院在审理该类案件时，应该尊重和保障农户生产经营主体地位、坚持不损害农民权益的原则，对农户的承包经营权实施严格的司法保护，稳定农村土地承包关系。对于违法收回、调整承包地等各种侵害承包经营权的行为，依法责令发包人承担相应法律责任，维护农民的土地承包权益。

本案中，孙某龙在2004年即已通过与小孙家村委会签订《土地承包合同书》的形式，承包了涉案土地，取得土地承包经营权。根据《物权法》和《农村土地承包法》规定，承包期届满，土地承包经营权人可按照国家规定继续承包，故孙某龙可以按照规定继续承包。《农村土地承包法》第十八条规定了土地承包应当遵循的原则，其中要求承包方案应当经民主议定程序确定，而小孙家村委会未经此程序确定承包方案，且在原公布条件为每亩每年600元的情况下，未再公布新的条件，却由孙某勇以300元的价格将土地承包，明显违背了法律规定，应属无效。关于孙某龙是否具有优先承包权的问题，根据《农业法》第十三条规定，优先承包权是特定承包者的一种优先承包利益，依照法律规定，承包土地合同期满又重新发包时同等条件下原承包方具有优先权，孙某龙作为原土地承包经营权人，已经明示要求行使优先权，而小孙家村委会并未将孙某勇承包土地的条件告知孙某龙，在这种情况下小孙家村委会与孙某勇签订了承包合同，显然侵犯了孙某龙的优先权，该合同有关内容因此而无效。

编写人：山东省济南市历城区人民法院　窦希梅

45

如何认定发包人是否存在事实上不能履行的障碍

——刘某林诉夹江县青州乡石滩村第四农业合作社农村土地承包合同案

【案件基本信息】

1. 裁判书字号

四川省乐山市中级人民法院（2018）川11民终346号民事判决书

2. 案由：农村土地承包合同纠纷

3. 当事人

原告（上诉人）：刘某林

被告（被上诉人）：夹江县青州乡石滩村第四农业合作社（以下简称石滩四社）

【基本案情】

刘某林系石滩四社村民。讼争果场位于石滩四社，曾由刘某承包。2016年12月，刘某承包期限届满。现果场并无树木，栽种的全为茶树，石滩四社无该果场土地所有权有关凭证。2017年2月16日，石滩四社时任社长费某召集社员代表（以户为单位）开会，讨论果场承包期满后重新发包的问题。当天，除5户不在家未参加会议外，其余62户代表参加了会议。其中37户同意将果场重新发包，报名费100元，公示期7天。尔后，刘某林与其他竞标人参加报名，并交纳报名费。2017年2月20日，经各方报价，刘某林最终以2.2万元竞标成功。当日，刘某林向石滩四社交纳定金5000元，石滩四社出具收条一张，载明：今收到石滩四社刘某林交来承包原有果场，现有茶山竞标成功定金5000元。翌日，石滩四社有十几户村民认为果场是属于他们的，便强行占有果场。为此，石滩四社报警求助。2017年2月24日，夹江县青州乡人民政府作出公告，内容为："夹江县青州乡石滩村四社将原有集体山林63亩于2017年2月22日承包给刘某林，现因此63亩山林的使用权存在争议，经青州乡党委、政府研究决定，石滩村四社承包山林给刘某林的合同暂缓执行。"此后，刘某林多次要求石滩四社签订书面合同、交付土地未果。

2017年11月13日，刘某林向法院起诉，请求判令：1. 石滩四社立即向刘某林交付讼争果场；2. 石滩四社向刘某林支付定金1万元。

【案件焦点】

1. 本案土地承包合同是否成立；2. 承包合同标的物的交付是否存在法律上、事实上不能履行的障碍。

【法院裁判要旨】

四川省夹江县人民法院经审理认为：果场原承包期届满后，石滩四社决定重新发包，向外界发布消息，是要约邀请。虽然刘某林参与竞标并成功，也不能以此确定刘某林、石滩四社双方合同已经订立。首先，《中华人民共和国农村土地承包法》第四十五条规定："以其他方式承包农村土地的，应当签订承包合同。当事人的权利和义务、承包期限等，由双方协商确定。以招标、拍卖方式承包的，承包费通过公开竞标、竞价确定；以公开协商等方式承包的，承包费由双方议定。"刘某林、石滩四社也承认中标后还应当签订书面合同，但至今双方尚未订立书面合同，双方的权利义务尚不明确。其次，在尚未采用书面形式订立合同的情况下，不管是刘某林、石滩四社哪一方，均未履行主要义务。也就是说，刘某林未交纳承包费，石滩四社也未交付果场，故不能认定双方合同已成立。最后，石滩四社发出的要约，难以确定具体内容，标的、数量、履行期限等不明确，缺乏合同成立的必备要件。特别是果场四至和面积不清，是否属于石滩四社所有，并无有关权属凭证予以证明。石滩四社十几户农户是否拥有果场土地使用权与石滩四社存在较大争议。根据《中华人民共和国土地管理法》第十六条第一款关于"土地所有权和使用权争议，由当事人协商解决；协商不成的，由人民政府处理"之规定，果场权属的争议，不属民事争议。鉴于以上三点，刘某林、石滩四社之间合同尚未成立。由于石滩四社的种种原因，致使刘某林、石滩四社双方合同目的落空，对于刘某林交纳的定金，可实行定金罚则，石滩四社应当双倍返还。

四川省夹江县人民法院依照《中华人民共和国合同法》第十条、第十二条、第三十六条、第一百一十五条，《最高人民法院关于适用〈中华人民共和国合同法〉若干问题的解释（二）》第一条规定，判决如下：

一、石滩四社在本判决生效后十日内双倍返还刘某林定金1万元；

二、驳回刘某林的其他诉讼请求。

刘某林不服一审判决，提起上诉。

四川省乐山市中级人民法院经审理认为：农村土地承包合同是指以农村集体经济组织成员家庭承包或者不宜采取家庭承包方式的荒山、荒沟、荒丘、荒滩等农村土地以招标、拍卖、公开协商等方式，承包农民集体所有和国家所有依法由农民集体使用的耕地、林地、草地，以及其他依法用于农业的土地的合同。土地承包经营权出租合同是指农村土地承包人依法将农村土地承包经营权出租给他人经营而签订的合同。本案争议为石滩四社与刘某林因土地以其他方式承包产生的纠纷，是农村集体经济组织与其成员间的土地承包纠纷，不是承包人取得承包经营权后出租给他人产生的纠纷，本案案由应确定为农村土地承包合同纠纷，一审确定案由为土地承包经营权出租合同纠纷不当，本院予以纠正。石滩四社在拍卖成交后应当与刘某林签订书面的土地承包经营合同，书面合同虽未签订，但并不影响双方承包合同的成立。本案合同虽已成立，但石滩四社交付果场的土地目前存在事实上不能履行的障碍，刘某林要求石滩四社交付果场土地的上诉理由不成立，不予支持。综上，刘某林关于交付果场的上诉请求不能成立，应予驳回；一审判决认定事实清楚，适用法律部分正确，但认定承包合同未成立不当，予以纠正，因该认定不影响判决结果，对一审判决结果予以维持。

四川省乐山市中级人民法院依照《中华人民共和国合同法》第二十五条、第一百一十条，《最高人民法院关于适用〈中华人民共和国合同法〉若干问题的解释（二）》第一条，《中华人民共和国农村土地承包法》第四十五条，《中华人民共和国民事诉讼法》第一百七十条第一款第（一）项规定，作出如下判决：

驳回上诉，维持原判。

【法官后语】

这是一起典型的农村土地承包合同纠纷案件，在农村土地流转日益增加、农民利益保障逐渐完善的今天，具有一定的普遍性和代表性。

1. 关于本案土地承包合同是否成立的问题。第一，《最高人民法院关于适用〈中华人民共和国合同法〉若干问题的解释（二）》第一条第一款规定："当事人对合同是否成立存在争议，人民法院能够确定当事人名称或者姓名、标的和数量的，一般应认定合同成立。但法律另有规定或者当事人另有约定的除外。"第二，本案承包经营权合同的双方当事人为石滩四社与刘某林，合同标的是承包经营权，发包承包关系的客体即石滩四社果场的土地承包经营权，数量仅一份石滩四社果场的土地承包经营权，合同的当事人名称或者姓名、标的和数量均是确定的，本案承包合同已成立；第三，《合同法》第二十五条规定："承诺生效时合同成立。"对拍卖合同，拍卖人的拍卖公告是要约邀请，竞买人应价是要约，买受人是最高应价人，拍卖人确定拍卖成交是承诺，本案中，刘某林提出的承包经营权价格为拍卖中的最高应价即2.2万元/年，石滩四社向刘某林出具的收取定金收条中载明"竞标成功定金"，表明石滩四社已确认拍卖成交，已向刘某林承诺向其发包果场的承包经营权，本案承包合同已成立；第四，《农村土地承包法》第四十五条规定："以其他方式承包农村土地的，应当签订承包合同。当事人的权利和义务、承包期限等，由双方协商确定。以招标、拍卖方式承包的，承包费通过公开竞标、竞价确定；以公开协商等方式承包的，承包费由双方议定。"石滩四社在拍卖成交后应当与刘某林签订书面的土地承包经营合同，书面合同虽未签订，但并不影响双方承包合同的成立。综上，拍卖成交后，书面合同虽未签订，但并不影响双方承包合同的成立。

2. 关于承包合同标的物的交付是否存在法律上、事实上不能履行的障碍的问题。《合同法》第一百一十条规定："当事人一方不履行非金钱债务或者履行非金钱债务不符合约定的，对方可以要求履行，但有下列情形之一的除外：（一）法律上或者事实上不能履行；（二）债务的标的不适于强制履行或者履行费用过高；（三）债权人在合理期限内未要求履行。"本案合同的标的物石滩四社果场的土地目前已被该组部分村民占用，石滩四社所在的夹江县青州乡人民政府也公告称该土地的使用权存在争议暂缓履行与刘某林的合同，因此，本案合同虽已成立，但石滩四社交付果场土地的义务目前存在事实上不能履行的障碍，刘某林要求石滩四社交付果场土地的理由不成立。因此，土地承包中标后，但集体经济组织交付土地的义务存在事实上不能履行的障碍，承包人要求发包人交付土地的理由是不能成立的。

编写人：四川省夹江县人民法院　肖　红

46

以承包方案代替承包合同的农村土地承包案件中民事诉讼与行政诉讼的界定

——李某女等诉广州市南沙区万顷沙镇民兴村民委员会农村土地承包合同案

【案件基本信息】

1. 裁判书字号

广东省广州市中级人民法院（2017）粤01民终7043号民事判决书

2. 案由：农村土地承包合同纠纷

3. 当事人

原告（李某洪）：李某女、陈某根、陈某明、陈某宇、陈某有（以下称李某女等五人）

被告（李某洪）：广州市南沙区万顷沙镇民兴村民委员会（以下简称民兴村委会）

【基本案情】

李某女等五人是同一户籍的家庭成员，户籍性质为农业户口，均为民兴村第四生产队队员。2009年9月10日，民兴村召开村民代表会议，表决通过了《土地调整方案》。由于时任民兴村第四生产队队长的李某女认为民兴村委会在分配土地时存在不公平现象，故拒绝执行《土地调整方案》。民兴村委会于2010年1月20日在召集各生产队队长参加的情况下，主持开展第四生产队的土地分配工作。由于李某女户没有参加当天的分地活动，民兴村委会遂将分配剩下的、应当由李某女户所享有的土地份额作出预留。双方至今未签订书面土地承包合同。李某女等五人至今未实际接收土地进行生产经营，仍对民兴村委会交付的土地存在异议。但李某女等五人主张与民兴村委会之间的农村土地承包合同关系自2009年9月10日召开村民代表会议并表决通过了《土地调整方案》时成立，其要求民兴村委会赔偿，属于履行合同可获得的利益损失。民兴村委会则主张双方的农村土地承包合同应自《土地调整方案》表决通过后，于2010年1月20日通知各生产队之日成立，后主张双方并非农村土地承包合同关系，而是根据村人口进行责任田分配，是无偿性质，属于村民福利。

【案件焦点】

1. 李某女等五人与民兴村委会存在何种民事法律关系；2. 李某女等五人与民兴村委会的农村土地承包合同何时成立。

【法院裁判要旨】

广东省广州市南沙区人民法院认为，广州市中级人民法院在（2015）穗中法行终字第1322号终审判决中，认为李某女等五人主张的延迟交付土地所造成的经济损失，是集体经济组织延迟履行承包合同而造成的集体经济组织成员的损失，因此产生的纠纷属于民事纠纷的范畴，不属于行政主管部门处理的职权范围。该终审判决从程序上指明了李某女等五人的赔偿损失主张应通过民事诉讼解决，在实体上，不涉及民事权利义务关系的认定和处理。李某女等五人提起本案诉讼于法有据。

关于李某女等五人与民兴村委会存在何种民事法律关系。依照《中华人民共和国农村土地承包法》第三条、第五条、第十二条、第十五条、第二十一条、第二十二条规定，民兴村委会将集体土地分配给属于集体组织成员的李某女等五人，属农村土地承包关系，双方在土地承包中的权利义务受上述法律规范的调整。至于土地承包是否有偿，属集体组织内部事务，不影响该项法律关系的性质。双方应依法签订书面《农村土地承包合同》，设立农村土地承包合同关系。李某女等五人应自农村土地承包合同成立时取得土地承包经营权。民兴村委会认为其分配土地给李某女等五人并非土地承包关系，而是属于村民福利待遇的主张不能成立。

关于李某女等五人与民兴村委会的农村土地承包合同何时成立。依照合同法规定，合同的成立应经过要约与承诺两个阶段，合同的一般条款包括：当事人名称、合同标的、数量、质量、价款、履行期限、地点和方式、违约责任等，但合同在当事人就合同的主要条款达成合意后即可成立。在本案，民兴村委会自 2009 年 9 月 10 日召开村民代表会议表决通过了《土地调整方案》后，在李某女户拒绝执行该方案且没有参加分配土地活动的情况下，将分配剩下的“日字号”6.7 亩土地预留给李某女户，并在 2010 年 2 月 6 日召开的村党员会议上，由时任村支书陈某将所预留土地的位置、亩数等情况通知了作为党员参加会议的陈某根。从最终民兴村委会交付土地的结果看，与其预留的“日字号”土地相符。另外，《土地调整方案》确定了土地调整年限 10 年，即：由 2010 年 1 月 1 日至 2019 年 12 月 31 日，民兴村委会承认土地承包为无偿。根据上述事实，民兴村委会的通知已具备土地承包合同主要条款的内容，可视为其于 2010 年 2 月 6 日向李某女户发出签订合同的要约。李某女等五人因要求民兴村委会在传统耕地外另行分配土地的诉求经过行政处理以及行政诉讼，被广州市中级人民法院（2013）穗中法行终字第 169 号终审判决驳回后，才于 2013 年 10 月 29 日向民兴村委会提出交付所预留土地的要求，则可视为李某女等五人作出签订合同的承诺。至此双方的土地承包合同关系成立并生效，李某女等五人取得土地承包经营权，民兴村委会应按合同履行交付土地的义务。法律关于应当签订书面承包合同的规定，属于倡导性规范而非禁止性、效力性规范。双方没有签订书面承包合同并不影响合同关系的成立。至于李某女等五人要求民兴村委会交付“日字号”土地以及民兴村委会交付土地是否符合合同约定则属合同履行的争议问题。根据《中华人民共和国合同法》第六十一条规定，由于双方没有签订书面合同，有关合同的其他条款应由双方根据上述法律规定，结合《土地调整方案》、村党员会议上通知以及其他相关通知的内容协商解决或通过补充协议解决。

关于民兴村委会是否应承担赔偿责任。根据李某女等五人与民兴村委会于 2013 年 10 月 29 日成立的土地承包合同关系，民兴村委会应履行合同的土地交付义务。本院酌定参照 2013 年、2014 年《广东省人身损害赔偿计算标准》中的农村居民人均每年纯收入标准酌定按 13 个月计算李某女等五人损失共计 62270.04 元。

广东省广州市南沙区人民法院依照《中华人民共和国合同法》第八条、第十条、第十三条、第十六条、第二十一条、第二十二条、第二十五条、第四十四条、第六十一条、第一百零七条、第一百一十三条第一款，《中华人民共和国农村土地承包法》第三条、第五条、第十二条、第十五条、第二十一条、第二十二条规定，作出如下判决：

一、民兴村委会自本判决发生法律效力之日起七日内，赔偿李某女等五人62270.04元；

二、驳回李某女等五人的其他诉讼请求。

李某女等五人不服一审判决，提起上诉。

广东省广州市中级人民法院经审理，以与一审同样的理由认为李某女等五人与民兴村委会的土地承包合同关系于2013年10月29日成立生效，民兴村委会应履行交付土地的合同义务。经广州市中级人民法院（2015）穗中法行终字第1322号终审判决认定，民兴村委会实际于2014年11月28日才履行了土地交付义务。因此，其应承担逾期履行合同义务的违约责任。一审法院酌情参照2013年、2014年《广东省人身损害赔偿计算标准》中的农村居民人均每年纯收入标准计算损失，予以支持。

广东省广州市中级人民法院依照《中华人民共和国民事诉讼法》第一百七十条第一款第（一）项规定，判决如下：

驳回上诉，维持原判。

【法官后语】

本案涉及“行民诉讼交叉”问题。所谓行政与民事交叉案件是指行政诉讼与民事诉讼在案件处理结果上存在因果关系，或者在导致纠纷产生的法律事实之间存在因果关系或相互联系和影响。一般而言，农村集体土地承包的实施过程，分为土地承包分配方案的确定及土地承包合同的签订两个阶段，前一阶段属于农村集体经济组织内部管理事务，所发生的纠纷由当地人民政府调处决定，不服该决定的，通过行政诉讼解决。后一阶段属于民事法律行为范畴，所发生的纠纷通过民事诉讼解决。然而，本案中，集体经济组织仅以召开村民代表会议表决通过《土地调整方案》并公示执行，并未与其成员明确签订书面的《土地承包经营合同》，此时，如果对行政诉讼与民事诉讼管辖的边界及处理范围不加以明确，容易导致法院管辖边界模糊，难以保障当事人的合法权益。

要明确本案是否属于民事诉讼的管辖范围，关键在于明确《土地调整方案》公示并执行的行为是否属于民事行为。《最高人民法院关于审理涉及农村土地承包纠纷案件适用法律问题的解释》第一条第二款规定：集体经济组织成员因未实际取得土地承包经营权提起民事诉讼的，人民法院应当告知其向有关行政主管部门申请解决。这里的“集体经济组织成员因未实际取得土地承包经营权提起民事诉讼”，是指集体经济组织成员因没有取得土地承包经营权而起诉要求通过村民民主决议方式取得该权利，如召开村民大会、确定承包方案等。对此类纠纷，应由有关行政主管部门处理，人民法院不宜将其作为民事案件受理。因此，本案中确定《土地调整方案》的行为应属于行政诉讼管辖的范围。李某女等五人对《土地调整方案》不服，向当地镇政府提出了行政处理申请。后历经行政处理、行政诉讼，法院将此类案件作为行政案件受理，符合法律规定。

然而，土地承包方案一旦经村民民主议定程序确定，方案的公示便涉及民事管辖的范围，而方案的公示是确定方案后实施的行为，后者是前者的前提与基础，故该方案的公示有可能涉及民事诉讼及行政诉讼的交叉。如何认定该行为的性质，成为本案是否作为民事案件受理的依据。

本案中，民兴村委会的通知已具备土地承包合同主要条款的内容，可视为民兴村委会于2010年2月6日向李某女等五人户发出签订合同的要约。李某女等五人因要求民兴村委会另行分配土地的诉求经过行政处理以及行政诉讼，于2013年10月29日向民兴村委会提出交付所预留土地的要求，可视为其于此日作出签订合同的承诺。至此双方的土地承包合同关系成立并生效。

根据《农村土地承包法》第二十三条规定，承包方自承包合同生效时取得土地承包经营权，故承包合同签订生效后，集体经济组织成员以集体经济组织未实际交付承包地块而起诉的，属因履行合同而发生的争议，也应当作为民事案件受理。本案中，当确定了方案的公示及执行属于民事行为这个关键节点后，即双方承包合同成立并生效，承包方取得土地承包经营权，民事诉讼及行政诉讼的管辖范畴得以分清，后续行为便可根据相关法律规定，明确民行诉讼交叉的界限。

编写人：广东省广州市南沙区人民法院　罗敏　张博文

九、宅基地使用权纠纷

47

合法受让的本村宅基地使用权依法受保护

——江某龙诉江某全等排除妨害案

【案件基本信息】

1. 裁判书字号

广西壮族自治区贵港市覃塘区人民法院（2017）桂0304民初1546号民事判决书

2. 案由：排除妨害纠纷

3. 当事人

原告：江某龙

被告：江某全、江某旺、江某荣、江某鸿、江某生（以下称江某全等5人）

【基本案情】

1991年4月17日，江某龙与原覃塘镇龙凤村公所（现覃塘镇龙凤村委会，以下简称龙凤村公所）签订协议，约定龙凤村公所将属其所有的坐落于贵港市覃塘区覃塘镇××村的八间村办集体企业红砖、泥砖瓦房以5000元的价格转让给江某龙。协议签订后，江某龙即支付了5000元给龙凤村公所，龙凤村公所将涉案房屋及土地交由江某龙管理使用。1992年7月18日，土地管理部门对涉案房屋及土地进行确权登记，集体土地建设用地使用权证号为××号，土地使用者为龙凤村公所，用地面积413.14平方米，建筑占地面积225.72平方米，用地类别为宅基地。之后涉案房屋及宅基地一直由江某龙占有使用，未有人提出异议，江某龙亦未与村公所办理过户手续。后因北面三间泥砖瓦房中最东面的一间年久失修，处于危房状态，江某龙将其拆除。2010年11月5日，覃塘镇龙凤村下江屋屯部分村民见涉案房屋年久失修，存在安全隐患，在没有经过江某龙同意的情况下擅自拆除了北面的另两间泥砖瓦房，同年12月9日，部分村民在没有经过江某龙同意的情况下再次将其余5间红砖瓦房推倒，欲平整作为村中公共活动场所。江某龙为此事多次与村民发生矛盾，覃塘派出所为此曾多次出警调处，覃塘镇政府及覃塘镇龙凤村委会也曾多次进行调解，均未果。

【案件焦点】

1. 合法受让的本村宅基地使用权能否受法律保护；2. 如何确定受让的宅基地使用权是否合法。

【法院裁判要旨】

广西壮族自治区贵港市覃塘区人民法院经审理认为：双方争议的焦点为：1. 江某全等5人是否实施了对江某龙涉案房屋的侵权（拆除）行为；2. 本案是否超过诉讼时效；3. 江某龙主张的经济损失是否有事实和法律依据；如有事实和法律依据，则该损失与江某全等5人的行为是否有因果关系。关于争议焦点1，涉案房屋及附属土地系江某龙于1991年向龙凤村公所购买所得，双方签订了合同，江某龙支付了对价，该交易行为系在同一村集体内部进行，主体合法，买卖行为也没有违反法律法规的禁止性规定，且江某龙使用涉案房屋及附属土地至今已经三十多年，虽然江某龙就该房屋及附属土地没有申请办理房产所有权证及集体土地建设用地使用证，但这并不能否认买卖合同的效力，不能否认江某龙对涉案的房屋及土地享有的权利，且经核查土地管理部门对涉案土地也有登记，使用权登记于龙凤村公所名下，故江某龙对涉案的房屋及附属土地享有合法的所有权及使用权，任何公民及其他组织不得侵犯其合法权益。江某龙主张江某全等5人参与实施拆除涉案房屋，哄抢红砖，妨碍其对涉案土地的使用，根据本案现有证据，不足以证实江某全等5人对江某龙涉案的房屋实施了拆除行为和哄抢红砖以及妨碍江某龙在涉案房屋所附属的土地上建房的行为，故对其要求江某全等5人停止侵害、排除妨碍，不予支持。关于争议焦点2，江某龙自涉案的房屋及土地受到侵犯以来，一直不停地向村委会和镇政府及公安机关等相关部门反映，也曾经上述部门多次调处，根据《中华人民共和国民法总则》关于诉讼时效的相关规定，请求停止侵害、排除妨碍的依法不适用诉讼时效的规定，故江某龙的诉讼请求不受诉讼时效约束。关于争议焦点3，因江某龙无充分证据证实江某全等5人实施了侵权行为，故其主张的经济损失，不予支持。

广西壮族自治区贵港市覃塘区人民法院依照《中华人民共和国民法总则》第一百二十条、第一百七十九条、第一百九十六条第（一）项，《中华人民共和国民事诉讼法》第六十四条规定，作出如下判决：

驳回江某龙的诉讼请求。

【法官后语】

涉案房屋及宅基地位于209国道边，随着公路的逐步扩建，该地段土地大幅升值。近年来，龙凤村部分村民开始对江某龙受让涉案房屋及宅基地使用权的合法性提出异议，并妨害江某龙对涉案房屋及土地的管理使用。为此，江某龙与部分村民多次发生冲突，并引发本案纠纷。

农村宅基地使用权是我国特有的一项独立的用益物权，是农村居民在依法取得集体经济组织所有的宅基地上建造房屋及其附属设施，并对宅基地进行占有、使用和有限处分的权利。它具有严格的身份性、无偿使用性、永久使用性等特点。其取得方式有原始取得与继受取得。

依据《土地管理法》第二条“土地使用权可以依法转让”和第八条“宅基地和自留地、自留山，属于农民集体所有”的规定，农村宅基地属集体所有，村民有使用权。宅基地和其他集体所有的土地一样，可以依法转让土地使用权。农村宅基地使用权转让的，如果受让方是本集体经济组织成员，经过集体经济组织同意，应当认定转让行为有效。反之，如果受让方非本集体经济组织成员，则转让农村宅基地使用权的行为无效。

本案中，判断江某龙的权利是否遭到了侵害，前提是江某龙对涉案房屋是否享有合法的所有权及使用权，具体包括以下两个层面的问题：

1. 关于江某龙与龙凤村公所签订的协议是否有效的问题。江某龙于1991年购买村集体房屋及宅基地与龙凤村公所签订购买协议时，《村民委员会组织法》（1998年施行）并未施行，仅有《村民委员会组织法（试行）》，该法第一条规定“涉及全村村民利益的问题，村民委员会必须提请村民会议讨论决定”，根据该规定，龙凤村公所转让房屋及宅基地，涉及全村村民利益，应当提请村民会议讨论决定。因协议签订时距今时代久远，当时龙凤村公所的干部早已离任或去世，现在的村委会也无法提供当年的有关材料（会议记录）进行考证，无法查明当初龙凤村公所转让房屋及宅基地时是否提交村民会议讨论决定。退一步讲，即使未经村民会议讨论决定，该转让行为是否有效。从当时的土改大背景来看，集体土地使用权管理并不规范，关于村民委员会组织运行的相关规定、制度亦在绝大部分农村地区没有完全得到落实，村民委员会内部管理、运行极不规范，未按法律规定程序处理集体财产或土地使用权的行为更是比比皆是，但是一般情况下，村民也不会对这些处理行为提出异议。如果抛开当时的背景因素，仅依据法律规定来认定转让行为是否有效，对于信任龙凤村公所的江某龙来说，显然有失公允。而且，江某龙与江某全等5人属同一村同一生产队村民，龙凤村公所将涉案房屋及宅基地转让给江某龙并交付给江某龙占有、管理、使用，村里的村民均知情，但是在转让行为发生后至2010年，此间二十年来，无人对此提出异议，应当视为该村村民均认可龙凤村公所的转让行为。所以，笔者认为，江某龙与龙凤村公所就涉案房屋及宅基地使用权所签订的购买协议合法有效。

2. 关于江某龙是否获得涉案房屋所有权及宅基地使用权的问题。根据我国《物权法》第九条规定，不动产物权的设立、变更、转让和消灭，经依法登记，发生效力；未经登记，不发生效力，但法律另有规定的除外。虽然《物权法》对不动产物权的变更要求登记方有效，但是在江某龙购买房屋的1991年，《物权法》并没有实施，并且当时涉案房屋及土地也没有进行登记，1992年土地管理部门才对涉案房屋及土地进行确权登记，登记的权利所有人为龙凤村公所。从实际情况来看，江某龙对这一确权行为并不知情，故而也不会要求龙凤村公所办理过户登记手续，而且在广大农村，直至近两年土地确权登记制度才开始实施，以前根本没有相关概念，农村房屋及土地未进行确权登记属于常态，江某龙作为普通村民，对涉案房屋及土地确权情况不知情也属正常，所以涉案房屋及土地没有进行变更登记，江某龙不存在任何过错。同时，虽然江某龙没有就涉案房屋及宅基地办理过户手续，进行变更登记，但是由于其已经按约支付全部房价，且自1991年以来一直占有、管理、使用至今，未有人对此提出异议，可以据此认为其对涉案房屋和宅基地享有所有权及使用权。

编写人：广西壮族自治区贵港市覃塘区人民法院　程静

48

转让农村宅基地使用权的合同不必然无效

——陈某青诉陈某妹、蔡某洋宅基地使用权案

【案件基本信息】

1. 裁判书字号

浙江省台州市中级人民法院（2017）浙10民终932号民事判决书

2. 案由：宅基地使用权纠纷

3. 当事人

原告（被上诉人）：陈某青

被告（上诉人）：陈某妹、蔡某洋

【基本案情】

陈某青与陈某妹为姐妹，曾同为星明村村民。陈某妹以户为单位于1985年11月30日报批获准新建一间二层楼房。1986年7月21日，陈某妹户迁往黄岩落户。同月27日，该户所有家庭成员同意将房基转让，与陈某青订立房基产权契约，载明"兹有葭沚前周屋基壹间，经椒江市加止镇土地规划办公室核准，批给陈某妹所有。现由陈某青砌建二层楼房壹间，付给陈某妹壹仟叁佰陆拾元，房基所属将归陈某青所有"。之后陈某青在该地块上建造二层楼房，一直居住至今。1997年10月，上述房屋办理了房屋所有权证，2001年9月办理了集体土地使用证，登记权利人均为陈某妹，上述二证均由陈某青代办和持有。

另外，陈某青户于1985年曾获批的地基因未建造而放弃，1989年另行获批一间安置在朝霞新村的地基。2013年9月，台州市国土资源局海门中心所出具证明，记载陈某青户符合享受审批两间宅基地的条件。

【案件焦点】

如何认定房基产权转让契约的效力。

【法院裁判要旨】

浙江省台州市椒江区人民法院经审理认为：陈某青与陈某妹、蔡某洋双方就宅基地使用权的转让已达成合意，房基产权契约实际上是宅基地使用权转让合同。宅基地使用权转让时陈某青与陈某妹均为星明村村民，所转让的宅基地使用权系陈某妹通过合法审批取得，未违反当时法律法规的强制性规定，应认定宅基地使用权转让合法。陈某青受让了宅基地使用权，并建造了涉案房屋，与涉案房屋所有权及宅基地使用权有关的权利应由陈某青享有。

浙江省台州市椒江区人民法院依照《中华人民共和国合同法》第四十四条第一款规定，判决如下：

陈某妹、蔡某洋于 1986 年 7 月 27 日出具的房基产权转让契约合法有效。

陈某妹、蔡某洋对原审判决提起上诉。浙江省台州市中级人民法院经审理认为：本案系确认合同效力纠纷，基本事实清楚，陈某妹、蔡某洋于 1986 年 7 月 27 日向陈某青出具房基产权转让契约，约定将陈某妹经审批获得的位于椒江区葭沚街道前周的一间宅基地转让给陈某青。现双方当事人争议的主要焦点在于上述房基产权转让契约的效力问题。从本案已查明的事实来看，陈某妹与陈某青于签订讼争契约之时均为星明村村民，而陈某妹、蔡某洋向陈某青出具房基产权转让契约的行为实系陈某妹、蔡某洋与陈某青订立宅基地使用权转让协议的民事法律行为。土地行政主管部门经审查认为陈某青户符合两间宅基地的审批条件，同一集体经济组织成员之间就合法审批的宅基地使用权转让事宜达成合意并订立相应协议，并不违反法律法规的效力性强制性规定。陈某妹、蔡某洋主张房基产权转让契约无效，缺乏相应依据。原审认定房基产权转让契约有效，并无不当。至于陈某妹、蔡某洋提出的双方存在回购的事实主张，与本案讼争的协议效力并无直接关联性。陈某妹、蔡某洋的上诉请求不能成立。一审判决认定事实清楚、适用法律正确。

浙江省台州市中级人民法院依照《中华人民共和国民事诉讼法》第一百七十条第一款第（一）项规定，判决如下：

驳回上诉，维持原判。

【法官后语】

宅基地使用权转让合同的效力问题是本案审理难点所在。由于农村宅基地使用权的特殊性，宅基地使用权转让合同的审理除了依据物权法、合同法等一般规定之外，还需结合其他法律的规定，并参考国家政策，综合考虑社会效果。

首先，基于农村宅基地的人身依附性和社会保障属性，村民在处分农村房屋时受到一定的限制，但宅基地使用权在符合法律规定情况下是允许转让的。陈某青与陈某妹、蔡某洋双方签订的房基产权契约实际上是双方就宅基地使用权转让的合意。其双方当时同属一个集体经济组织成员，陈某妹是在户口迁往他处同时将宅基地使用权进行了转让。且至判决前，陈某青所在户共享有两间宅基地，并未因受让涉案宅基地而侵害集体经济组织其他成员利益，也未违反国家相关法律政策。

其次，房屋居住人对房屋长期、稳定的占有、使用状态也是应当受到保护的重要价值利益。本案中，陈某青、陈某妹系两姐妹，陈某青受让涉案宅基地后在该地块上建造二层楼房一直居住至今，且仍是土地所属集体经济组织村民。而蔡某洋户已迁户他处三十余年，不是该集体组织成员。保护买受人对房屋稳定、长期的占有状态，保障其享有集体经济组织成员基本利益，是审判实践中法官应当考虑的价值取向。

最后，“当事人不得因自己的错误行为而获利”，本案从诉讼的起因来看，缘于土地增值以及土地征用、房屋拆迁等因素，房屋现值远远高于原房屋买卖价格。对于此类案件的审理应注重判决的法律效果和社会效果的统一，在没有违反禁止性规定的情况下，不宜轻易否定合同的效力。

编写人：浙江省台州市椒江区人民法院　许妮娜

49

农村宅基地买卖合同无效后赔偿范围和责任比例的认定

——施某培等诉杨某军宅基地使用权案

【案件基本信息】

1. 裁判书字号

浙江省台州市中级人民法院（2017）浙10民终481号民事裁定书

2. 案由：宅基地使用权纠纷

3. 当事人

原告（反诉被告，上诉人）：施某培、金某连、施某军

原告（反诉被告）：施某群、施某娥

被告（反诉原告，被上诉人）：杨某军

【基本案情】

施某友（审理中亡故）与李某英（2001年10月亡故）系夫妻关系，育有施某培和施某勤（2008年11月亡故）。施某培与金某连系夫妻关系，育有施某军、施某群、施某娥。施某勤与徐某来系夫妻关系，育有施某平。经台州市黄岩区土地管理局黄土（1995）2-32号文件批准，施某培、金某连、施某友、李某英、施某军、施某群、施某娥取得坐落于黄岩区新前街道西范村宅基地两间。1995年7月7日，施某培与杨某军订立《房屋基地转让书》，载明：施某培将一间房屋基地15000元卖给杨某军。杨某军在支付施某培转让费15000元、向政府部门缴纳土地配套费11000元后，在该宅基地上建造了四层楼房并居住至今。2015年11月15日，施某培（甲方）与徐某来、施某平（乙方）在西范村委会的调解下达成民事调解书，约定施某友的审批宅基地的平方落实在甲方，乙方自愿放弃施某友夫妻审批的宅基地与平方。

审理中，施某培、金某连、施某军、施某群、施某娥（以下称施某培等5人）申请对涉案宅基地使用权及地上建筑物（四层楼房）房地产市场价值进行评估，法院依法委托公信公司进行评估，该公司作出的估价结果为在价值时点2016年11月4日的公开市场价值如下：1. 房地产（土地使用权及地上建筑物）总价值为3070700元，折算评估单价14775元/平方米。2. 地上建筑物总价值为236900元。3. 土地使用权总价值2833800元。施某培等5人为此垫付评估费17700元。

【案件焦点】

如何认定农村宅基地买卖合同无效后的赔偿范畴和责任比例。

【法院裁判要旨】

浙江省台州市黄岩区人民法院经审理认为：施某培将黄岩区新前街道西范村的宅基地使用权转让给集体经济组织之外的杨某军，违反国家法律规定，双方签订的

《房屋基地转让书》应系无效。合同无效自始无效，施某培等5人主张《房屋基地转让书》无效，不受诉讼时效期间的限制。对于无效合同，因该合同取得的财产，应当予以返还，故应由施某培等5人返还杨某军宅基地转让款15000元和杨某军垫付的土地配套费11000元，由杨某军返还施某培等5人涉诉宅基地。杨某军在涉诉宅基地上建造房屋并使用20年之久，且涉诉宅基地使用权价值大幅度提升，杨某军要求施某培等5人赔偿地上建筑物损失和土地使用权价值差额损失合法合理，予以支持。本案合同无效，双方均存在过错。施某培明知涉案宅基地依法不能转让给本集体经济组织以外成员仍进行转让，且在转让近20年后又要求确认转让合同无效，其行为存在较大过错；杨某军明知涉案土地系农村宅基地仍进行购买，亦存在过错，故酌情确定由施某培等5人对杨某军的损失承担90%的赔偿责任，即2750130元［（3070700元－15000元）×90%］。施某培等5人未享受宅基地使用权期间杨某军支付的对价带来的利益，且宅基地使用权有如此大的收益，很大因素是杨某军建造房屋后出租形成的，对施某培等5人要求杨某军赔偿占用宅基地期间损失的诉求，不予支持；杨某军支付26000元对价后享受了宅基地使用权和居住权（房屋建造后），且杨某军已经主张宅基地价值差额损失，故对杨某军要求施某培等5人赔偿26000元利息损失的主张，亦不予支持。

施某培、金某连、施某军不服一审判决，提起上诉。在二审审理过程中，施某培、金某连、施某军以与杨某军和解为由，自愿申请撤回上诉。

浙江省台州市中级人民法院认为，施某培、金某连、施某军在本案审理期间提出撤回上诉的请求，不违反法律规定，予以准许。依照《中华人民共和国民事诉讼法》第一百七十三条规定，裁定如下：

准许施某培、金某连、施某军撤回上诉。

【法官后语】

合同无效后，应当返还由该合同取得的财产；有过错的一方应当赔偿对方因此所受到的损失，双方都有过错的，应当各自承担相应的责任。本案涉及返还财产有两部分，一是宅基地，二是宅基地购买款26000元（含配套设施费）。对于互相返还，意见统一，但对于赔偿损失的范畴，呈现两种意见。

第一种意见：评估报告以收益法评估的房屋价值（含土地价值）过高，不能以此来作为杨某军主张损失的标准。杨某军的损失应为房屋建造款及其利息和宅基地购买款的利息，利息损失可参照最高利息赔偿标准即月利率2%来计算。且双方过错相当，施某培等5人的责任比例不宜过高。

第二种意见：评估报告客观、公正、科学，应予采纳。杨某军的损失应指现有房屋价值（含土地价值）与购买时房屋价格的差价。出卖方毁约致本案诉讼，应承担较高的赔偿比例。

笔者同意第二种意见。《合同法》的立法原则之一是当事人行使权利、履行义务应当遵循诚实信用原则。村民将本集体经济组织的宅基地使用权转让给集体经济组织之外的人，确实违反国家法律规定，但是以契约精神来说，出卖方在转让宅基地使用权后出尔反尔，是违背诚实守信原则和公序良俗原则的，且不利于交易市场的稳定和社会的和谐。评估机构在经过一系列市场调查、走访后，最终以收益法为评估基准作出的评估结论是科学、客观、公正、可靠的。本案的裁判原则立足于不让违约失信的人获益，合同当事人履行合同可获得的可期待利益应纳入损失的考虑范畴。而第一种意见必然导致失信人获益，故杨某军的损失应指现有房屋价值（含土地价值）与购买时房屋价格的差价。同时，虽然双方在签订合同时均存在过错，但因出卖方的行为存在失信的问题，失信方承担更重的责任合情合理。

编写人：浙江省台州市黄岩区人民法院　杨莹

50

集体经济组织修建公共道路占用集体经济组织成员小面积宅基地的，权利人应当承担适当的容忍义务

——徐某春诉南京市六合区人民政府冶山街道办事处宅基地使用权案

【案件基本信息】

1. 裁判决书字号

江苏省南京市中级人民法院（2017）苏01民终6566号民事判决书

2. 案由：宅基地使用权纠纷

3. 当事人

原告：徐某春

被告：南京市六合区人民政府冶山街道办事处（以下简称冶山街道办）

【基本案情】

徐某春系冶山街道办辖区范围内白云山社区徐庄组（以下简称徐庄组）居民。宁六集用（2008）第94464号《集体土地使用证》载明：徐某春宅基地独用面积为165平方米，宗地面积为326.6平方米。为方便居民出行，2016年8月20日至9月15日，徐庄组修建水泥路一条。徐某春认为该水泥路侵占其宅基地，遂于2016年9月17日使用切割机对水泥路进行切割，徐庄组组长徐某富及时报警后，徐某春停止切割。根据现场图片显示，涉案水泥路小部分覆盖在徐某春宅基地所在的宗地上。2017年1月9日，白云山社区居民委员会向徐某春出具情况说明，载明："按徐某春土地使用证规定的范围使用宅基地。"

【案件焦点】

集体经济组织修建公共道路占用集体经济组织成员小面积宅基地的，权利人是否应当承担适当的容忍义务。

【法院裁判要旨】

江苏省南京市六合区人民法院经审理认为：农民集体所有的土地依法属于村农民集体所有的，由村集体经济组织或者村民委员会经营、管理。涉案水泥路覆盖的土地，虽位于徐某春宅基地所在的宗地之上，但徐某春未能提供证据证明该水泥路侵占其独用面积。涉案水泥路仅小部分覆盖在宗地之上，未实际影响徐某春建房或生产、生活。修建公共道路系徐庄组集体决定，目的也是方便组民出行，徐某春作为徐庄组集体组织的一员，应当承担适当容忍义务。因此，徐某春主张冶山街道办返还侵占的宅基地，理由不充分，不予支持。

江苏省南京市六合区人民法院依照《中华人民共和国土地管理法》第十条，《中华人民共和国民事诉讼法》第三十九条第二款、第六十四条、第一百四十二条规定，作出如下判决：

驳回徐某春的诉讼请求。

徐某春不服一审判决，提起上诉。

南京市中级人民法院经审理同意一审裁判理由，依照《中华人民共和国民事诉讼法》第一百七十条第一款第（一）项规定，判决如下：

驳回上诉，维持原判。

【法官后语】

《土地管理法》第八条第二款规定，农村和城市郊区的土地，除由法律规定属于国家所有的以外，属于农民集体所有；宅基地和自留地、自留山，属于农民集体所有。该条规定确定了宅基地的所有权属于农民集体，而非集体组织成员个人。依现行法律规定，宅基地使用权的取得均是无偿的。宅基地使用权制度构建的目的在于为集体经济组织成员的家庭提供稳定的居住场所，从这个意义上讲，对于本集体成员实行无偿取得制度，是农村土地集体所有制度的应有之义。农村宅基地使用权的不可增性、不可移动性以及取得的无偿性，使得农村宅基地使用权具有较强的社会拘束之义务，受到了更多的限制。例如，宅基地的面积不得超过省、自治区、直辖市规定的标准。《物权法》第一百五十二条规定，宅基地使用权人依法对集体所有的土地享有占有和使用的权利，有权依法利用该土地建造住宅及其附属设施。该规定明确了宅基地使用权的权利内容，即建造住宅及其附属设施。

集体经济组织占用其成员的宅基地且不予补偿，应当符合以下几个条件：

1. 占用宅基地需用于公共设施和公益事业建设。《土地管理法》第六十五条规定，有下列情形之一的，农村集体经济组织报经原批准用地的人民政府批准，可以收回土地使用权：（一）为乡（镇）村公共设施和公益事业建设，需要使用土地的；（二）不按照批准的用途使用土地的；（三）因撤销、迁移等原因而停止使用土地的。依照前款第（一）项规定收回农民集体所有的土地的，对土地使用权人应当给予适当补偿。根据上述法律规定，占用宅基地用于公共设施和公益事业建设是集体经济组织占用其成员土地的前提条件。

2. 不得收回占用的宅基地使用权。虽然集体经济组织占用了成员的部分宅基地，但该部分宅基地使用权依然属于该组织成员，集体经济组织不得将该部分宅基地收回，如收回则应按照相关法律程序并给予相应补偿。

3. 占用的宅基地面积及用途不应严重影响集体组织成员的生产、生活。集体经济组织占用宅基地后，必然会给其成员的生产、生活带来一定的影响，应当从占用宅基地的面积、性质以及现状综合判断该种影响的程度，只有在影响程度较小的情况下才不予补偿。要通过核算占用宅基地的面积占宅基地所在宗地面积、证载宅基地面积、宅基地独用面积的比例进行判断，比例越小影响程度越小；根据占用宅基地在宗地的区域位置进行判断，在核心位置影响较大，在边缘位置影响较小；根据占用宅基地的现状进行判断，占用前宅基地闲置的影响最小，存在建筑物等不动产的，需要根据原不动产的剩余价值及重置该不动产的费用来判断影响力大小。

综上，农村宅基地使用权不同于一般的用益物权，其取得的无偿性决定了集体经济组织成员在行使该权利时，必须考虑集体经济组织的利益。集体经济组织为了公共利益而占用小面积宅基地且未严重影响使用权人生产、生活的情况下，集体经济组织成员应当承担适当的容忍义务。

编写人：江苏省南京市六合区人民法院　徐传洋

51

农村宅基地补偿款不属于遗产

——王某富、刘某娟诉王某东、张某兰分家析产暨继承案

【案件基本信息】

1. 裁判书字号

江苏省射阳县人民法院（2017）苏0924民初108号民事判决书

2. 案由：分家析产暨继承纠纷

3. 当事人

原告：王某富、刘某娟

被告：王某东、张某兰

第三人：射阳县黄沙港镇洋中村村民委员会（以下简称洋中村委会）、王某军、王某玉、王某成、王某芳、王某兰、王某美

【基本案情】

王某富、刘某娟系夫妻关系，王某东、张某兰系夫妻关系，王某军、王某玉、王某成、王某富、王某东、王某芳、王某兰、王某美系同胞兄弟姐妹，王某成在幼儿时期过继于其他亲戚。1990年之前，除王某富、王某东外，其他兄姐均已成家分户。其父母在洋中村贺东组兴建了案涉房屋，建房手续及房产证、土地使用权证均登记在王某富名下，不久王某富结婚，因家庭不和睦，经王某军提议分家，厨房两间由父母居住；主房三间由王某富、王某东共用（一人一间，堂屋共用）。1999年，王某富在同村另建房屋，并将案涉房屋的房产证及土地使用权证交与王某东。其父母在案涉房屋居住至先后去世。

2016年11月22日，洋中村委会（甲方）与王某东（乙方）签订了案涉房屋拆迁安置协议书，约定：乙方被拆迁房屋总面积91.8㎡，甲方补偿乙方房屋拆迁费51429元、土地补偿费29700元、装饰装潢及附属设施补偿费12614元……合计106916元，乙方必须在2016年11月24日前搬迁，如房屋发生矛盾纠纷由乙方负责处理解决，与甲方无关。该协议签订后，王某富提出异议，阻止拆迁。

同月29日，王某富、张某兰经洋中村人民调解委员会就案涉房屋的拆迁补偿款进行调解，调解意见为：土地补偿费29700元，分摊三分之一到厨房拆迁款，分摊三分之二到主房拆迁款中，厨房拆迁款及土地补偿合计20117元由王某军、王某玉、王某芳、王某兰、王某美五人均分，主房拆迁款及土地补偿合计71504元由王某富、王某东均分，其余装潢、附属设备的补偿等15295元归王某东所有。双方达成一致意见后，洋中村人民调解委员会主任陆某军拟定人民调解协议书一份，载明协议内容为："一、经调解，几兄弟达成协议如下：1. 厨房估价20117元，2. 主房估价71504元，3. 王某东所有15295元；二、财产经村委会协调分割成功后几兄弟回去自行分领；三、征收协议按王某东与村签订的原定不动；四、宅基地周围小菜地由王某富、王某东所共有。"王某富本人签字确认，"王某东"的签名系王某军代签，张某兰按手印。王某军、杨某海、吴某海在"在场人"处签字。次日，王某富夫妇、张某兰办理了领款手续，因拆迁补偿协议是王某东所签，故在办理手续过程中均系王某富代为签署

“王某东”的名字，钱打至王某东的银行卡上，后因王某东对张某兰与王某富所签订的调解协议不予认可，上述款项未能按照调解协议分割。

另查明，案涉房屋的地籍审批表载明该户的家庭成员为王某富、刘某娟、王某东，王某富系户主。1999年，王某富在洋中村取得另一块宅基地并自建住房一套，该住房亦有房屋所有权证及土地使用权证。其父母健在时，因相处不睦，王某军主持分家：厨房两间由父母居住；主房三间由王某富、王某东共用并估价10000元，王某富、王某东兄弟俩，若其中一人分户另建房屋，得该房屋者给付另一方5000元。王某富不认可有5000元的分家析产后的买卖约定，王某东陈述在王某富另建现房时给付了王某富5000元，未立凭据。2016年11月29日，在村委会调解过程中，人民调解委员会主任陆某军、会计高某银、生产队长杨某海、王某军均陈述，听说案涉房屋是王某东向王某富支付5000元购买所得。

王某富、刘某娟认为因土地使用权人是王某富，土地补偿费29700元应属于王某富所有，但同意2016年11月29日调解协议的分割方案。王某东不认可2016年11月29日调解协议的分割方案，同意厨房补偿款及土地补偿费作为父母的遗产进行分割，认为其余部分是其所有的财产。到庭的王某军、王某玉要求按照2016年11月29日的调解协议进行分割。

【案件焦点】

1. 王某富、王某军之间关于案涉房屋的买卖关系是否成立；2. 涉案宅基地补偿款如何分配。

【法院裁判要旨】

江苏省射阳县人民法院经审理认为：首先，王某军等人的父母在世期间分家析产的家庭财产认定。王某军的陈述与没有利害关系人的陆某军、高某银、杨某海等人的陈述一致，且王某富已经另立门户，取得现住房的房屋所有权证及土地使用权证，王某富自行将案涉房屋的房屋所有权证及土地使用权证交与王某东。综上分析，案涉房屋的厨房两间归父母居住使用，主房由王某富、王某东共有，因王某富另立门户，王某东按照王某军的分家析产意见而取得主房的所有权。王某富只认可厨房归父母所有，主房与王某东二人共有，不认可5000元的买卖，且系借给王某东居住使用的意见，有违常理，不予采信。

其次，土地补偿费，即宅基地补偿款的性质认定。基于以下两点理由，宅基地补偿款不能作为遗产进行分割：1. 从宅基地使用权的外部关系来看，其是一项特殊的用益物权，特殊性表现为取得具有无偿性，如果允许继承，将使得继承人无端受益，有违公平理念；具有人身依附性，其与集体经济组织的成员资格密切相关，一经设定即具有极强的人身依附性，决定了其必须因具有集体经济组织成员资格而取得、因集体经济组织成员资格的消灭而消灭，不产生在不同主体之间的流转（继承）问题；其还具有福利性，决定了如果允许继承，将导致宅基地使用权人范围无限扩大。故《中华人民共和国土地管理法》规定村民一户只能拥有一处宅基地，虽王某富、刘某娟另取得宅基地，但不在本案处理范围。综上分析，案涉宅基地补偿款不能作为遗产进行分割。2. 从宅基地使用权的内部关系来看，属于家庭共同共有，以共同关系的存在为前提，因共同关系的消灭而消灭，在家庭关系存续期间，各共有人之间不产生份额问题，对共有财产的全部享有平等的权利承担平等的义务，不得请求分割共有物。但案涉房屋被拆迁致宅基地消灭，共有关系亦消灭，拆迁人就宅基地的收回而补偿了 29700 元，该土地补偿费应归王某富、刘某娟、王某东三人共有，基于三人的家庭成员的身份关系，酌定三人各得三分之一即王某东、刘某娟分得 29700 元的三分之二即 19800 元。

最后，对案涉房屋拆迁补偿款 106916 元的分割。王某富夫妇、王某东夫妇对 2016 年 11 月 22 日王某东与村委会签订的拆迁补偿协议认定的项目及总金额 106916 元无异议，对 2016 年 11 月 29 日村委会制作的调解协议中关于 106916 元的三个分项金额［20117 元（厨房 10217 元 + 宅基地补偿款的三分之一 9900 元）、71504 元（主房 51704 元 + 宅基地补偿款的三分之二 19800 元）、15295 元（王某东所得）］亦无异议，故认定家庭成员个人财产及父母遗产如下：厨房拆迁款 10217 元为父母的遗产；土地补偿费 29700 元归王某富、刘某娟、王某东共有；主房拆迁款 51704 元及 15295 元（其他附属设施补偿等费用）属于王某东所有。父母去世且无遗嘱的情形下，厨房拆迁补偿款 10217 元应进行法定继承，即可由王某军、王某玉、王某成、王某富、王某东、王某芳、王某兰、王某美八位第一顺序继承人进行继承，然王某成在其幼儿时期已经过继于其他亲戚，且王某成未提交证据证明其对生父母扶养较多的事实，本案中暂不留具体份额，又因其他第一顺序继承人王某芳、王某兰、王某美拒不到庭，应视为其未放弃继承，故王某富可继承 10217 元的七分之一即1460元。

综上，王某富、刘某娟要求王某东、张某兰返还拆迁款中的21260元（19800+1460）部分的诉讼请求有事实及法律依据，予以支持。依照《中华人民共和国物权法》第九十九条、第一百条第一款，《最高人民法院关于贯彻执行〈中华人民共和国继承法〉若干问题的解释》第十九条、第四十七条规定，判决：

一、王某东、张某兰返还王某富、刘某娟21260元；

二、驳回王某富、刘某娟其他诉讼请求。

【法官后语】

我国农村宅基地改革的重点是在法律制度的框架下，明确底线、扩权赋能。而宅基地法律制度的内容主要是以下两点：一是一户一宅系宅基地使用的原则。宅基地是村集体财产，农民只有使用权，宅基地使用权系按户计算，即增人不增地、减人不减地。宅基地使用权作为一项特殊的用益物权，与农民个人的集体经济组织成员资格紧密相关。宅基地使用权具有人身依附性（权利主体必须是集体经济组织的成员），决定了其必须因具有集体经济组织成员资格而取得、因集体经济组织成员资格的消灭而消灭。二是不得违法处置宅基地系宅基地使用的底线。宅基地属于村集体财产，农民并没有处置的权利，不能在本集体组织成员与外部主体之间流转（含继承），而且其使用权转让必须经过村集体组织的同意。宅基地使用权具有福利性，如果允许继承，将使得继承人无端受益，有违公平理念，还将导致宅基地使用权人范围无限扩大，或者使已经享有宅基地使用权的人超出规定范围拥有宅基地。

就本案而言，处理的重点是宅基地补偿款性质的认定。该案表面争议的标的是宅基地补偿款，实质是对宅基地使用权归属的争议。因宅基地使用权是宅基地补偿款的发生原因，明确了宅基地使用权的主体即明确了宅基地补偿款的所有者。基于王某富、王某东之间存有分家协议、买卖协议关系，认定主房及厨房的所有权及其对应的房屋拆迁补偿款的归属不是问题。但是，宅基地使用权基于其特有的成员性、专属性、福利性，宅基地补偿款应属于该户的成员所得，即属于王某富、刘某娟、王某东所有，而不能作为遗产进行继承。

编写人：江苏省射阳县人民法院　董士玲

十、林地纠纷

52

承包权人未经规划批准自行种植林木不应获得退耕还林专项补助

——陈某江诉北京市房山区十渡镇王老铺村村民委员会等土地承包经营权案

【案件基本信息】

1. 裁判书字号

北京市第二中级人民法院（2017）京02民终2021号民事判决书

2. 案由：土地承包经营权纠纷

3. 当事人

原告（上诉人）：陈某江

被告（被上诉人）：北京市房山区十渡镇王老铺村村民委员会（以下简称村委会）、北京市房山区十渡镇王老铺村经济合作社（以下简称经合社）、北京市房山区十渡镇人民政府（以下简称镇政府）

第三人（被上诉人）：隗某芝、徐某恩

【基本案情】

陈某才于2014年去世，陈某江系其继承人。陈某才（乙方）生前于1983年与村委会（甲方）签订承包合同。约定：甲方将3.5亩自留山承包给乙方用于造林；五十年不变；乙方确属失去经营能力和无继承人的，可由本人申请，双方协商收回自留山或有偿、无偿转让他人；并约定了土地四至范围。1994年，陈某才所在地区开展险户、困难户搬迁工作。同时根据政府相关文件，搬迁后的土地承包合同一律废止。但陈某才并未外迁。

1999年，经合社（甲方）与张某明（乙方）签订荒山承包合同，约定甲方将部分土地、荒山出租给乙方经营；期限自1999年至2014年。陈某才承包的自留山位于该承包地内，该合同明确约定四至范围不包括陈某才承包的山地。

2005年4月，张某明与经合社经协商解除上述承包合同。同年5月，经合社又将这块土地发包给隗某芝经营。双方同样约定承包范围不包括陈某才承包的山地；用途为种地、栽植各种树木及旅游开发，承包期自2005年至2055年；地上物（含树木）一次性买断作价3万元。隗某芝向经合社支付了2005年至2015年的土地承包费及地上物买断费。陈某才的涉案承包地恰好位于隗某芝承包地的范围内。后因地界纠纷，陈某才与隗某芝的配偶徐某恩经村、镇有关人员调解，于2012年签订调解书，确认隗某芝承包地内的部分土地属于陈某才，并明确了该部分土地的四至范围。

与此同时，陈某才所在村自2003年起开始实施退耕还林。退耕还林农户及其承包地、退耕还林土地面积等信息由村委会、经合社、镇政府逐级报送至林业主管部门，其中并不包含陈某才的信息。2005年3月，隗某芝与村委会签订《退耕还林合同》。合同签订后，隗某芝从2006年开始领取退耕还林补助。2007年，村委会经复查，确认隗某芝的退耕还林土地因修路占地损失面积11.2亩，合格面积为33亩。后隗某芝从2012年开始重新按照44.2亩退耕还林土地的标准领取相应补助。在此期间，陈某才并未签订《退耕还林合同》，也未获得退耕还林证，也无任何部门对其承包地进行退耕还林的相关验收或认定。

2013年，陈某才索要退耕还林补助。对此，镇政府出具《答复意见》：陈某才应有4.8亩承包地；2003年国务院颁发《退耕还林条例》实行退耕还林，陈某才的承包地在实施该政策期间未按规定退耕，故无法享受相关政策补贴，现其仅以“2005年以后不再耕种，培养林地，现已成为事实林地”为由要求享有退耕还林补贴缺乏政策依据，无法满足其要求。后信访部门也对此出具《信访复查意见书》：经查，王老铺村2003年至2005年期间陆续有村民退耕还林，但均不包含陈某才；陈某才未签订《退耕还林合同》，也未有《北京市退耕还林证》，其主张的“退耕还林事实林地”未经林业部门认定；根据《退耕还林条例》相关规定，退耕还林生态林必须由林业主管部门进行认定和验收，并发给相关合格证明，且持有与乡镇政府签订的退耕还林合同，而陈某才并不具备上述材料，即未有证据证明其属于有退耕还林任务的土地承包经营权人，不应享有相关待遇。

2013年，针对陈某江反映的退耕问题，镇政府出具了《调查说明》：2007年，因道路拓宽改造，占用了王老铺村74.7亩退耕土地，镇相关部门对当年退耕复查面积进行了核减上报；2007年至2010年期间，王老铺村退耕验收面积为核减后的面积，补贴为核减后的补贴标准；为使村民利益少受损失，按照政策允许，2011年，村委会组织村民对核减的74.7亩退耕面积进行了补植，经检查验收合格，2011年恢复了原面积；退耕户有土地承包合同，退耕面积系按照实际退耕面积验收，北京市未发放林权证书。

诉讼中，陈某江主张涉案地区退耕还林班图上所载“王老铺村退耕还林土地”即陈某才的承包地。对此，法院经向负责当地退耕还林工作的房山区园林绿化局直属单位房山区林果科技服务中心果树站（以下简称果树站）核实，被告知：该班图系由该部门经现场核定后绘制；但该班图属于1∶10000的比例图，只能确定退耕还林的整体区域范围，并不能据此确定具体哪一户的承包地是否属于退耕还林土地，必须结合各村提交的退耕还林农户汇总表进行综合判定。而村委会、经合社、镇政府、隗某芝、徐某恩均表示无法说明该班图所载土地是谁的退耕还林土地。陈某江则认为依据该班图，隗某芝所签退耕还林合同载明的地块就是陈某才的承包地。

同时，关于退耕还林补助的发放条件，林业部门还告知：承包经营权人如要获得该项补助，必须签订《退耕还林合同》，并由其所在村集体通过镇政府逐级上报相关汇总信息表；而后承包经营权人根据林业部门的统一规划实际退耕还林并经过核查验收、领取退耕还林证；村集体将核实的退耕还林情况报送给林业主管部门后，最终由政府发放退耕还林补助；如承包经营权人未经上述流程进行逐一核定，即使其承包地位于班图所载的退耕还林土地范围内，甚至已实际种植树木，也不能说明该地块属于退耕还林土地，该承包经营权人也不必然享有退耕还林补助。对此，陈某江表示不清楚林业部门是否曾到陈某才的承包地上核查过退耕还林事宜。陈某江现作为陈某才的继承人诉至法院，要求判令村委会、经合社、镇政府共同给付陈某江2003年至2016年的退耕还林补偿款104720元；共同赔偿种树应获得的管理费补偿款11200元；共同给付一次性栽树补偿款4000元。

【案件焦点】

承包经营权人在自己的承包地内自行种植林木能否径直获得退耕还林专项补助。

【法院裁判要旨】

北京市房山区人民法院经审理认为：根据查明的事实，陈某才的父母早已去世，其并无配偶、子女。陈某才仅有兄弟二人即陈某贵和陈某悦，其中陈某贵明确表示放弃继承涉案相关权利，故陈某悦作为陈某才的第二顺位继承人可主张相关财产权利。陈某悦在本案诉讼中去世，其配偶也早已去世，在陈某悦其他子女明确表示放弃继承涉案相关权利的情况下，其子陈某江作为法定继承人申请参与本案诉讼，并无不当，系适格原告。根据陈某才生前所签承包合同以及证人证言、走访记录、陈某才与徐某恩达成的调解协议等证据，陈某才对涉案土地享有承包经营权。村委会、经合社、镇政府及隗某芝、徐某思主张涉案承包合同已解除、陈某才已将其承包地退还村集体，但均未能提供足够证据予以佐证，故对此不予采纳。退耕还林应是以政府林业主管部门为主导进行整体规划部署、土地承包经营权人自愿参加的系统化工程。在此过程中，承包权人如要获得退耕还林补助，必须经过签订《退耕还林合同》、按照林业主管部门的统筹规划实际退耕还林、经检查验收合格、领取退耕还林证等一系列流程，即该项补助的发放应具备相应的前提条件。而本案中，陈某才生前并未签订《退耕还林合同》，亦未领取过退耕还林证，更未经过相关检查验收程序。陈某江仅以陈某才的承包地实际种植了树木为由主张退耕还林补助，依据现有政策规定，显然缺乏依据。同时，在退耕还林过程中，村委会、经合社、镇政府的职责主要在于报送相关信息、代为发放补助等，最终是否发放退耕还林补助以及发放标准、发放条件等均由相关林业主管部门予以确定。此外，根据查明的事实，隗某芝将其部分承包地用于退耕还林，并已签订《退耕还林合同》、经过相关验收核查程序。陈某江主张隗某芝用于退耕还林的土地包含了陈某才的承包地，但未能提供足够证据予以佐证，故对其主张不予采纳。综上，陈某江要求三村委会、经合社、镇政府给付退耕还林补助缺乏依据，不予支持。本案系土地承包经营权纠纷而非合同之诉，且陈某江多年来一直通过上访等方式主张涉案退耕还林权益，故村委会、经合社、镇政府及隗某芝、徐某思关于本案已过诉讼时效的抗辩意见，不予采纳。

北京市房山区人民法院根据《中华人民共和国农村土地承包法》第三十一条、第五十条，《中华人民共和国继承法》第二条、第三条、第四条、第五条、第十条、第二十五条，《最高人民法院关于民事诉讼证据的若干规定》第二条规定，作出如下判决：

驳回陈某江的全部诉讼请求。

陈某江不服一审判决，提出上诉。北京市第二中级人民法院经审理认为：根据《退耕还林条例》的规定，国家按照退耕还林实际面积，向土地承包经营权人提供补助粮食、种苗造林补助费和生活补助费。因此，能够享有相应退耕还林补助的主体应为在其承包经营的土地上实际进行退耕还林的人员。在二审审理期间，陈某江明确其基于2012年5月29日陈某才与徐某恩签订的调解协议中所载的土地主张退耕还林，该调解协议为双方因地界纠纷，经村、镇有关人员调解，就土地四至所达成的协议，陈某才依据该调解协议就调解协议所载四至范围内的土地享有相应权利。

对于调解协议中所涉土地是否实际进行了退耕还林，根据《退耕还林条例》的相关规定，退耕还林必须依照经批准的规划进行，县级人民政府或者其委托的乡级人民政府应当与有退耕还林任务的土地承包经营权人签订退耕还林合同，县级人民政府林业行政主管部门对退耕还林建设项目进行检查验收，国家按照核定的退耕还林实际面积向土地承包经营权人提供相应补助。在本案中，陈某江未能提供证据证明涉案土地实际进行了退耕还林且相关部门已针对该地块发放退耕还林补助。因此，陈某江未能提供证据证明其所主张的权益实际存在。

最后，本案系侵权之诉，陈某江不仅应就其主张的土地已退耕还林并已实际取得退耕还林补助提供证据予以证明，亦应就村委会、经合社、镇政府存在民事侵权行为使其无法获得相应退耕还林补助提供证据予以证明。陈某江未能提供证据证明经合社、镇政府及村委会存在民事侵权行为，故其诉讼请求不应得到支持。

北京市第二中级人民法院依照《中华人民共和国民事诉讼法》第一百七十条第一款第（一）项规定，作出如下判决：

驳回上诉，维持原判。

【法官后语】

本案所涉法律问题如下：

1. 退耕还林补助不等同于承包经营收益

陈某江作为陈某才继承人提起本案诉讼的主要理由在于：陈某才基于对涉案土地享有承包经营权，在该地块上种植树木就应获得相应的退耕还林补助。这一理由实际上隐含了一个逻辑——退耕还林补助等同于承包经营收益。

对此，笔者认为，二者存在以下区别：

一是获取依据不同。承包经营收益应依据土地承包合同，是承包权人在履行该合同过程中，在支付了土地承包费等对价之后，经过自身对土地的种植、经营而获得的经济利润。而退耕还林补助则更多的是依据承包户另行签订的退耕还林合同以及国家颁布的《退耕还林条例》。两类合同在权利义务，甚至合同相对方等主要内容上均有所差别。显然，两种收益分别源自不同的合同，仅仅签订承包合同就要求主张退耕还林补助缺乏足够的合同依据。

二是收益性质不同。土地承包收益更多的是一种相对纯粹的经济收入。一方面体现在签订承包合同的相对方为村集体经济组织这一民事主体，另一方面则体现在合同履行中，承包权人自行经营，并依据市场规律获得相应的收益。而退耕还林补助则是政府为主要推手的一项政策性补助，来源于政府专项资金，实行分账核算、专款专用，具有一定的政策引导性，与市场交易行为并无直接关联。

三是来源方式不同。承包经营收益通常以两种形式实现，一种是承包经营权人直接耕种土地，通过正常的市场交易用劳动所得赚取利润，即“确权确地”；另一种则是在确定自己享有承包经营权的土地亩数基础上，将相应面积的土地交由村集体统一种植、经营，自己不再种植而是直接收取租金收益，即“确权确利”。而无论哪种方式，该项收益均来自平等民事主体之间的交易行为。退耕还林补助则通常来源于国家财政，是通过政府专项补助资金的形式、经由具体负责部门和村集体经济组织逐级发放的路径最终到达农户手中，具有一定的行政拨款的属性，体现了国家的意志和政策导向。

四是金额种类不同。承包经营收益金额的多少通常取决于土地的种植成果和市场行情，会存在一定波动，且主要为货币类收入。而退耕还林补助的金额则依据相关政策规定，即《退耕还林条例》明文规定每亩退耕还林土地给予农户特定金额的现金补助，且在一定时期内相对固定，此外该项收益的形式可能同时包含货币类收入和粮食补贴。

五是对应义务不同。承包权人要想获得承包收益首先必须支付合同对价即土地承包费，并依据承包合同的约定合理合法地使用、经营土地。在此基础上，承包权人对于土地的具体经营方式通常不受干涉，可以按照自己的规划和市场的变化予以调整，并自行承担经营盈亏风险。而依据退耕还林合同，农户在获取补助的同时，必须严格按照合同约定履行退耕还林义务，只能在土地上种植树木，并且是按照林业主管部门的明确要求种植特定树种，而不能按照自己的主观意愿种植其他树种或农作物，亦不得随意在地上开展畜牧业、养殖业，此外还要承担后续的林木养护等合同义务。

综上，退耕还林补助是有别于土地承包经营收益的另外一种经济收入，二者不能等同视之。但二者又具有一定的内在关联，农户如想获得退耕还林补助，首先需要获得相应的承包地块，而后在该地块上现实地进行退耕还林。这意味着享有土地承包经营权是获取退耕还林补助的前提条件之一。

2. 未经规定流程不能获得退耕还林补助

根据《退耕还林条例》相关规定以及本案中负责退耕还林具体工作的林业部门的答复可知，承包权人如要获得退耕还林补助，必须经过一系列流程。具体而言：首先，应签订《退耕还林合同》，该合同会明确承包权人具体需承担的退耕还林义务；其次，按照合同约定以及林业部门的统筹规划，在自有承包地上实际进行退耕还林，即种植规定树种；再次，经过村集体、林业部门的逐级检查，验收合格后领取退耕还林证；最后，在完成种植任务之后，还负有管护所种林木的合同附随义务，并接收相关部门的复查。上述前提条件均具备后，承包权人才能获得该项补助。

笔者认为，之所以作出这样的制度设计，应是由于以下三点原因：

一是涉及众多公众利益。退耕还林并非一家一户独自实施、自负盈亏的普通经营行为，而是林业主管部门作为主导并进行整体规划部署、基层政府等多部门协同推进、土地承包经营权人自愿参加的一项系统化工程。其旨在有效治理水土流失、防御自然灾害、涵养生态环境，是确保区域生态安全、同时惠及子孙后代的重要国家政策。正是由于其关系到千家万户的切身利益，所以更应审慎开展相关工作，不能完全依据个体意愿随意进行。

二是国家资金投入较大。自从开展该项工程以来，国家已陆续投入巨额资金①，同时各地地方政府也为此分别投入了大量人力物力。如果对退耕还林工程不作任何规制，任何人均可随意在承包地内种植树木，且无论所种树种为何、成活率高低、种植面积大小、有无后续管护等，均可要求政府发放退耕还林补助，那么极可能异化为圈地种树套利、国家大笔资金受损、林木也未能成功种植，而且也不能排除在利益驱动下，出现虚假退耕、冒领、多领退耕还林补助等问题，进而导致该项政策制定目的的落空。

三是有一定技术性要求。退耕还林并非随意地在地面上种植树木，而是要遵循自然规律、因地制宜，既要恢复森林植被，又要保证粮食安全。因此，在具体实施过程中，有必要制定相应的制度、遵循一定的规程，对种植的地块、面积、树种等进行科学规划，从而确保树种的成活率、成林率、自然环境的改善程度，同时又不危及耕地红线、粮食种植。

综上，《退耕还林合同》及《退耕还林条例》以及相关政策性文件即退耕还林工作的具体实施依据，而承包权人未经规定流程，不应获得该项补助。本案中，陈某才生前并未签订《退耕还林合同》，亦未领取过退耕还林证，更未经过相关检查验收程序，其仅以自己在承包地内实际种植了树木为由主张退耕还林补助，依据现有政策规定，显然缺乏依据，故而作为其继承人的陈某江同样也无法获得该项补助。

3. 不享受退耕还林补助不影响承包收益的获得

陈某才对涉案土地享有承包经营权，在支付相应的合同对价之后，其可以通过合法合规地经营该地块获取收益。而种植林木就是行使承包经营权的一种具体方式，其所种林木成材后，可以在办理相应砍伐证件后，出售林木换取利润。此外，如果种植果树，可出售果实实现盈利；亦可流转给他人种植获取土地流转收益，等等。换言之，陈某才对其所种树木享有自由处分、并据此获利的权利，其不享有退耕还林补助并不影响其承包经营收益的取得，现行法律法规所规定的承包经营权的各项权能其均可依法、依约行使。

在此前提下，陈某才生前基于承包经营权所应获得的经济收益，在其去世后，

---

① 央广网：《央广网国家投入4000亿资金退耕还林 水土流失减轻》，官方披露的信息显示，从1999年以来，截至2015年，中央已累计投入4056.6亿元。http：//country.cnr.cn/focus/20150822/t20150822_ 519621630.shtml，于2018年3月15日访问。

可作为其遗产，由其继承人陈某江依法继承。

4. 领取补助相关流程问题应通过行政程序解决

陈某江提起本案诉讼的另一理由在于：隗某芝、徐某恩夫妇获取退耕还林补助所对应的土地就是陈某才的承包地，即隗某芝的退耕还林土地系陈某才的承包地，其领取的退耕还林补助实际上应归属于陈某才。对此，笔者认为，因退耕还林引发的这些问题应纳入行政渠道予以解决。

首先，根据查明的事实，陈某才承包土地在先，隗某芝承包土地在后；隗某芝所承包土地的范围包括了陈某才的承包地，但陈某才自始至终享有独立的土地承包经营权，隗某芝如想获取退耕还林补助，只能在自己的承包地内进行退耕还林，退耕还林地块面积与补助金额应是逐一对应的。对此，主张权益受侵犯的陈某才这方至少应证明两点：隗某芝、徐某恩夫妇占用了陈某才的承包地用于退耕还林；或者隗某芝夫妇领取退耕还林补助所对应的承包地就是陈某才的承包地。而本案中，陈某江始终未能提供足够证据对此予以佐证，故其主张缺乏依据。

其次，隗某芝夫妇获取补助之前已实际退耕还林，并已签订退耕还林合同、经过验收复查等相关程序。在此情况下，如陈某江仍然认为隗某芝夫妇存在虚假领取、瑕疵领取等问题，应向负责该项工作的相关部门寻求解决，而不应径直通过诉讼解决。退耕还林补助是否发放、发放标准、资金来源、发放流程、核对审查、查漏补缺等，均属于相关行政主管部门的职责，需要相关部门通过行使行政职权予以厘定。因此，如确实因退耕还林工作存在失误，导致部分农户领取的补助金额有误，农户本人抑或是他人应首先通过行政部门依职权予以查明、处理。

最后，如前所述，陈某才目前并不具备获取退耕还林补助的条件。而既然该项补助源于特定国策，那么如其继承人想获得该项补助，应依据相关政策寻求解决，不宜在诉讼中直接主张。

综上，本院在处理本案时，审理思路具体分为以下三个层次：

首先，认定陈某才对涉案土地享有承包经营权。无论是主张普通的经营收益，还是主张退耕还林补助，前提基础都是对土地有耕种、经营、收益的权利。而结合承包合同、调解协议、证人证言等多方证据，可以认定陈某才对该土地确实享有承包经营权。

其次，认定承包经营户要获得退耕还林补助必须经过特定流程。根据现有政策规定以及林业部门的谈话笔录，退耕还林从本质上而言是林业部门主导的系统工程项目。这意味着如何发放补助、发放标准、发放条件、种植树种、验收认定等均取决于该部门，村委会、经合社、镇政府在该项政策推行过程中更多的是代为办理具体工作，如报送信息、代为发放补助等，至于陈某江所说的退耕还林指标，根据查明的事实，是否退耕还林取决于承包户的自愿，村委会和镇政府对此均不予干涉，陈某江现有证据也不足以证明村委会、经合社、镇政府存在拒不向陈某才发放指标并导致其无法获得退耕还林补助的情形。同时，承包户领取退耕还林补助应经过签订退耕还林合同等一系列程序，不能仅仅以承包地上种树为由直接主张该项补助。

最后，认定陈某江证据不足以证明隗某芝夫妇领取了属于陈某才的退耕还林补助。隗某芝的承包地在范围上与陈某才的承包地存在重合之处。虽然隗某芝签订退耕还林合同的时间早于其签订承包合同的时间，但实践中存在双方首先达成合意、事后补签合同的情形，村委会也认可与其存在土地承包合同关系，双方也实际签订并履行了承包合同，故隗某芝享有土地承包经营权，而后隗某芝基于该承包经营权进行退耕还林，并经过相关部门的验收核查，并无不妥。陈某江现在主张隗某芝用于退耕还林的土地是陈某才的承包地，缺乏足够证据佐证。

因陈某才无权主张退耕还林补助，故其继承人陈某江亦无权主张该项补助。

编写人：北京市房山区人民法院　孙静波

53

林地承包经营权是否可依据土地承包经营权相关法律确定

——嘉禾县行廊镇侯寨村民委员会诉刘某生林业承包合同案

【案件基本信息】

1. 裁判书字号

湖南省嘉禾县人民法院（2016）湘1024民初886号民事判决书

2. 案由：林业承包合同纠纷

3. 当事人

原告：嘉禾县行廊镇侯寨村民委员会（以下简称侯寨村委会）

被告：刘某生

【基本案情】

侯寨村委会（甲方）与集体经济成员刘某生（乙方）于1984年9月14日签订了承包村林场柑橘残林梨子林合同书，约定：一、甲方将柑橘残林梨子林（包括竹子、棕树）承包给乙方，时间为三十年（日期从1985年1月至2015年1月），乙方在承包期内，甲方不向乙方支付生产费用，所需的生产、生活费用由乙方自己负责。二、乙方在承包期内，向甲方交现金4100元，分别从第六年起乙方向甲方开始上交，上交的款项分别为六年至十年，每年上交120元、十一年至二十年每年上交150元、二十一年至三十年每年上交200元。三、道路周围的空坪荒山，乙方可以扩种柑橘和其他经济林、用材林、林园林，成材后权属归乙方所有，甲方无权干涉。具体权属范围：①老林场附近的竹树和所有的棕树、梨子树。②柑橘残林和空坪荒山的四界为：东以猫头岭脚为界，西以本村二组稻田为界，南以王家岭脚和统水山稻田为界，北以先锋岭和三康子砠岭脚为界（现有的柑橘残林必先补完全苗，不得改种他树）。四、现有林场老屋由乙方管理，所需材料由甲方负责，乙方在果园内兴建土木建筑，甲方必须交材料，但必须经甲方批准。合同期满后，乙方修建的建筑由甲方处理。五、甲方必须保好乙方的利益，如发现偷、盗和破坏的行为，甲方必须按村规民约处理。六、此合同受法律保护，签订后双方不得撕毁。甲方撕毁每年支付1000元作为补偿费，乙方撕毁每年上交甲方500元作为赔偿费（以撕毁当年日期的以前为限），合同期满后，乙方可以低于10%的最高林价继续承包和转包。七、此合同一式三份，甲乙双方各执一份为凭，一份交上级政府备查。2015年1月该合同期满，双方就合同续包问题未达成一致意见，刘某生仍在承包林地上经营至今，已达两年。

【案件焦点】

案涉林地是否为中共中央办公厅、国务院办公厅《关于进一步稳定和完善农村土地承包关系的通知》第二条规定的可延续林地。

【法院裁判要旨】

湖南省嘉禾县人民法院经审理认为：依法成立的合同，对当事人具有法律约束力，当事人应当按照约定履行义务，不得擅自变更或解除合同。侯寨村委会与刘某生之间的“承包村林场柑橘残林梨子林合同书”系已生效并履行完毕的合同，双方未就续包一事达成共识，合同因期满终止，侯寨村委会请求判令上述“承包村林场柑橘残林梨子林合同书”终止的诉讼请求，符合法律规定，予以支持；侯寨村委会请求判令刘某生归还土地、停止侵权、排除妨碍并恢复土地原状，即刘某生立即归还侯寨村委会承包给刘某生的全部土地并移除该土地属于刘某生所有的全部附着物的诉讼请求，表述不清楚，“归还土地、停止侵权、排除妨碍”应理解为归还林地的承包经营权，“恢复土地原状”，刘某生未改变林地的用途，不存在恢复土地原状的问题，“移除该土地属于刘某生所有的全部附着物”，应按合同约定执行。故侯寨村委会的该项诉讼请求，只支持归还林地的承包经营权；侯寨村委会请求判令刘某生支付两年非法占用土地金800元的诉讼请求，按合同“二十一年至三十年每年上交200元”的约定，只支持两年的租金损失400元。

湖南省嘉禾县人民法院依照《中华人民共和国合同法》第六十条第一款，《中华人民共和国民法通则》第七十四条、第八十条第二款、第一百三十四条第一款第（四）项、第（七）项，《中华人民共和国民事诉讼法》第一百四十二条、第一百五十二条规定，作出如下判决：

一、侯寨村委会和刘某生签订的“承包村林场柑橘残林梨子林合同书”终止；

二、限刘某生在一个月内归还侯寨村委会柑橘残林梨子林的承包经营权；

三、限刘某生在一个月内赔偿侯寨村委会租金损失400元；

四、驳回侯寨村委会的其他诉讼请求。

【法官后语】

本案处理重点主要在于对涉案林地是否属于中共中央办公厅、国务院办公厅《关于进一步稳定和完善农村土地承包关系的通知（中办发〔1997〕16号）》第二条规定的可延续林地的理解。《关于进一步稳定和完善农村土地承包关系的通知》第二条第一款规定，在第一轮土地承包到期后，土地承包期再延长30年。该规定指的是集体土地中实行家庭联产承包制度的家庭承包土地，并非本案所涉林地。

农村土地承包是指采取农村集体经济组织内部的家庭承包方式，不宜采取家庭承包方式的荒山、荒沟、荒丘、荒滩（四荒）等农村土地，可以采取招标、拍卖、公开协商等方式承包。本案所涉林地并不是侯寨村委会分配给刘某生的家庭承包经营林地，而是属于未分配的村集体财产，不属于应予以延包的对象，不应适用《关于进一步稳定和完善农村土地承包关系的通知》的规定。

侯寨村委会作为发包方与承包方刘某生签订的林地承包合同属于村集体与本村集体经济组织成员签订的附条件承包合同，合同期满后刘某生对该承包的林地在同等条件下享有优先承包权，但双方就合同延期或续包多次协商不成，承包期满，合同应终止。现刘某生长期占用争议林地，已给村集体造成损失，应承担赔偿责任。

编写人：湖南省嘉禾县人民法院　曾亮

54

农村荒地承包合同的法律适用

——章丘市白云湖镇杨家庄北村村委会诉袁某柱土地承包合同案

【案件基本信息】

1. 裁判书字号

山东省济南市中级人民法院（2017）鲁01民终5623号民事判决书

2. 案由：土地承包合同纠纷

3. 当事人

原告（被上诉人）：章丘市白云湖镇杨家庄北村村民委员会（二审期间名称变更为“济南市章丘区白云湖镇杨家庄北村村民委员会”，以下简称北村村委会）

被告（上诉人）：袁某柱

【基本案情】

袁某柱系北村村民，2006年2月19日，北村村委会（甲方）、袁某柱（乙方）双方通过招投标形式签订《大堰及两侧荒地承包合同》，约定：袁某柱承包北村村委会6.94亩土地，承包期自2006年3月10日至2016年3月9日；承包费每年每亩405元，每次交清两年承包费5620元；承包期内任何一方不准随意终止合同，如有违约，每亩罚款300元；乙方不准取土，可以整平，堰坡要保持原样。合同签订后，双方均按合同履行了义务。2014年至2015年，北村村委会因白云湖湿地开发和泄洪需要占用了袁某柱2.23亩土地，占地后袁某柱实际占有承包地4.71亩。涉案荒地承包合同已于2016年3月9日到期，后双方未再续签合同。2016年7月21日，北村村委会书面告之袁某柱：合同已到期终止合同，2016年8月1日前将承包地中承包户的所有物品清理干净，并把承包的堰坡交回村集体。但袁某柱至今仍占有使用涉案土地。北村村委会主张按不定期租赁解除2016年3月10日至今的合同，要求袁某柱退出所承包土地，并支付多占用期间的承包费1271元（即2016年3月10日起至起诉之日止）。袁某柱则抗辩其承包的系经济林地，承包到期但是尚有未成材的经济林，可延续承包至成材。

【案件焦点】

1. 双方能否解除合同；2. 袁某柱所承包的大堰及两侧荒地是否为经济林地，是否适用《中华人民共和国森林法》的有关规定；3. 北村村委会是否应承担赔偿责任。

【法院裁判要旨】

山东省济南市章丘区人民法院经审理认为：北村村委会、袁某柱签订的合同为《大堰及两侧荒地承包合同》（以下简称《合同》），并非经济林地。应适用《中华人民共和国合同法》的相关规定。参照《中华人民共和国森林法实施条例》第五条规定：集体所有的森林、林木和林地，由所有者向所在地的县级人民政府登记造册，核发证书，确认所有权。单位和个人所有的林木，由所有者向所在地的县级人民政府林业主管部门提出登记申请，由该县级人民政府登记造册，核发证书，确认林木所有权。使用集体所有的森林、林木和林地的单位和个人，应当向所在地的县级人民政府登记造册，核发证书，确认森林、林木和林地使用权。袁某柱所承包的土地不符合上述林地特征。且双方签订合同后，袁某柱在合同即将到期时才种植树木，也未向有关部门登记造册。根据其主张的树龄为2年，袁某柱明知树木两年不能成材还要种植，其作为完全民事行为能力人，应对其行为所产生的法律后果承担相应的责任。《合同》第五条明确约定：在承包期内，乙方不准取土，可以整平，堰坡要保持原样。并且在承包期间，乙方如何占有、使用、经营与甲方无关，对此，北村村委会并无过错，故，北村村委会不应赔偿袁某柱之损失。现北村村委会关于解除合同，袁某柱支付租金 1271 元，退出承包地，清理地上树木的诉求，符合法律规定，应予支持。袁某柱因土地经营需要，在承包地中自打水井一口。经北村村委会申请，本院委托山东众智价格评估股份有限公司评定为现价值 830 元，树木价值 15080 元。袁某柱对机井价格有异议，要求鉴定单位作出解释，本院依法要求鉴定单位作出解释后，经审查，该份鉴定报告评定合理、合法，本院予以认定。北村村委会收回土地后，该处水井依然有使用价值，北村村委会需补偿袁某柱机井价款 500 元。双方系土地租赁合同关系，《合同》约定承包期限 10 年，自 2006 年 3 月 10 日至 2016 年 3 月 9 日，原租赁合同于 2016 年 3 月 9 日即已解除，自 2016 年 3 月 10 日至今，袁某柱依然占有、使用该宗承包土地，双方形成不定期租赁关系，现北村村委会要求按不定期租赁合同解除与袁某柱的土地承包合同，要求其支付多占用期间的租赁费 1271 元，并清理地上树木的诉求，符合法律规定，予以支持。但应补偿袁某柱机井款 500 元。袁某柱要求返还承包地押金 2000 元，但未提出反诉，亦未提交证据证实，可另行主张。

山东省济南市章丘区人民法院依照《中华人民共和国合同法》第九十一条第二款、第二百三十二条、第二百三十六条，《中华人民共和国民事诉讼法》第六十四条规定，作出如下判决：

一、北村村委会与袁某柱 2016 年 3 月 9 日后形成的不定期租赁合同于 2017 年 6 月 7 日解除；

二、袁某柱于本判决生效之日起三十日内退出其占有的土地，并移除地上树木；

三、袁某柱于本判决生效之日起十日内支付北村村委会租赁费 1271 元；

四、北村村委会于本判决生效之日起十日内支付袁某柱机井款 500 元。

袁某柱持原审答辩意见提起上诉。山东省济南市中级人民法院经审理认为：关于袁某柱是否应当返还土地，并移除树木的问题，本案中，双方当事人签订了《合同》，到期后，双方未继续签订合同，应认定双方形成不定期承包关系，双方可随时解除合同，北村村委会已于 2016 年 7 月 21 日给袁某柱送达解约通知，应认定双方合同已于通知送达时解除，袁某柱继续占有涉案土地已构成侵权。故一审判决要求袁某柱返还土地，并移除涉案土地上的树木并无不当，予以支持。袁某柱的上诉请求不成立，应予驳回。

山东省济南市中级人民法院依照《中华人民共和国民事诉讼法》第一百七十条第一款第（一）项规定，作出如下判决：

驳回上诉，维持原判。

【法官后语】

本案审判重点有三：

一是如何认定承包合同所涉土地的性质，为荒地还是经济林地？首先，双方签订的《合同》系通过招投标形式签订，合同中明确表述为“荒山”，且根据《农村土地承包法》第四十八条规定，不宜采取家庭承包方式的荒山、荒沟、荒丘、荒滩等农村土地，通过招标、拍卖、公开协商等方式承包的，适用本章规定。其次，参照《森林法实施条例》第五条规定，袁某柱所承包的土地，不符合该实施条例林地特征。因此，《合同》所涉土地为不宜采取家庭承包方式的农村土地，而非林地。审查土地承包合同，应区分承包合同所涉土地的性质，法律对林地等承包期限有特别规定的应优先适用特别规定，不宜采取家庭承包方式的荒山、荒沟等农村土地，通过招标、拍卖、公开协商等方式承包的，应当签订承包合同，当事人的权利义务、承包期限等，由双方协商确定，不同于耕地、林地等通过家庭承包方式取得土地承包经营权的情形。

二是本案应适用《合同法》还是适用《森林法》？土地承包合同是承包方和发包方之间订立的关于土地承包和发包的权利义务的协议，属于民事合同范畴，应由合同法予以调整。但《合同法》与《森林法》的适用并不冲突。因此，一审法院认定承包合同所涉土地性质时，参照《森林法实施条例》关于林地的相关规定认定本案土地性质并非林地，但本案双方当事人签订了《合同》，系合同纠纷，一审法院依合同法作出判决。

三是双方的《合同》是否已经解除、何时解除？北村村委会和袁某柱签订的《合同》于2016年3月9日到期后，双方未续签合同，但袁某柱依然占有、使用该宗承包土地，双方形成不定期承包关系，任何一方可随时解除合同。但关于该不定期承包合同解除时间，一、二审法院观点不同。一审法院判决该不定期租赁合同于2017年6月7日（即一审判决作出之日）解除。二审法院认为，北村村委会已于2016年7月21日给袁某柱送达解约通知，应认定双方合同已于通知送达时解除。袁某柱继续占有涉案土地已构成侵权，一审法院判决袁某柱于一定期限内退出其占有的土地，并移除地上树木并无不当，因袁某柱并未就一审判决第一项即合同解除问题提起上诉，北村村委会亦未对此提出异议，故二审法院对合同解除时间未予以纠正，作出维持原判的判决。就本案中不定期承包合同的解除时间，笔者认同二审的观点。其一，袁某柱自2016年3月10日拒不履行交付承包费的义务，北村村委会可以主张解除合同，但应当通知对方；其二，北村村委会作为发包方于2016年7月21日给袁某柱送达解约通知，并依诚实信用原则，为袁某柱向其交付承包土地预留了合理期限，不违反法律规定，故该不定期承包合同自通知到达袁某柱时即解除。

编写人：山东省济南市章丘区人民法院　赵俊彩

55

山林土地权属的确定应当坚持兼顾当事人各方利益原则

——江西国良实业开发有限公司诉万载县新荣花炮制造有限公司物权保护案

【案件基本信息】

1. 裁判书字号

江西省万载县人民法院（2017）赣0922民初360号民事判决书

2. 案由：物权保护纠纷

3. 当事人

原告：江西国良实业开发有限公司（以下简称国良实业公司）

被告：万载县新荣花炮制造有限公司（以下简称新荣花炮公司）

【基本案情】

国良实业公司于2009年9月25日取得位于万载县岭东乡兰田村良听组何冲棚背干塘埚241亩林木使用权以及所有权（万府林证字2009第120000517号），使用期限为70年即至2074年11月1日。新荣花炮公司在2013年建厂房时未经国良实业公司同意擅自毁坏了国良实业公司的上述林木。2009年10月21日，袁青为投资国良实业公司委托江西华泰资产评估有限公司评估其所取得的山林价值，本案涉案山林亦在本评估报告之中，每亩山林的经济价值为2000元，国良实业公司要求按照2009年2000元/亩的经济价值计算损失。

为确定所侵占的林地的面积，双方均同意请求万载县林业局协助对被侵占的林木实际情况进行勘查，万载县林业局于2017年9月15日出具现场勘查报告，认定新荣花炮公司由于建设实际侵占了国良实业公司经营的林木（万府林证字2009第120000517号中内业号1478小班记载面积为241亩）为附图红线范围内，面积7.5亩。

【案件焦点】

新荣花炮公司是否侵犯了国良实业公司的林权。

【法院裁判要旨】

江西省万载县人民法院经审理认为，新荣花炮公司系通过租赁兰田村良听组的集体土地经过合法审批建设的，而国良实业公司则依法取得了万府林证字2009第120000517号林权证，系万载县岭东乡兰田村良听组何冲棚背干塘埚241亩林地的森林或林木使用权权利人以及所有权权利人。因此，对于是否侵权以及侵权的范围如何确定成为本案的关键，国良实业公司依法取得万府林证字2009第120000517号林权证，系万载县岭东乡兰田村良听组何冲棚背干塘埚241亩林地的森林或林木使用权权利人以及所有权权利人，新荣花炮公司未经权利人国良实业公司同意擅自毁坏国良实业公司依法取得林木，已构成侵权，应当为其侵权行为承担侵权责任。关于侵权毁坏的实际面积，国良实业公司、新荣花炮公司在请求万载县林业局协助对被侵权林木实际情况进行勘查前均签署了同意由万载县林业局勘查并以万载县林业局最终核算的为准，因此在新荣花炮公司未提供其他证据足以推翻该勘查报告的情况下，确认新荣花炮公司由于建设实际占用国良实业公司经营的林木（万府林证字2009第120000517号中内业号1478小班记载面积为241亩）为附图红线范围内，面积7.5亩，故对于国良实业公司诉称新荣花炮公司侵权120亩的主张不予采纳，新荣花炮公司应当停止对国良实业公司经营的林木的侵权行为。

综上，依照《中华人民共和国民法总则》第一百七十九条，《中华人民共和国物权法》第三十七条、第一百一十七条，《中华人民共和国民事诉讼法》第六十四条第一款、第一百四十二条，《最高人民法院关于民事诉讼证据的若干规定》第二条规定，判决如下：

一、新荣花炮公司在本判决生效后立即停止对国良实业公司取得所有权以及使用权的（万府林证字2009第120000517号中内业号1478小班记载面积为241亩）为附图红线范围内面积7.5亩林木的侵权；

二、国良实业公司因新荣花炮公司的侵权行为遭受的林木损失为15000元，限新荣花炮公司在本判决生效后十日内支付；

三、驳回国良实业公司的其他诉讼请求。

【法官后语】

本案系一起典型的侵犯林权纠纷案件，国良实业公司通过流转取得涉案林地上森林或林木使用权及所有权，并取得林权证，而新荣花炮公司则通过租赁取得该土地上的相应权利。双方的主要争议焦点是新荣花炮公司在涉案土地上经合法审批建厂房是否侵占了国良实业公司所取得的林权，如果侵权成立，如何赔偿。为厘清争议，应该依照林权证所载明的四至以及面积实地进行测量以确定是否侵权。

1. 林权证是处理林权争议的依据。林权是指森林、林木和林地的所有权和使用权，是一定社会主体对一定森林、林地、林木所享有的所有权、使用权、经营权或一定权益的组合。我国法律规定森林、林木和林地的所有权有三种形式：即国家所有权、集体所有权和个人所有的林木。林权证书的权利人分别登记为林地所有权权利人、林地使用权权利人、森林或林木所有权权利人、森林或林木使用权权利人。《森林法实施条例》规定，森林包括乔木林和竹林；林木包括树木和竹子。因此，本案所涉及的国良实业公司的林权系森林或林木使用权、所有权，不包括林地的所有权、使用权。该权利应由县或县以上人民政府颁发林权证书，登记造册，确定和保障其所有权。国良实业公司系依法通过流转从兰田村良听组取得何冲棚背干塘埚241亩林木的所有权及使用权，并依法由万载县人民政府颁发林权证，该林权证载明了林权的四至。

根据《林木林地权属争议处理办法》第六条规定，解决双方争议应以林权证为依据，根据林权证确定权利人及其权属的范围。为此，如何确定国良实业公司林权范围的具体界限成为本案认定是否侵权的关键。虽然林权证载明了涉案林权的四至、面积等，但在实际处理中处于界限模糊的状态，其林权证所载明的面积与实际林地的大小，以及双方对林权证载明的四至具体范围存在争议，因此在双方对界限存在较大争议的情况下，尤其在涉及农村集体林权时，处理不好会引发群体性事件。为确定实际界址，法院会同当地村委会、林业部门积极参与案件化解，由乡政府以及村委会作为见证人，双方共同签署同意书同意由万载县林业部门依照林权证载明的面积、四至进行测量，万载县林业部门运用遥感技术对实际情况进行勘查，最终确认并出具了现场勘查报告，确认新荣花炮公司实际侵占了国良实业公司经营的林木面积7.5亩。

2. 侵害林权造成损害的应承担损害赔偿或其他民事责任。林权是以森林资源所有权为基础，以对特定的森林资源的使用、收益为目的的他物权，系一种用益物权，其赋予权利人对森林或林木资源的占用、使用和收益的权利。按照《物权法》第三十七条规定，侵害物权，造成权利人损害的，权利人可以请求损害赔偿，也可以请求承担其他民事责任。《民法总则》第一百七十九条规定的承担民事责任的方式主要有：停止侵害，排除妨碍，消除危险，返还财产，恢复原状，修理、重作、更换，继续履行，赔偿损失，支付违约金，消除影响、恢复名誉，赔礼道歉。前述民事责任方式可以单独适用，也可以合并适用。本案中，国良实业公司依法取得的林权遭受到侵害，其有权依照《物权法》的规定请求损害赔偿以及其他相应的民事责任。因侵权范围内的林木已经损毁，故国良实业公司要求返还原物的诉求无法实现，其所遭受的损失可以请求损害赔偿，因此在新荣花炮公司未提供证据反驳以及重新申请对损失鉴定的情况下，法庭采纳国良实业公司依法委托第三方出具鉴定报告的赔偿标准以确定赔偿数额，判决新荣花炮公司停止侵害并赔偿林木损失15000元。

对于该类山林侵权案件的审理，应重事实、重证据、重调解，坚持兼顾当事人各方利益及有利于生产的原则，积极联系当地村委及政府，会同相关林业部门协调联动解决矛盾。

编写人：江西省万载县人民法院　龙火星

56

转包防护林的合同无效

——清镇市流长苗族乡人民政府诉黄某发确认合同无效案

【案件基本信息】

1. 裁判书字号

贵州省清镇市人民法院（2017）黔0181民初110号民事裁决书

2. 案由：确认合同无效纠纷

3. 诉讼双方

原告（反诉被告）：清镇市流长苗族乡人民政府（以下简称流长乡政府）

被告（反诉原告）：黄某发

第三人（反诉原告）：王某

【基本案情】

2009年2月15日，清镇市人民政府颁发清府林证字（2009）第5201810600386—1号林权证，确定清镇市流长乡对贵州省清镇市流长乡冒井村木叶高坡（以下简称木叶高坡）115.4亩防护林（东抵犁倭镇界、南抵兴降村土、西抵马郎村土、北抵冒井村土）林地、森林或林木享有所有权和使用权。2013年12月6日，流长乡政府与黄某发签订《贵州省清镇市流长苗族乡木叶高坡林场经营权转包合同》，约定：流长乡政府将前述林地、林木发包给黄某发从事农业项目（特色果林）种植生产经营，林地转包后，黄某发享有承包林地的使用权、林木所有权和经营权，转包期限为65年，自2013年12月6日至2078年12月6日，转包价格20万元。协议签订后，流长乡政府于2013年12月10日、2014年7月9日分别收取黄某发转让款150000元和50000元，并将前述林地、林木交与黄某发。后黄某发与王某合伙共同经营。黄某发、王某签订合同后，因该合同的履行实施了开挖道路、修建经营管理用房、报装架设用电设备、雇用人员等行为，其中因开挖道路于2014年6月26日和2015年12月2日共计支付55360元、因道路铺石于2015年10月17日支付14580元、因报装架设用电设备支付10100元、因经营性管理用房建设及平场于2015年3月19日和21日共计支付113280元。黄某发、王某将其中的约14亩土地用于栽种折耳根，其中2016年为初种，2017年为将2016年所栽折耳根收获后将收获物作为种子直接续种，二人栽种的折耳根至今未收获上市销售，也未针对栽种折耳根提出损失赔偿要求。黄某发、王某将其余的大部分土地用于栽种天麻，因栽种天麻支付种植人工费33504元，购买、自育天麻种子费用100000元，购买栽种天麻的木材、密环菌、遮阳网等辅助性用材费用53500元。黄某发、王某另支付2015年8月起两年的管理人员工资36000元。2015年8月15日，黄某发与清镇市王庄乡弘胜畜牧养殖基地赵某荣签订《鸡粪销售合同书》，购买鸡粪120吨，约2800袋，支付价款48000元。经2017年5月2日现场确认，所购鸡粪已使用约80袋，其余露天堆放。王某、黄某发认可鸡粪用于栽种折耳根等作物，不能用于栽种天麻。2016年2月5日，王某将木叶高坡林场部分林木卖与周某砍伐，后周某砍伐了林木78株，共计1.8976立方米，周某因此被林业部门处以罚款2125元，并被责令于2016年12月31日前补种林木390株。2017年1月9日，流长乡政府提起诉讼，请求确认与黄某发2013年12月6日签订的《贵州省清镇市流长苗族乡木叶高坡林场经营权转包合同》无效，请求判决黄某发、王某将木叶高坡林场返还与流长乡政府。黄某发、王某预计2017年收获天麻可获收入265560元，其表示若获准收获2017年的天麻，该部分损失不要求赔偿。

【案件焦点】

流长乡政府与黄某发签订的《贵州省清镇市流长苗族乡木叶高坡林场经营权转包合同》的合同是否有效。

【法院裁判要旨】

贵州省清镇市人民法院经审理认为：《中华人民共和国森林法》将森林划分为防护林、用材林、经济林、薪炭林和特种用途林，并结合不同的类型，确定了用材林、经济林等森林、林木、林地使用权可以依法转让，同时规定防护林不得转让。本案中，流长乡政府与黄某发签订合同，约定将作为防护林的木叶高坡林场转包与黄某发从事农业项目（特色经果林）种植生产经营，将防护林的用途更改为商品林，违反了《中华人民共和国森林法》第十五条第三款的强制性规定，依法应认定为无效合同。流长乡政府诉称该合同无效的诉讼请求应予支持。按照法律规定，合同无效，因该合同取得的财产，应予以返还。流长乡政府与黄某发签订合同后，从黄某发处取得的转包款应当返还，双方已实际履行合同4年，已经履行的部分应当扣除。黄某发因该合同取得木叶高坡115.4亩防护林地使用权，应当返还与流长乡政府，黄某发与王某合伙经营，应当承担共同的返还责任。鉴于黄某发、王某在该地上栽种了经济作物天麻和折耳根尚未收获，综合考虑生态保护与当事人损失之间的关系，以及黄某发、王某栽种的天麻、折耳根经济作物的收获问题，酌定黄某发、王某返还的期限为2017年12月31日前。黄某发、王某在返还之前应当妥善保护林地内的植被，在收获天麻和折耳根作物时应当采取最有利于生态保护的收获方法，流长乡政府应当对此进行监督。流长乡政府与黄某发所签合同无效，流长乡政府作为国家机关，对相关法律规定的掌握程度明显高于作为自然人的黄某发，故流长乡政府对合同无效承担70%的过错责任，黄某发承担30%的过错责任。承包人遭受的损失，核定为181423元。

贵州省清镇市人民法院依照《中华人民共和国合同法》第五十二条第（五）项、第五十八条，《最高人民法院关于适用〈中华人民共和国民事诉讼法〉的解释》第九十条规定，作出如下判决：

一、确认流长乡政府与黄某发于2013年12月6日签订的《贵州省清镇市流长苗族乡木叶高坡林场经营权转包合同》无效；

二、限黄某发、王某于本判决生效后十日内将长木叶高坡林场115.4亩防护林（东抵犁倭镇界、南抵兴降村土、西抵马郎村土、北抵冒井村土）林地、森林或林木返还给流长乡政府（履行期限早于2017年12月31日则顺延至2017年12月31日）；

三、限流长乡政府于本判决生效之日起十日内返还黄某发、王某转包款187693元，并赔偿70%的资金占用损失（资金占用损失按照中国人民银行同期同类贷款利息标准计算，其中140770元自2013年12月10日起算，46923元自2014年7月9日起算，均计算至本判决确定的履行期限届满之日止）；

四、限流长乡政府于本判决生效之日起十日内一次性赔偿黄某发、王某经济损失126996元；

五、驳回黄某发、王某的其他诉讼请求。

【法官后语】

《森林法》第十五条规定，“用材林、经济林、薪炭林及其林地使用权、采伐迹地、火烧迹地的林地使用权，国务院规定的其他森林、林木和其他林地使用权”可以依法转让，也可以依法作价入股或者作为合资、合作造林、经营林木的出资、合作条件，但不得将林地改为非林地，除该条第一款规定的情形外，其他森林、林木和其他林地使用权不得转让。该条规定的“不得转让”为禁止性规范还是管理性规范，司法实务中有不同的认识。该案中，合同当事人约定转包防护林木、林地，虽名为转包，但实际上将防护林地转让与他人用于从事农业项目（特色经果林）种植生产经营，更改了防护林的性质，故判决认定转包合同违反了法律的强制性规定，既符合《森林法》“发挥森林蓄水保土、调节气候、改善环境和提供林产品的作用”的立法目的，同时亦符合《森林法》关于防护林“以防护为主要目的的森林、林木和灌木丛，包括水源涵养林，水土保持林，防风固沙林，农田、牧场防护林，护岸林，护路林”的分类界定。

该判决在认定合同无效的同时，在按照《合同法》的相关规定处理合同无效后的财产返还方面，考虑了相关林地上已栽种了折耳根和天麻作物的实际情况，结合林地现状，该经济作物处理不好，不仅导致当事人遭受更大的损失，而且将可能导致林地遭受无序的、更大的损害。考虑到林地上经济作物的成长、收获周期问题，2017年6月21日判决作出时，在一审判决生效时间尚不能确定的情况下，判令当事人于判决生效之日起十日内返还林地、林木的同时，明确履行期限早于2017年12月31日则顺延至2017年12月31日，同时在判决中指出，“在返还林地之前，承包人应当妥善保护林地内的植被，在收获折耳根和天麻作物时应当采取最有利于生态保护的收获方法，流长乡政府应当对此进行监督”。该判决从实际出发，确定了不同于一般判决的履行期限，体现了人民法院司法为民的工作主旨，兼顾了当事人经济利益保护与生态保护之间的关系，对处理类似案件具有一定的借鉴价值。

编写人：贵州省清镇市人民法院　杨孝元

57

行政机关组织土地争议纠纷双方达成调解协议的效力是否应由司法机关确认

——梁某泉等诉莫某灵等确认合同效力案

【案件基本信息】

1. 裁判书字号

广东省云浮市中级人民法院（2016）粤53民终605号民事裁定书

2. 案由：确认合同效力纠纷

3. 当事人

原告：梁某泉等73人

被告：莫某灵、李某洪、莫二娣、莫某有、梁广某（以下称莫某灵等5人）

第三人：肇庆市高要区白诸镇新星村委会上云河村小组（以下简称上云河村小组）

【基本案情】

梁某泉等73人和莫某灵等5人均是云浮市云城区思劳镇三坑村小组（以下简称三坑村小组）的村民，三坑村小组约有144户村民，梁某泉等73人为其中73户户主。2011年8月30日，三坑村小组与上云河村小组在广东省人民政府山林权属争议调处办公室及云浮市、肇庆市有关单位的组织调解下签订《山林权属划分协议书》，就双方争议的分水坳以西一带山林的权属问题达成解决方案。协议载明：（一）元咀岗争议面积30.7亩，为上云河村相关农户自留山，山权归上云河村所有，四至是：东至上云河村耕地，南至石土塘（青咀塘）北边缘，西至元咀岗山顶，北至白屋南侧耕地的南边缘。（二）对面屈、石土塘（石咀、青咀塘）的争议岭面积1亩，山林权属归上云河村所有。四至是：东至上云河村水塘，南至冰塘

（塘仔丫）北边缘，西至三坑村与上云河村分界线，北至元咀岗山顶。（三）石土塘山脊、冰塘（行路丫、塘仔丫）的争议岭面积80亩，山林权属归三坑村所有。四至是：东至分水坳小路边，南至石土塘山脊，西至111.5高程的山顶，北至冰塘（塘仔丫）南边缘。附件为《划分分水坳以西一带山林权属四至面积图》。协议还就界址标志等其他事项进行约定。

三坑村小组和上云河村小组作为协议当事人在协议上盖章，莫某灵等5人作为当时三坑村小组的干部在三坑村代表人一栏签名，上云河村小组相关干部亦在代表人一栏签字。广东省人民政府山林权属争议调处办公室、云浮市人民政府山林权属争议调处办公室、肇庆市人民政府调处山林纠纷办公室等七个部门作为见证单位盖章确认，参加调处的七个单位工作人员在参加代表一栏签名。协议附有三坑村小组部分成员及上云河村小组成员的签名。

2011年10月4日，高要市林业局就协议中确定属于上云河村小组的184亩林地填发林权证。莫某灵等5人称云浮市云城区林业局也已依据上述协议对石土塘山脊、冰塘（行路丫、塘仔丫）的80亩山岭进行确权颁证。经法院发函询问，云浮市云城区林业局函复明确已就上述林地进行了颁证，并且广东省人民政府山林权属争议调处办公室组织三坑村小组与上云河村小组调解签订《山林权属划分协议书》是林地行政确权程序的一部分，依据分别是《广东省森林林木林地权属争议调解处理办法》第三十条、第八条。

梁某泉等73人认为争议土地共294.7亩全部属于三坑村小组，莫某灵等5人在协议上代表三坑村小组签名及盖章，大部分村民并不同意，属无权处分集体财产，协议无效。

【案件焦点】

由行政机关组织的旨在解决两个村小组集体之间的林地纠纷的调解协议的效力是否属于法院民事案件受理范围。

【法院裁判要旨】

广东省云浮市云城区人民法院经审理认为：三坑村小组与上云河村小组在广东省人民政府山林权属争议调处办公室依法组织调解下签订《山林权属划分协议书》，政府部门组织双方调解的目的在于就双方争议的林地进行确权颁证，最终解决双方由来已久的纠纷，使双方当事人充分利用林地等生产资料，安心生产生活，让林地产生经济效益。《山林权属划分协议书》签订后，高要市林业局就协议中确定属于上云河村小组的184亩林地填发了林权证，云浮市云城区林业局也已依据该份协议对石土塘山脊、冰塘（行路丫、塘仔丫）的80亩山岭进行确权颁证。广东省人民政府山林权属争议调处办公室依法组织三坑村小组与上云河村小组签订《山林权属划分协议书》，是其主动依法履行行政职能产生的成果，组织双方签订该协议书作为政府部门林地行政确权程序的一部分，与政府部门就争议土地进行确权颁证紧密相连，互为因果。梁某泉等73人起诉请求确认《山林权属划分协议书》无效，因该协议作为行政确权程序的一部分，其效力并不属于人民法院审理范围。梁某泉等73人的起诉应予驳回。至于其请求将石土塘山脊、冰塘、对面屈、石土塘山岭（面积合计294.7亩）归还三坑村小组，因其中80亩已由政府部门确权为三坑村小组所有，另外184亩为上云河村小组集体所有，还有30.7亩上云河村小组成员的自留地，根据《中华人民共和国土地管理法》第十六条第一款、第二款规定“土地所有权和使用权争议，由当事人协商解决；协商不成的，由人民政府处理。单位之间的争议，由县级以上人民政府处理；个人之间、个人与单位之间的争议，由乡级人民政府或者县级以上人民政府处理”的规定，土地权属争议亦不属于人民法院受理范围。梁某泉等73人若对人民政府行政确权结果不服，可另循法律途径解决。

广东省云浮市云城区人民法院依据《中华人民共和国土地管理法》第十六条，《中华人民共和国民事诉讼法》第一百一十九条第（四）项、第一百五十四条第（三）项规定，裁定如下：

驳回梁某泉等73人的起诉。

梁某泉等62人不服一审裁定，提起上诉。云浮市中级人民法院认为：关于梁某泉等62人上诉提出其诉讼请求是要求确认《山林权属划分协议书》的效力，并不涉及山林权属争议的问题。《山林权属划分协议书》是有关行政部门为履行争议山林权属确权职责而组织争议双方当事人进行调解所签订的，并依据该协议书对争议的山林权属进行了确权。因此，争议双方达成的上述协议书属于相关行政部门实施山林权属确权这一具体行政行为程序的一部分，该协议书是林业部门作出林地行政确权行为的依据之一，该协议书的效力与林业部门行政确权行为的合法性、有效性之间具有密不可分的因果关系。现梁某泉等62人因对相关行政部门对山林权属争议作出行政确权行为不服而提起民事诉讼，请求对协议书的效力进行认定，其起诉不属于人民法院受理民事诉讼的范畴。至于梁某泉等62人提出的另一诉讼请求，是要求对山林权属进行处理。该请求是基于确认《山林权属划分协议书》的效力而提起的，与行政部门颁证行为之间存在关联性，也不属人民法院受理民事诉讼范围。因此，根据《中华人民共和国民事诉讼法》第一百一十九条第（四）项“起诉必须符合下列条件：……（四）属于人民法院受理民事诉讼的范围和受诉人民法院管辖”的规定，对梁某泉等73人提起的本案诉讼，不予受理。

综上，原审裁定对梁某泉等73人的起诉不予受理并无不当，予以维持。梁某泉等62人的上诉理由不成立，不予支持。依照《中华人民共和国民事诉讼法》第一百六十九条第一款、第一百七十条第一款第（一）项、第一百七十一条、第一百七十五条规定，裁定如下：

驳回上诉，维持原裁定。

【法官后语】

本案值得探讨的问题是：由行政机关组织的旨在解决两个村小组集体之间的林地纠纷的调解协议的效力是否属于法院民事案件受理范围。

1. 本案中的调解协议与一般的自然人、法人自行达成的调解协议不同，该调解协议是在广东省人民政府山林权属争议调处办公室依法组织主持下达成的，具有行政性质，是行政行为作出的依据。三坑村小组与上云河村小组因林地纠纷引发的矛盾素来已久，广东省人民政府山林权属争议调处办公室依法组织肇庆市和云浮市各单位及争议双方的村民小组进行调解，目的就是解决林地纠纷。林地纠纷产生是因为没有林地权属证书，林地属于不动产，不动产的权属以登记为准，双方均没有权属证书，权属不清就会产生争议，所以解决纠纷就必须进行确权。根据2006年《广东省森林林木林地权属争议调解处理办法》第三十条规定，“县级以上人民政府应当根据生效的林权争议协议书、调解书、处理决定或者行政复议机关的复议决定、人民法院的裁定书、判决书等，组织测定林地权属界址、界线及标设界桩，依法办理森林、林木和林地权属登记，并发放林权证书”，在没有行政复议机关的复议决定书、人民法院的裁定书、判决书的情况下（根据《土地管理法》第十六条规定，人民法院对于土地纠纷一般不予受理），确权的依据就是双方当事人达成的协议，那就要组织争议双方当事人进行调解，调解是确权的前置程序，所以，行政机关为了林地确权而进行的调解，法院不宜越俎代庖，对行政行为进行干涉。

2. 如果存在村民利益受损的如何救济。对于确权过程中的调解协议的效力问题，并非法院民事案件的受理范围，那如果确实存在少数村干部未经法定程序而擅自与他人签订协议损害了多数村民的利益，怎么救济？因为调解协议产生的法律后果是林权证的颁发，颁发林权证作为一种行政行为，如果其程序违法、实体处理不当，利害当事人不服，就应当提起行政诉讼，请求撤销颁证，调解协议的效力自然就会在行政诉讼中得到审查，所以其权利应遵循行政诉讼解决。

编写人：广东省云浮市云城区人民法院　杨清岚

58

如何运用风俗习惯对案件事实进行认定

——李某洪诉广西绿宝速丰林有限公司、古淡十组确认合同效力案

【案件基本信息】

1. 裁判书字号

广西壮族自治区梧州市中级人民法院（2017）桂04民终14号民事判决书

2. 案由：确认合同效力纠纷

3. 当事人

原告（上诉人）：李某洪

被告（被上诉人）：广西绿宝速丰林有限责任公司（以下简称绿宝公司）、古淡十组

【基本案情】

古淡十组又名古淡村石马队，李某洪是古淡十组村民，现任古淡十组组长。1982年，原岑溪县人民政府对原古淡大队云岭傍（顶）山场向古淡村石马队各户

户主颁发了《岑溪县社员自留山使用证》。2008年正月，古淡十组以及毗连的平坡村六组村民提出将云岭傍包括“埋臭地”的山场出租给造林公司，租金用来铺路，后古淡十组各户户主代表开会讨论，一致同意推荐李某峰、廖某北、李某斌为代表，以古淡十组的名义将云岭傍180亩林地承包给绿宝公司经营管理，承包期限为30年。同时，对铺路资金收取、修路物资管理等事宜也进行落实，并在得到绿宝公司分期汇入租金后实施。也就是说，2008年4月1日至2020年3月31日的承包金已经用于修筑古淡十组和平坡村六组共用的至岑梧二级公路的混凝土硬化道路，现该路路况良好。2008年3月4日，李某峰、廖某北、李某斌经古淡十组村民李在某介绍和联系，操办李某洪等在内的石马队村民与绿宝公司承包古淡十组云岭傍180亩山场合同签订事宜，作出《村民发包林地决议书》，该《决议书》上村民代表或户主签名笔迹一致，但身份证号码一目了然，手印大小、浓淡、形状则相异。落款中：村民集体盖章及负责人签字为“李某峰、廖某北、李某斌”，村委主任签字为“蒋某明”，并且古淡村委会加盖了印章。同年4月3日，李某峰、廖某北、李某斌作为古淡十组的代表与绿宝公司签订了《林地承包合同书》，该合同以《林地权属证明》形式经过古淡村委会、岑溪市林业局糯垌林业工作站、岑溪市糯垌人民政府盖章确认。合同签订后，绿宝公司进山对山场进行经营管理。2008年3月26日、5月9日，绿宝公司分别向古淡十组的代表支付了承包金25000元、39800元。上述承包金由村民廖之某管理并于2009年左右用于铺筑古淡十组至岑梧二级公路的混凝土道路。2010年，国家对林业进行改革，经李某洪申请，经过在古淡村公示，同年7月5日岑溪市人民政府对位于古淡十组云岭傍的山场向李某洪颁发了林权证，载明两处林地面积为分别8.47亩、8.02亩，使用期70年，注记为：已流转，林木所有权、林木使用权按照流转合同所约定形式；共有人：李某洪、李某华、李某东、李在某。2013年9月3日，岑溪市人民政府依据上述《林地承包合同书》对古淡十组云岭傍山场的造林向绿宝公司颁发了林权证，该证载明：林地所有权权利人为古淡十组，森林或林木所有权权利人为绿宝公司，面积147.2亩，林地使用期25年。注记为：上述林地由林权初始登记权利人李某科等流转至绿宝公司，流转剩余期限为25年。在合同期内该林地的森林或林木所有权及使用权均属绿宝公司，若林地流转合同双方或任何一方违约，则按合同约定方式执行等内容。

2014年，古淡十组部分村民以道路、山场有争议为由阻止绿宝公司砍伐并运输其承包经营的云岭傍山场林木。2016年，李在某等人向岑溪市林业局信访，要求有关部门暂停绿宝公司砍伐云岭傍山场林木的砍伐手续，岑溪市林业局答复绿宝公司取得的林木采伐许可证合法有效。同年8月上旬，李某洪等10位村民分别将古淡十组、绿宝公司列为被告向法院起诉，主张绿宝公司与古淡十组签订的关于古淡十组云岭傍林地的《林业承包合同书》涉及李某洪山场部分的内容无效。

另，平坡村六组与古淡十组相邻，两组的山场也相邻，两组共用一条村道路直达岑梧二级公路。同期，平坡村六组也以生产组的名义将相邻的山场200亩转包给绿宝公司经营管理，合同也约定前期承包金用于修筑共用的村道路硬化。现古淡十组包括李某洪等10户、平坡村5户向法院提起确认《林地承包合同书》无效的诉讼。

【案件焦点】

古淡十组与绿宝公司签订的《林地承包合同书》是否有效。

【法院裁判要旨】

广西壮族自治区岑溪市人民法院经审理认为，按照我国森林法等有关规定，自留山或责任山均涉及林地所有权、使用权，对于林地上附着物的林木同样也分为林木所有权和林木使用权。我国森林、林木和林地的使用权形式多种多样，公民、法人或者其他经济组织以承包、租赁、转让等形式依法取得国家所有或集体所有林地的使用权，但不拥有所有权。本案争议标的，自留山的所有权归集体所有，使用权属农户（社员），农户可以长期、无偿使用。对自留山的使用，按当时政策规定是：山权属集体所有，社员只有使用权，不准买卖、出租和转让；社员在自留山种植的竹木、果树永远归社员私人所有，子女有继承权；自留山自发证之日起，两年丢荒不使用者收归集体所有。古淡十组在1982年林业三定时将云岭傍的林地落实为自留山分配给该组的社员，由原岑溪县人民政府向该组各农户颁发了《岑溪县社员自留山使用证》，说明该组各户已享有自留山使用权。虽然林业三定时的有关政策规定自留山使用权不得买卖、出租、转让，但该规定依现行法律规定属于管理性强制规定，不属效力性强制规定，农户对自留山出租、转让并不必然导致合同无效。2010年，李某洪自愿向行政部门申请并取得林权证，说明其已同意将涉案自留山转变为责任山，不再享有自留山的长期使用权利，而是按有承包期限的责任山依法进行流转。依据现行法律规定，自留山或责任山的林地使用权，可以进行转包、出租、互换、转让或者其他方式流转。

2008年，古淡十组各户户主代表开会讨论，一致同意推荐李某峰、廖某北、李某斌为代表，以古淡十组的名义将云岭傍的180亩林地流转给绿宝公司经营管理，所得承包金用于修路的事实。虽然没有到会人员签名的会议记录证明，但既有本组村民、村委干部的证人证言证明，又与岑溪市糯垌镇人民政府调查的情况汇报相印证。并且，李某洪及其家庭成员长年累月需要行走涉案村道，从事农业生产活动，偶尔村民发丧也是走向云岭傍包括“埋臭地”的山场，山场现状有目共睹，故李某洪户理应知道其自留山从2009年起被绿宝公司种植林木，修路的资金来源于林地承包金。再则，李某洪户在2010年自愿向行政部门申请取得的林权证中也载明已按照合同约定流转，该林权证中载明共有人之一是李在某（李某洪的家庭成员），李在某是绿宝公司得以承包本案林地的联系人、介绍人。因此，李某洪诉称与古淡十组辩称，没有参加会议，也没有委托授权他人签订合同，合同是伪造签名的，对承包金的用途不知情，有违情理，是作虚假陈述，该主张与查明的事实不符，不予采信。绿宝公司的辩称虽然部分村民否认在合同上签名，但有证据表明签订合同前已经开会同意的意见，与法院查明的事实相符，应予以采信。

集体公益事务公推村民代表具体落实合乎传统习俗民情，契合法律。虽然没有证据表明村民李某峰、廖某北、李某斌是村、组领导，但古淡十组各户户主代表多次开会讨论，一致公推由该三人实施具体事务，公推人选一般或为代表，或为热心公益，或人们信赖等，体现社情民意，合乎传统习俗民情，值得倡导，契合法律。就法律角度说，实际上是李某洪户向古淡十组进行了委托授权，由李某峰、廖某北、李某斌作为古淡十组的代表与绿宝公司签订《林地承包合同书》。该合同中的《村民发包决议书》的签名、指纹可能不是李某洪或其家庭成员的亲自签名、捺指纹，可能属于其他人代其签名、捺指纹，该行为正是源于户主开会讨论结果的授权。并且，签名后面的身份证号码属个人信息，客观上应来自各户主或其家庭成员的积极配合，进一步说明委托授权的事实存在。也就是说，古淡十组的代表人签订合同是根据李某洪户的委托授权，而不是无权代理，故李某洪主张古淡十组无权代理导致合同无效的依据不成立，不予支持。

此外，李某洪主张合同无效，也不符合《中华人民共和国合同法》第五十二条任何一款规定的合同无效情形，不能认定合同无效。李某洪与绿宝公司依照合同约定均办理了林权证，在2014年绿宝公司准备进行收益时，李某洪才提出林地有争议，部分村民以阻拦道路的方式妨害绿宝公司获取劳动成果，有违诚信原则。退一步来说，如果合同无效，则涉及返还财产、赔偿损失等问题，势将造成绿宝公司巨大的经济损失，可能造成各方的诉累，不利于市场交易秩序的稳定和社会经济的发展；如果李某洪是基于时势变更，认为订立合同时租金过低或绿宝公司运输林产品可能损伤道路出发，尚可通过古淡十组或当时的牵头人和受托人与绿宝公司协商处理。虽然绿宝公司在未查清涉案林地使用权属李某洪各户或古淡十组的情况下，误认为是古淡十组的使用权而签订了林地承包合同，未尽审慎义务，本身存在一定过错，但该过错不影响合同的效力。由于涉案林地使用权是李某洪户的权利，不是古淡十组的权利，故对该林地的转包，不适用处置集体财产时适用三分之二多数同意的议事规则，即不需要经过古淡十组的讨论同意，但古淡十组修路、筑路的问题则适用三分之二多数同意的议事规则。综上所述，《林地承包合同书》是李某洪户与绿宝公司的真实意思表示，符合法律规定，属合法有效的合同。李某洪主张《林地承包合同书》中涉及李某洪林地部分内容无效，缺乏事实和法律依据，不予支持。

广西壮族自治区岑溪市人民法院依照《中华人民共和国民法通则》第二条、第八条、第五十四条、第五十六条、第六十五条，《中华人民共和国合同法》第六条、第十条、第五十二条、第三百九十六条，《中华人民共和国农村土地承包法》第十条、第二十三条、第三十二条、第三十四条，《最高人民法院关于适用〈中华人民共和国合同法〉若干问题的解释（二）》第十四条规定，判决如下：

驳回李某洪的诉讼请求。

李某洪不服一审判决，提起上诉。

广西壮族自治区梧州市中级人民法院经审理认为：涉案《林地承包合同书》是由古淡十组村民共同推选代表，以集体名义与绿宝公司协商签订的，该《林地承包合同书》经古淡村委会及岑溪市林业局糯垌林业工作站、岑溪市糯垌镇人民政府盖章确认及备份。各方当事人已按合同约定实际履行，绿宝公司按约支付了相应的承包金，并对承包的山场从2008年签订合同后进行投入经营至今，有关部门向绿宝公司核发了《林权证》。古淡十组将取得的承包金按照本集体成员的意愿和合同约定，用于修建本集体村道等用途，该村道已建成使用多年。上述合同签订及履行的事实表明，在本案争议发生前，古淡十组的村民对该《林地承包合同书》是知情并予以认可的，该承包合同亦得到政府有关部门的确认。现李某洪认为古淡十组未经其同意，将其有使用权的林地擅自流转给绿宝公司，涉案《林地承包合同书》涉及李某洪林地部分应属无效，但李某洪未能提供相应的证据证实上述合同签订时违背其真实意愿，故对李某洪的上诉主张，不予支持。一审法院依据当地的习俗及本案的事实，并根据有关法律规定，认定涉案《林地承包合同书》合法有效，并无不当。

另外，绿宝公司取得的《林权证》可证明，案涉林地所有权人为古淡十组，林木所有权和使用权人为绿宝公司。该《林权证》是有关政府部门依法对涉案林地、林木权属及流转情况所进行的登记确认，一审判决对该证据予以采信是正确的，予以确认。《中华人民共和国土地管理法》《中华人民共和国农业承包法》等法律并没有禁止上述林地依法流转。因此，李某洪提出涉案林地不能流转，涉案《林业承包合同书》违反国家强制性规定，合同无效的上诉主张，没有事实和法律依据，不予支持。

广西壮族自治区梧州市中级人民法院依照《中华人民共和国民事诉讼法》第一百七十条第一款第（一）项规定，作出如下判决：

驳回上诉，维持原判。

【法官后语】

处理本案的关键是如何运用风俗习惯对案件事实进行认定。风俗习惯是在国家法律之外，人们在长期生产和生活中自然形成，逐渐养成，规定人们的权利与义务，并为某一社区或者整个社会普遍遵从的行为规则的总称。作为社会交往不可缺少的社会风俗习惯，对人们的日常生活具有十分重要的意义。而风俗习惯本身是一种社会规范，它是不同阶层或个别族群所应一般遵守的行为模式，只存在于我国制定法之外的行为规范，因此可以解决日常出现的纠纷。目前，我国制定法不能解决所有的纠纷，将风俗习惯运用到司法实践中，可以弥补法律的漏洞，有利于民事裁判文书的认可和执行。

风俗习惯在我国制定法中没有明确的规定，只在《民法总则》中规定为“公序良俗”、《民合同法》中规定为“交易习惯”，而在其他法律没有明确的规定。因此，涉及风俗习惯的民事案件，法官无法直接适用风俗习惯解决。但是，在司法实践中，许多案件又确实需要法官运用风俗习惯进行审判，这是法官面对的难题。

结合本案的审理，笔者认为法官在审理案件需要运用风俗习惯时应对风俗习惯进行价值选择，符合平等、自由、人权、民主、法治、秩序、正义等法律基本原则或精神的风俗习惯就为良俗，可以适用。反之为恶俗，不能适用。本案中，古淡十组的村民为了修路筹集资金，习惯先开会推荐代表议事，一致同意后按议事结果执行。该风俗习惯完全符合民主、自由、平等、秩序等原则，为良俗。法院适用风俗习惯（良俗）证明李某洪知情并同意将其林地转包给绿宝公司，所得承包金用于修筑道路的法律事实是正确的，既提高了审判效率，也利于促进社会和谐稳定与发展。

编写人：广西壮族自治区岑溪市人民法院　赖德孟

59

因历史原因形成的事实流转合同关系，可认定流转行为有效

——谢某虎诉饶某红土地承包经营权案

【案件基本信息】

1. 裁判书字号

江西省广昌县人民法院（2016）赣1030民初478号民事判决书

2. 案由：土地承包经营权纠纷

3. 当事人

原告：谢某虎

被告：饶某红

【基本案情】

谢某虎、饶某红均系江西省抚州市广昌县千善乡盖竹村珠树组（以下简称珠树组）村民。珠树组根据中共广昌县委、广昌县人民政府联合下发的（1995）第5号《关于组建村级股份制合作林场的实施方案》和《广昌县千善乡党委、政府的规定》，组建股份制林场，将各农户的自留山和责任山收回集体统一经营和管理，由政府向农户发放股份权证。珠树组召集村民商议，大家同意将山场出租给他人经

营。1996年1月10日，珠树组与饶某红签订租赁合同，约定：将谢某虎拥有经营权的王泥排20亩自留山出租给饶某红承包经营，租金2000元，租赁时间为20年，至2016年1月10日到期，由饶某红栽种果树，合同期满，土地由集体收回，果木归饶某红。谢某虎对租赁事宜知情未反对。饶某红租赁该山场时，该山场已属荒山，饶某红在该山场栽种了橘树，并围绕橘树周边栽种了杉树、松树，经营管理多年。

2006年，广昌县政府进行林业产权制度改革时，谢某虎的20亩自留山的林权证颁发给谢某虎。2008年，谢某虎以珠树组无权出租其自留山为由向法院起诉，请求确认珠树组与饶某红签订的租赁合同无效，要求饶某红返还自留山场并赔偿经济损失。2009年11月18日，经抚州市中级人民法院二审终审，确认珠树组与饶某红于1996年1月10日签订的租赁合同继续履行至期满，珠树组返还谢某虎山场租金2000元，饶某红补偿谢某虎山场租金12000元，扣除之前饶某红支付的2000元，饶某红仍需支付10000元。

2016年1月10日，租赁山场使用期届满，谢某虎因与饶某红返还山场事宜协商不成，诉至法院，请求法院判令饶某红返还自留山，立即清除栽种在自留山上的果木，补偿合同到期后侵占其自留山经营权的损失。

另，现争议山场共存活南丰蜜橘552株，杉树362株，松树35株。2017年2月13日，经广昌县价格认证中心对上述林木进行价格评估，结论为：552株蜜橘价格为107223元，单株蜜橘平均价格为194元；362株杉树价格为9665元；35株松树价格为760元。

【法院裁判要旨】

江西省广昌县人民法院经审理认为，谢某虎依法拥有争议山场的经营权，抚州市中级人民法院（2009）抚民三终字第106号民事判决书判决珠树组与饶某红签订的租赁合同继续履行至期满，租赁期间所有租金由谢某虎收取，实质上确认了该租赁合同在谢某虎和饶某红之间继续有效，谢某虎取代了珠树组作为合同一方的所有权利和义务。租赁合同约定，2016年1月10日租赁期限届满。依据《中华人民共和国合同法》第二百一十二条、第二百三十五条、第二百三十六条规定，谢某虎要求返还山场经营权，即要求解除合同，应予准许。《合同法》第九十一条、第九十七条、九十八条规定，合同解除后，合同的权利义务终止，不影响合同中结算和清理条款的效力，根据履行情况和合同性质，当事人有权要求赔偿损失。因此，可以解除谢某虎和饶某红之间事实上的林地承包经营权流转（租赁）合同关系。原租赁合同约定合同期满，土地由集体收回，果木归饶某红，也就是土地由谢某虎收回，果木归饶某红所有。但是，结合橘树的生长周期，饶某红在该山场上栽种南丰蜜橘，已进行了大量的生产投入，并经营管理至今，目前橘树已处于盛果期，贸然移除有违果业生产规律，谢某虎要求饶某红移除橘树的诉请，不予支持。结合 2011 年县政府征地补偿中关于南丰蜜橘的青苗补偿标准、广昌县价格认证中心对争议山场南丰蜜橘的评估价格、南丰蜜橘的市场行情以及目前争议山场南丰蜜橘长势情况，从公平角度考虑，酌定争议山场南丰蜜橘的补偿平均价格为 150 元/株，橘园 552 株蜜桔补偿总价为 82800 元。另外，橘园周围杉树、松树系饶某红家庭成员所种植，按照“谁造谁有”的林业政策，橘园周围杉树、松树的权属应归饶某红所有。即使原山场存有零星树木，但饶某红支付了相应租金获得山场 20 年开发果树使用权，为了栽种果树，饶某红有权对零星树木进行处置。因此，谢某虎要求归还山场，同样应对饶某红栽种的杉树、松树进行补偿，因双方对广昌县价格认证中心作出的杉树、松树评估价格未提出异议，本院予以采信，即 362 株杉树补偿总价为 9665 元；35 株松树补偿总价为 760 元。饶某红在租赁合同期满后，仍占用山场经营橘树一年多，并获得了一年的橘树收益，酌定其按 70 元/亩支付使用谢某虎山场一年的费用，按照山场 20 亩面积计算，饶某红应支付山场使用费 1400 元。

江西省广昌县人民法院依照《中华人民共和国农村土地承包法》第十条、第三十二条、第五十六条，《中华人民共和国合同法》第九十一条、第九十七条、第九十八条、第二百一十二条、第二百三十五条、第二百三十六条，《中华人民共和国森林法》第二十七条第四款规定，判决如下：

一、解除谢某虎与饶某红之间事实上的王泥排山场林地承包经营权流转（租赁）合同关系；

二、谢某虎支付饶某红南丰蜜橘补偿款 82800 元、杉树补偿款 9665 元、松树补偿款 760 元，以上合计 93225 元。饶某红支付谢某虎山场一年使用费 1400 元。双方抵扣，谢某虎需支付饶某红 91825 元，此款限在本判决生效之日起十五日内付清；

三、饶某红收到谢某虎全额补偿款后立即将王泥排山场经营权归还给谢某虎，并将山场林木（含南丰蜜橘、杉树、松树）的所有权移交给谢某虎所有；

四、驳回谢某虎的其他诉讼请求。

【法官后语】

20世纪八九十年代，林地的经济效益并未显现，农户林权意识不强，经营山场的积极性不高。集体林权制度改革以来，集体林地的经营权承包到农户，向农户颁发林权证，确立农民的经营主体地位，对发展林业生产，改善生态环境，增加农民收入，促进社会主义新农村建设发挥了重要的作用。但由于历史和政策的原因，林权归属不明，流转秩序失范，农户依法享有的林权被集体流转或他人占有使用的情况大量存在，进而引发纠纷。从法律层面上讲，此类林权流转合同涉及合同是否有效的问题，集体、农户、生产经营者三类主体的责、权、利认定问题，以及三类主体之间的利益冲突问题。

法院在审理此类案件时，应尊重历史、兼顾政策因素，在维护森林资源生态效能的基础上，把握“谁种谁有”的基本原则，以林业生产经营者的合法民事权益为出发点，兼顾集体、农户的权益。关于合同效力的认定，针对生产经营者已使用管理多年，虽然流转主体和流转程序不符合现行法律规定，生产经营者与集体或农户已形成事实上的林权流转合同关系，对之前已发生的流转行为应认定为有效，集体或农户要求返还林权的，可按解除合同处理。解除合同时，生产经营者因种植林木、果树受政策影响或生长周期无法采摘、砍伐，导致收益受损，或在流转期间为提高林地生产能力所作的投入，有权获得接收林权者适当的补偿。这样，遵循了《物权法》精神，依法确认了农户对山场拥有的经营权。同时，由农户向生产经营者支付补偿款，而不是判决移除林木，将影响生产、影响环境的因素降到最低限度，保护了生产、保护了林业、保护了环境。

编写人：江西省广昌县人民法院　丁吉生

图书在版编目（CIP）数据

中国法院2019年度案例．土地纠纷／国家法官学院案例开发研究中心编．—北京：中国法制出版社，2019.3
ISBN 978-7-5216-0048-3

Ⅰ.①中… Ⅱ.①国… Ⅲ.①土地-民事纠纷-案例-汇编-中国 Ⅳ.①D920.5

中国版本图书馆CIP数据核字（2019）第040368号

策划编辑：李小草（lixiaocao2008@sina.cn）
责任编辑：马金风　　封面设计：温培英、李宁

中国法院2019年度案例·土地纠纷
ZHONGGUO FAYUAN 2019 NIANDU ANLI · TUDI JIUFEN

编者/国家法官学院案例开发研究中心
经销/新华书店
印刷/三河市紫恒印装有限公司
开本/730毫米×1030毫米　16开　　印张/14.75　字数/189千
版次/2019年3月第1版　　2019年3月第1次印刷

中国法制出版社出版
书号ISBN 978-7-5216-0048-3　　定价：45.00元

北京西单横二条2号
邮政编码100031　　传真：010-66031119
网址：http：//www.zgfzs.com　　**编辑部电话：010-66070041**
市场营销部电话：010-66033393　　**邮购部电话：010-66033288**

（如有印装质量问题，请与本社印务部联系调换。电话：010-66032926）